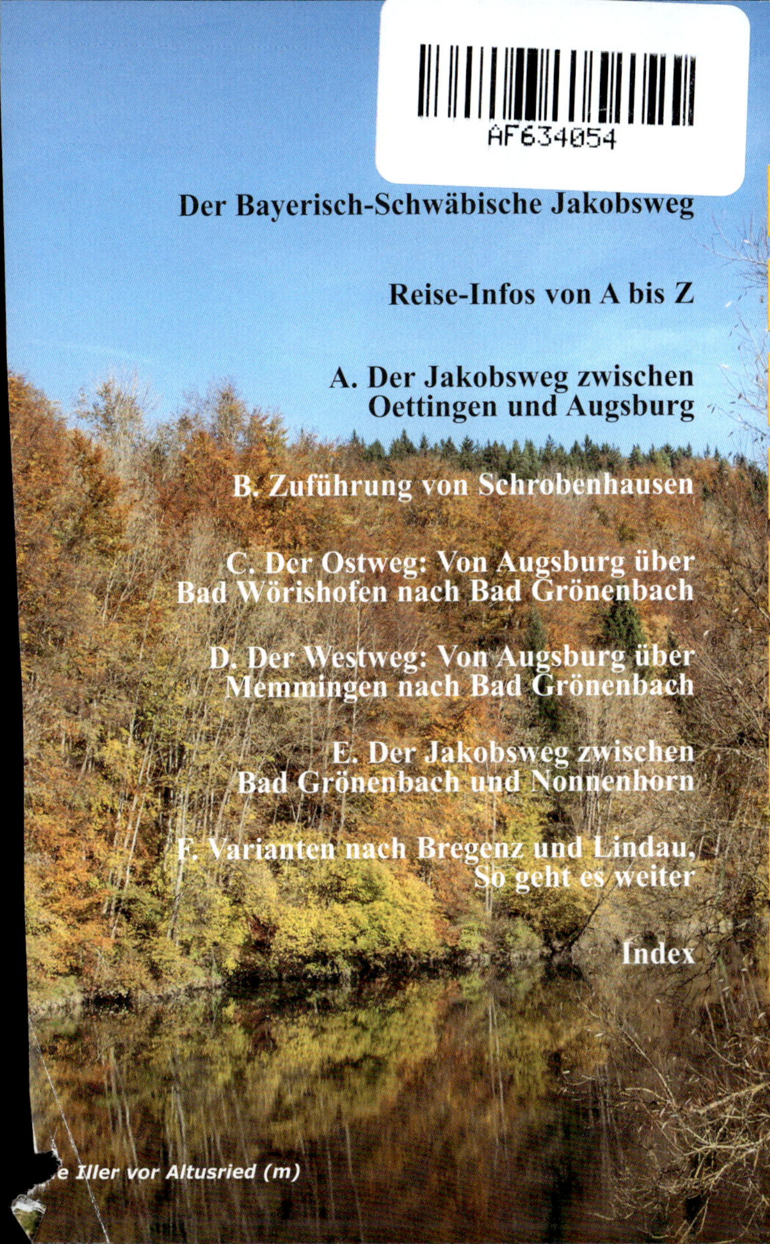

Der Bayerisch-Schwäbische Jakobsweg

Reise-Infos von A bis Z

A. Der Jakobsweg zwischen Oettingen und Augsburg

B. Zuführung von Schrobenhausen

C. Der Ostweg: Von Augsburg über Bad Wörishofen nach Bad Grönenbach

D. Der Westweg: Von Augsburg über Memmingen nach Bad Grönenbach

E. Der Jakobsweg zwischen Bad Grönenbach und Nonnenhorn

F. Varianten nach Bregenz und Lindau, So geht es weiter

Index

…e Iller vor Altusried (m)

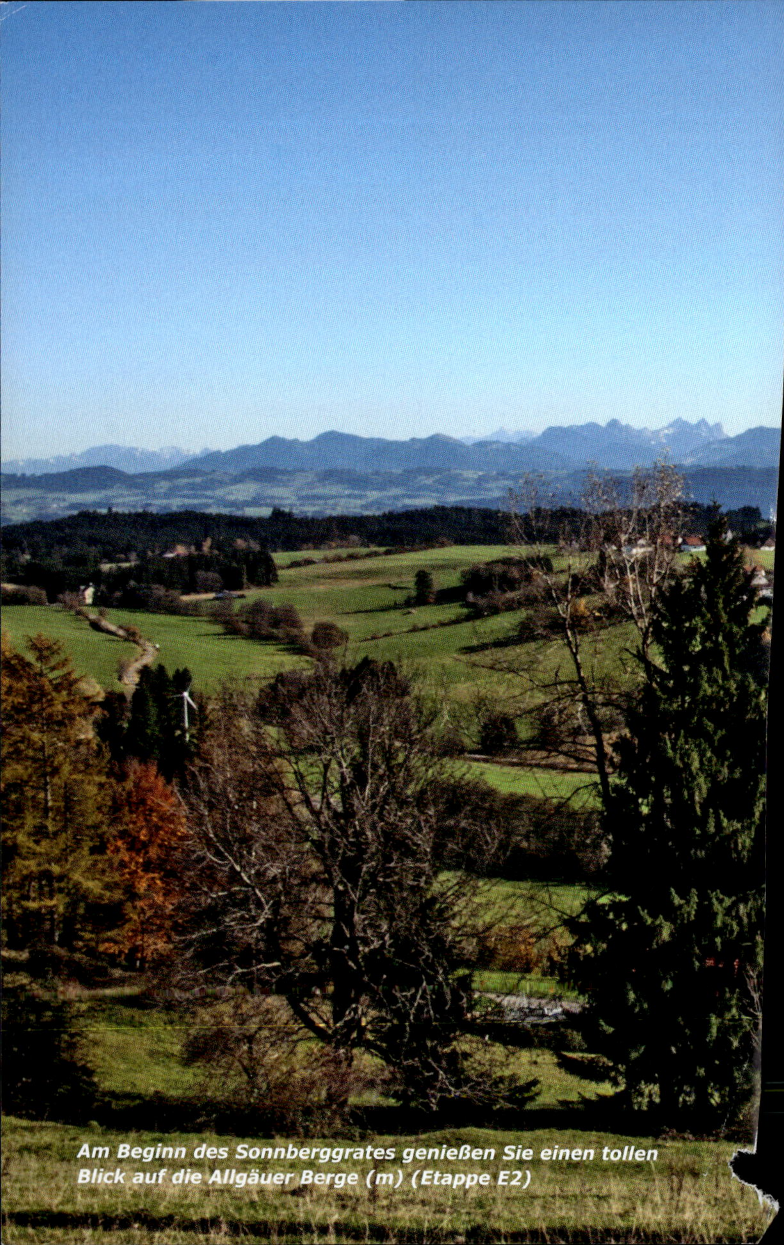

Am Beginn des Sonnberggrates genießen Sie einen tollen Blick auf die Allgäuer Berge (m) (Etappe E2)

Band 188

OutdoorHandbuch

Markus Meier und Janina Rauscher

Bayerisch-Schwäbischer Jakobsweg

von Oettingen zum Bodensee

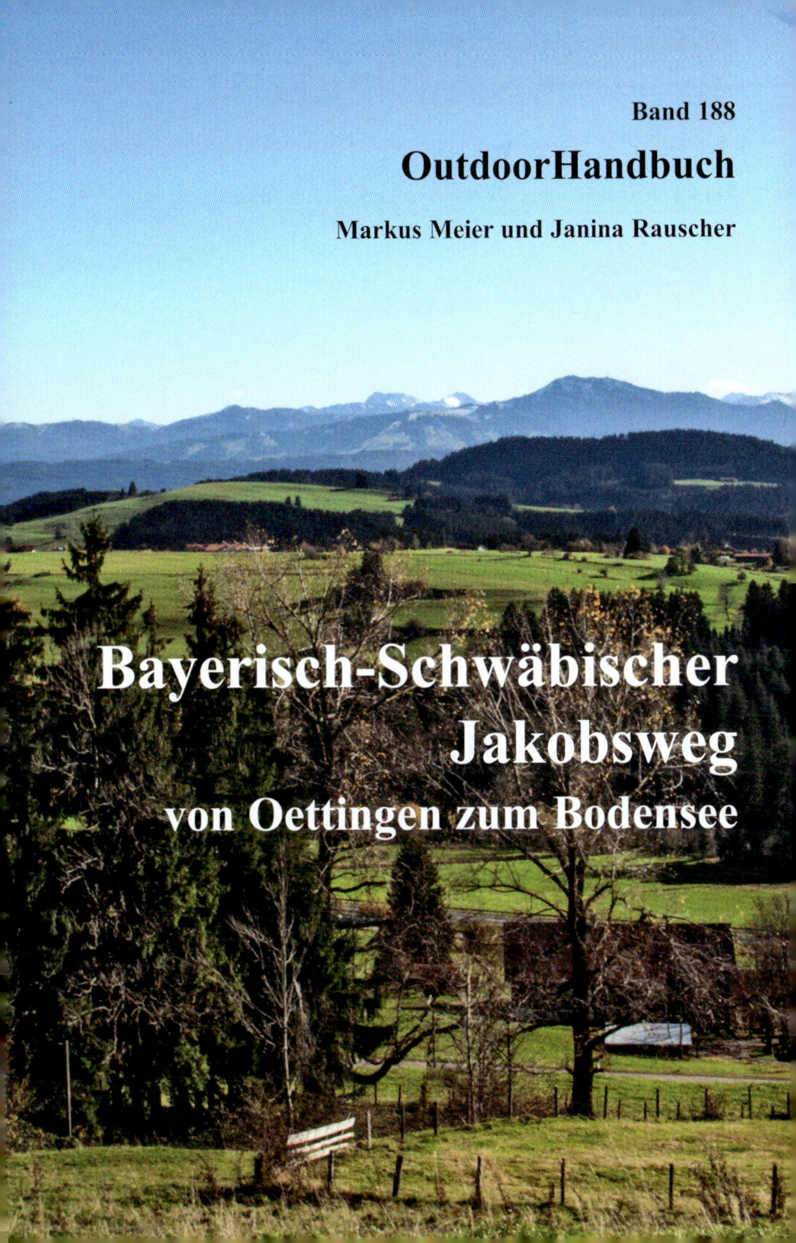

Bayerisch-Schwäbischer

Dieses OutdoorHandbuch wurde konzipiert und redaktionell erstellt vom:

OUTDOOR
CONRAD STEIN VERLAG

Conrad Stein Verlag GmbH
Kiefernstr. 6, 59514 Welver
023 84/96 39 12
info@conrad-stein-verlag.de
www.conrad-stein-verlag.de
www.facebook.com/outdoorverlag
www.instagram.com/outdoorverlag

Klimaneutral
Druckprodukt
ClimatePartner.com/53106-2308-1009

Als Outdoor-Verlag sind uns der Schutz und die Erhaltung der Natur seit jeher ein besonderes Anliegen. Auch in Sachen Klimaschutz haben wir eine Vorreiterrolle inne: Wir sind der einzige Buchverlag in Deutschland, der bereits seit 2008 seine Bücher konsequent klimaneutral in Deutschland produzieren und transportieren lässt. Dabei wird nicht nur klimaneutral, sondern auch nachhaltig, d. h. so umweltschonend wie möglich produziert, z. B. durch die Auswahl von umweltfreundlichen Materialien. Die bei der Produktion der Bücher entstandenen CO_2-Emissionen werden durch die Unterstützung von zertifizierten Klimaschutzprojekten ausgeglichen. Jedes Buch wird daher mit dem Logo „klimaneutral“ und einer Climate Partner-Zertifikatsnummer versehen. Mithilfe dieser Nummer können Sie unter www.climatepartner.com Informationen zu der eingesparten CO_2-Menge und dem Projekt finden, das mit der Abgabe gefördert wird.

Das Engagement des Conrad Stein Verlags wurde im Rahmen des Projekts „Klimaneutraler Buchverlag“ mit dem Westenergie Klimaschutzpreis 2022 ausgezeichnet.

OutdoorHandbuch Band 188

ISBN 978-3-86686-813-7 3., überarbeitete Auflage 2023

Text: Markus Meier und Janina Rauscher
Fotos: Hans-Jürgen Haupt (h), Markus Meier & Janina Rauscher (m)
Karten: Dieter Großelohmann, Manuela Dastig
Lektorat: Anna-Lena Ebner
Layout: Anna-Lena Ebner, Manuela Dastig

Gesamtherstellung: AZ Druck und Datentechnik GmbH, Kempten

Dieses OutdoorHandbuch hat 192 Seiten mit 43 farbigen Abbildungen sowie 43 farbigen Kartenskizzen im Maßstab 1:100.000, 33 farbigen Höhenprofilen, 1 farbigen Stadtplan und einer farbigen, ausklappbaren Übersichtskarte.

Autorin, Autor und Verlag freuen sich über Ihr Feedback. Schreiben Sie Ihre Tipps und Verbesserungen an info@conrad-stein-verlag.de oder nutzen Sie unsere Social-Media-Kanäle. Bitte nennen Sie dabei Titel, Auflage und Seitennummer.

Dieses Buch ist im Buchhandel und in Ausrüstungsläden erhältlich und kann im Internet oder direkt beim Verlag bestellt werden.

Titelfoto: Wallfahrtskirche Maria Brünnlein (m)

Inhalt

Einleitung 8

Der Bayerisch-Schwäbische Jakobsweg 10
Pilgerausweis 13
Die Jakobsmuschel 14
Pilgersegen 15
Das heilige Jahr 15

Reise-Infos von A bis Z 16
An- und Rückreise 17
Ausrüstung 18
Einkaufen 21
Erste Hilfe 21
Essen & Trinken 21
Fahrradpilgern 22
Der Jakobsweg mit dem Hund 22
Gepäcktransport 22
GPS 23
Informationen und Internet-Links 23
Klima und Reisezeit 25
Landkarten und Wegmarkierungen 25
Unterkunft 27
Updates 28
Verkehrsmittel am Weg 28
Zum Gebrauch des Reiseteils 28

A. Der Jakobsweg zwischen Oettingen und Augsburg 30
A1. Von Oettingen nach Wemding 19,7 km 31
A1-V. Von Nördlingen nach Harburg 24,7 km 39
A2. Von Wemding nach Harburg 15,9 km 42
A3. Von Harburg nach Donauwörth 12,8 km 48
A4. Von Donauwörth zum Kloster Holzen 16,0 km 52
A5. Vom Kloster Holzen nach Biberbach 14,2 km 56
A6. Von Biberbach nach Augsburg 21,8 km 60

B. Zuführung von Schrobenhausen 68
B1. Von Schrobenhausen nach Inchenhofen 14,7 km 69
B2. Von Inchenhofen nach Haunswies 14,5 km 73
B3. Von Haunswies über Friedberg nach Augsburg 23,9 km 75

C. Der Ostweg: Von Augsburg über Bad Wörishofen nach Bad Grönenbach 79
C1. Von Augsburg nach Reinhartshofen 24,4 km 80
C2. Von Reinhartshofen nach Kirch-Siebnach 19,0 km 85

C3. Von Kirch-Siebnach nach Bad Wörishofen	21,6 km	90
C4. Von Bad Wörishofen nach Markt Rettenbach	23,4 km	98
C5. Von Markt Rettenbach nach Bad Grönenbach	24,8 km	103

D. Der Westweg: Von Augsburg über Memmingen nach Bad Grönenbach 110

D1. Von Augsburg nach Oberschönenfeld	18,7 km	111
D2. Von Oberschönenfeld nach Maria Vesperbild	19,2 km	114
D3. Von Maria Vesperbild nach Kirchheim	18,3 km	120
D4. Von Kirchheim nach Babenhausen	23,3 km	125
D5. Von Babenhausen nach Boos	11,0 km	129
D6. Von Boos nach Memmingen	15,4 km	132
D7. Von Memmingen nach Bad Grönenbach	22,7 km	137

E. Der Jakobsweg zwischen Bad Grönenbach und Nonnenhorn 141

E1. Von Bad Grönenbach nach Wiggensbach	20,9 km	142
E2. Von Wiggensbach nach Weitnau	23,9 km	147
E3. Von Weitnau nach Genhofen	18,2 km	154
E4. Von Genhofen nach Lindenberg	16,5 km	160
E5. Von Lindenberg nach Lindau	23,8 km	167
E6. Von Lindau nach Nonnenhorn	10,3 km	173

F. Varianten nach Bregenz und Lindau 176

F1. Alternativroute: Von Weitnau nach Simmerberg	20,5 km	177
F2. Alternativroute: Von Simmerberg nach Scheidegg	11,5 km	179
F3. Alternativroute: Von Scheidegg nach Bregenz	20,7 km	183
F3-V. Verbindungsroute: Von Scheidegg nach Lindau	22,1 km	187

So geht es weiter 189

Index 191

☺ Eine **Übersichtskarte** des Weges, **Autorenprofile** sowie eine Liste aller verwendeten **Symbole** in diesem Buch finden Sie auf den vorderen und hinteren Umschlagseiten bzw. -klappen.

Einleitung

Schon im frühen Mittelalter war der Jakobsweg als Pilgerweg in Europa bekannt. Jakobus der Ältere, der Sohn des Zebedäus, war wohl ein enger Verwandter von Jesus. Im Jahr 44 n. Chr. wurde er durch das Schwert des Herodes hingerichtet. Die Kunde, dass man sein Grab in Galicien, im fernen Nordwestspanien, entdeckt hatte, zog seit dem Jahr 813 Hunderttausende von Menschen nach Spanien. Sie pilgerten nach Santiago de Compostela, um am Grab des Apostels für die Vergebung ihrer Sünden zu beten. Für lange Zeit hatte die Stadt für die europäische Christenheit einen ebenso hohen Stellenwert wie Rom oder Jerusalem. Und so machten sich von überall her Bettlende sowie Königinnen und Könige, Gesunde und Kranke, Junge und Alte auf die mehrmonatige Reise nach Spanien. Ein ganzes Wegesystem führte kreuz und quer durch Europa nach Santiago. Entlang der Pilgerrouten entstanden Hospize, Kirchen und Kapellen. Wie ein Netz überzogen die verschiedenen Jakobswege aus allen Regionen Europas die alte Welt.

In der Neuzeit geriet der Weg schließlich in Vergessenheit. Doch in den vergangenen 30 Jahren hat er eine bemerkenswerte Renaissance erfahren. 1987 erklärte der Europarat den Jakobsweg nach Santiago zum ersten Kulturweg Europas, seither gehört der Weg zum UNESCO-Kulturerbe. Diese gut beschilderte Strecke löste in ganz Europa eine zweite Wanderwelle auf dem Jakobsweg aus. In den letzten 20 Jahren haben sich die Pilgerzahlen nahezu versechsfacht. 2002 meldeten sich 69.039 Pilgernde in dem katholischen Pilgerbüro in Santiago, im Jahre 2013 waren es bereits 215.880 Pilger. Im Jahr 2022 hat sich die Zahl mit 438.321 Pilgernden mehr als verdoppelt. Dazu hat auch die Verlängerung des heiligen Jahres bis 31.12.2022 beigetragen.

Alle, die zu Fuß, per Rad oder auf dem Pferderücken Santiago erreichen und anhand von diversen Stempeln in ihrem Pilgerausweis nachweisen können, dass sie zumindest die letzten 100 km zu Fuß bzw. 200 km auf dem Rücken eines Pferdes oder per Rad zurückgelegt haben, erhalten eine Urkunde. In Spanien und Frankreich wird die Urkunde „Compostela" zunehmend in Bewerbungsunterlagen verwendet. Die Bewerberinnen und Bewerber zeigen damit, dass sie über eine Fachkompetenz hinaus auch in sozialem und spirituellem Verhalten eingeübt sind und über Durchhaltevermögen verfügen. Manche Firmen verlangen regelrecht den Nachweis einer Pilgerfahrt nach Santiago als Qualifikationsbeleg.

Um es gleich vorwegzunehmen: Einen eigentlichen Jakobsweg von Oettingen nach Lindau gab es im Mittelalter nicht. Die Pilgerinnen und Pilger folgten meist den großen Handelsrouten, da sie hier Übernachtungsmöglichkeiten und Versorgungsstätten fanden. Sie pilgerten auch häufig von Kloster zu Kloster, weil ihnen hier Unterschlupf und eine warme Mahlzeit gewährt wurde und Pilgernde niemals abgewiesen werden durften.

Beim Bayerisch-Schwäbischen Jakobsweg handelt es sich um einen mittelalterlichen Pilgerweg, der seit dem Jahr 2003 von der Augsburger Pilgergemeinschaft e. V. rekonstruiert und neu beschildert wurde. Allerdings sind die großen Handelsstraßen, denen die Pilgerinnen und Pilger einst folgten, heute häufig zu stark befahrenen Autostraßen geworden. Somit sind sie als Pilgerwege nicht mehr geeignet. Die Verantwortlichen für die Planung des Augsburger Jakobsweges orientierten sich deshalb an Orten, bei denen eine historische Beziehung zum Jakobuskult nachgewiesen werden konnte, und verbanden diese durch Wege, die abseits des Straßenlärms liegen. Dabei kam ihnen auch das vorbildliche bayerische Fernwandernetz zur Hilfe.

Viele Menschen hegen den Wunsch, sich auf den Jakobsweg zu begeben, und meist nicht allein aus christlichen Motiven. Sie suchen Ruhe und Entspannung, wollen dem häufig hektischen Alltag entfliehen, die Einfachheit des Pilgerlebens spüren. Vielfältig sind die Gründe für den „eigenen" Jakobsweg. Und trotzdem sprechen viele der Heimgekehrten von ähnlichen Erfahrungen: Sich immer wieder bewusst auf den Weg zu machen, nicht auf der Stelle zu treten, auf ein Ziel zuzugehen, andere mitzunehmen und zu ermutigen, sich selbst zu bestärken und unterstützt zu werden – all das lässt sich spüren, wenn man seinen Rucksack schnürt und sich auf Wanderschaft begibt.

Mögen Sie sich – angeregt durch dieses Buch – in Ihrem Wunsch bestärkt fühlen und sich auf den Weg machen. Wir wünschen Ihnen, dass Sie mit vielen positiven Erfahrungen zurückkehren.

Der Bayerisch-Schwäbische Jakobsweg

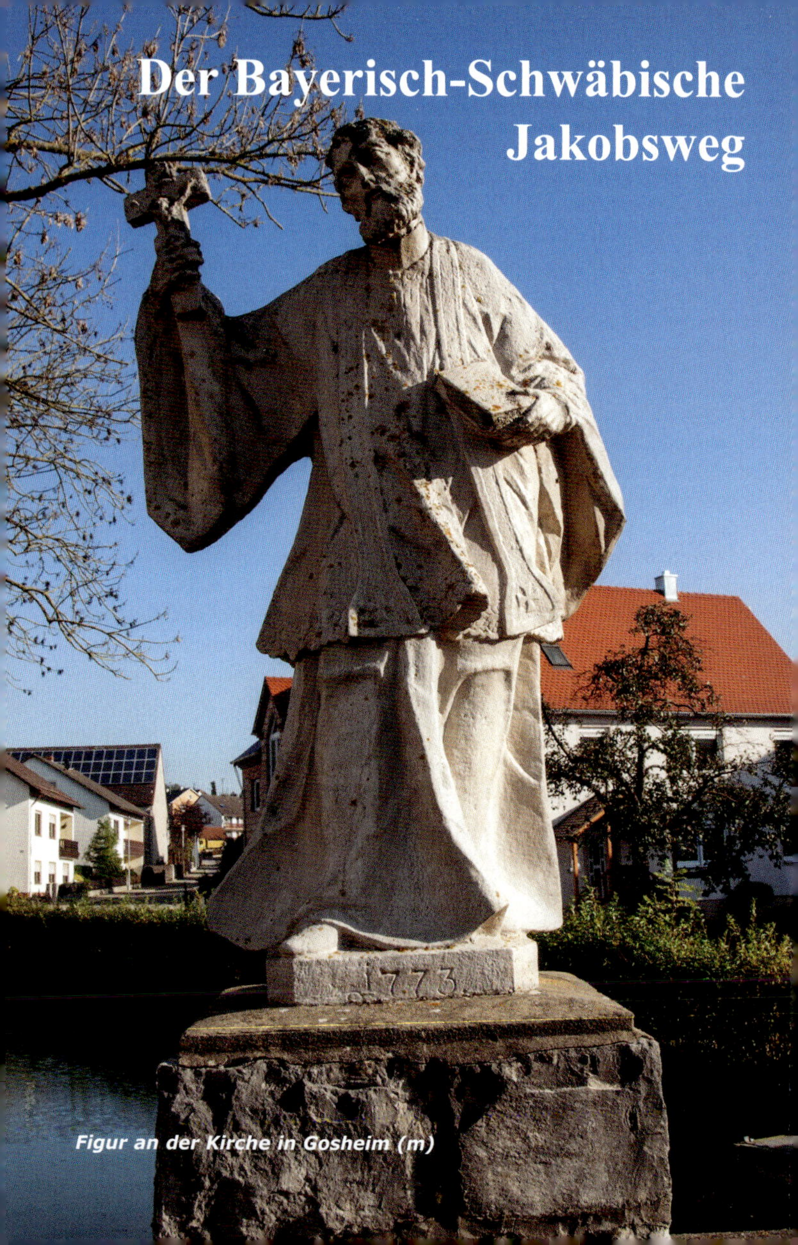

Figur an der Kirche in Gosheim (m)

Halb Europa war im Mittelalter im Wanderfieber. Mit einer Muschel als Erkennungszeichen an Kragen oder Hut und einem langen Wanderstab machten sich die Pilgerinnen und Pilger auf den Jakobsweg in Richtung Spanien. Das Wegenetz führte durch ganz Deutschland, die Schweiz und Frankreich bis nach Santiago de Compostela. Natürlich brachen auch viele aus Bayern auf. Wie groß dieses Abenteuer im Mittelalter gewesen sein muss, kann man nur erahnen. Die meisten Menschen kannten nur die Umgebung ihres Heimatdorfes. Selten kam man in der eigenen Heimat mit Fremden in Berührung, schon gar nicht mit Menschen, die eine völlig andere Sprache sprachen, andere Gewohnheiten oder Sitten hatten. Außerdem war die Pilgerfahrt eine Reise voller Gefahren: Räuberinnen und Räuber lauerten am Wegesrand, Krankheiten waren keine Seltenheit und die Anstrengung des Weges brachte viele an den Rand der Erschöpfung. Die Gefahren des Weges dokumentieren noch heute Kirchenbücher, in denen sich der Vermerk „blieb auf Jakobs Straß" bei den vielen verstorbenen oder nicht heimgekehrten Pilgernden findet. Wer nach Santiago aufbrach, der nahm bewusst Abschied von der Heimat und Familie, in der Gewissheit, dass es bis zu einer glücklichen Rückkehr lange dauern würde.

Warum eigentlich Santiago? Die spanische Legende erzählt, dass der im Jahr 44 hingerichtete Apostel Jakobus dort begraben liegt. Angeblich hätten die Jünger seinen Leichnam nach der Hinrichtung in Jerusalem in die nahe Hafenstadt Jaffa getragen, wo sie ein Schiff an der Küste wundersam zu erwarten schien. Sie seien mit dem Toten eingestiegen und hätten den Segeln freien Lauf gelassen. Nach abenteuerlicher Fahrt sei das Schiff schließlich in Iria Flavia, dem heutigen Ort Parton, eingelaufen. Nicht weit von der Küste entfernt sei dann Jakobus begraben worden. Im Sommer 813 wurde das Grab von einem Hirten wiederentdeckt. Dieser eilte, nachdem ihm Engel mitgeteilt hatten, dass es sich um die Gebeine des Apostels Jakobus handeln würde, zum Bischof von Iria Flavia und unterrichtete diesen. Der Bischof folgte dem Hirten und entdeckte somit ganz offiziell die Reliquie. König Alfonso (759-842) begab sich, als er die Kunde vernahm, sofort zu der Fundstelle. Er gilt heute nicht nur als der erste Pilger, sondern er deklarierte den heiligen Jakobus zum Nationalheiligen, zum Beschützer des Christentums im vom Islam geprägten Spanien. Über dem Grab wurde eine Kirche errichtet und schon bald entstand eine Ortschaft, die vor allem von den wachsenden Pilgerströmen lebte. Der Ort wurde nach dem heiligen Jakob (Santiago) und dem Feld (lat. *campus*), über dem die Sterne (lat. *stella*) leuchten, benannt.

Augsburg war zu dieser Zeit eine blühende Handelsmetropole. Als Legionslager Augusta Vindelicorum war die Stadt bereits 15 v. Chr. von den Römern

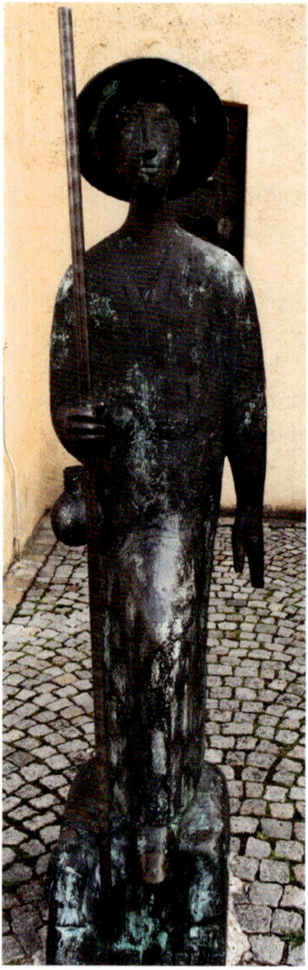

Beginn des Jakobsweges bei der Jakobsfigur in Oettingen (m)

gegründet worden. Da die Siedlung, die daraufhin entstand, sehr günstig am Schnittpunkt wichtiger europäischer Handelsstraßen lag, wuchs ihre Bedeutung bis ins Mittelalter hinein beständig. Im 12. Jahrhundert bildete sich in der Nähe des Augsburger Bischofssitzes eine Kaufmannssiedlung. Im Jahr 1156 erhielt Augsburg das Stadtrecht durch Kaiser Friedrich Barbarossa. König Rudolf von Habsburg verlieh der Bischofs- und Kaufmannsstadt 1276 die Reichsfreiheit. Die geldmächtigen Fugger und die seefahrenden Welser erhoben Augsburg zur Weltstadt, zur Stadt der Kaiser und Reichstage, zum Schaffensort berühmter Maler, Bildhauer und Musiker.

Die Augsburger Jakobervorstadt mit ihrer Jakobskirche ist heute noch ein Zeugnis, dass die Pilgerströme des Mittelalters vor den Toren der Fuggerstadt vorbeizogen. Erbaut wurde sie 1355 vor dem Barfüßertor, um Menschen auf dem Pilgerweg nach Santiago die Möglichkeit einer sicheren Rast und Andacht zu gewähren. Straßennamen, wie die Pilgerhausstraße, zeugen in der Jakobervorstadt auch heute noch von dieser Zeit. Sogar die traditionelle Jakober Kirchweih – das älteste Volksfest Augsburgs – soll ihre Ursprünge in der Pilgerbewegung haben. Zwar ist sie erst für 1748 nachweisbar, doch vermutlich war schon im Mittelalter die Kirchweih der Zeitpunkt zum Aufbruch und somit die Jakobervorstadt ein Sammelplatz für die Pilgernde, um sich gemeinsam auf den langen Weg zu machen. Nach der Reformation wurde die Jakobskirche allerdings evangelisch und war damit die erste evangelische Kirche Augsburgs.

Der Bayerisch-Schwäbische Jakobsweg beginnt in Oettingen und führt durch das Ries und am Lech entlang bis nach Augsburg. Dieser Wanderführer beschreibt den kompletten Weg nach Nonnenhorn bei Lindau am Bodensee. Von Augsburg aus gibt es zwei alternative Routen durch das Unterallgäu. Der Ostweg folgt der Wertach über Türkheim und Bad Wörishofen und führt weiter durch das Klosterdorf Ottobeuren nach Bad Grönenbach. Der Westweg nimmt die Pilger mit durch Bayerns größten Naturpark, die Westlichen Wälder, bringt die Wanderinnen und Wanderer zu den großen Fuggerschlössern der Region, Wellenburg, Kirchheim und Babenhausen, und vereinigt sich in Bad Grönenbach mit dem Ostweg. Von dort aus wandert man bis nach Ermengerst bei Wiggensbach, wo der Bayerisch-Schwäbische Jakobsweg auf den Münchner Jakobsweg trifft und weiter an den Bodensee führt. Im Allgäu beschreibt der Wanderführer zudem sowohl die Variante über Scheidegg als auch die Alternative nach Bregenz am Bodensee.

Für die Pilgerroute von Oettingen bis Santiago benötigt man gut drei Monate. Nicht jeder hat gleich drei Monate am Stück Zeit, um sich auf den langen Weg nach Santiago zu machen. So ist es auch manchmal ein Genuss, nur einige wenige Tage auf dem Jakobsweg zu gehen und Abstand vom hektischen Alltag zu bekommen. Wer ein andermal mehr Zeit hat, kann wieder an die Strecke anknüpfen und mehrere Etappen weiterwandern. So erreicht man über einige Jahre hinweg das Ziel in Spanien!

Pilgerausweis

Das wichtigste Requisit beim Pilgern ist der Pilgerausweis (span. *credencial de peregrino*). Anhand dieses Ausweises, der in vielen Herbergen, Pfarrämtern und Kirchen abgestempelt werden kann, weisen Sie schließlich in Santiago nach, dass Sie tatsächlich den Weg zu Fuß zurückgelegt haben. Auf dem Weg zwischen Oettingen und Lindau ist der Ausweis Voraussetzung dafür, dass Sie in den Klöstern und Pilgerherbergen am Weg übernachten können. Auch ist es ein schöner Brauch, sich den Stempel von bestimmten Stationen als Andenken in den Pilgerausweis stempeln zu lassen und so zu dokumentieren, welche Etappen man tatsächlich zu Fuß zurückgelegt hat. In Kirchen, besonders den Jakobuskirchen, und in Pilgerherbergen lassen Sie täglich Ihren Ausweis abstempeln.

Die Jakobuspilgergemeinschaft Augsburg e. V. stellt gerne Pilgerpässe für den Bayerisch-Schwäbischen Jakobsweg aus. Er ist in drei Sprachen (Deutsch, Französisch, Spanisch) verfasst und in Santiago anerkannt.

Den Antrag finden Sie auf der Homepage der Jakobuspilgergemeinschaft unter 💻 www.pilgern-schwaben.de/pilgerpass-pilgerausweis.

Der Antrag kann online ausgefüllt oder ausgedruckt werden. Den ausgedruckten Antrag senden Sie an:

- Jakobus Pilgergemeinschaft Augsburg e. V., Bernhardiring 49, 86687 Kaisheim, ☏ 090 99/581, ✉ info@pilgern-schwaben.de, 💻 www.pilgern-schwaben.de

Der Pilgerausweis kostet € 6 plus € 1,80 Porto. Bei Selbstabholung entfällt das Porto.

Den Pilgerausweis bekommt man auch hier:

- katholisches Stadtpfarrbüro St. Maximilian, Franziskanergasse 4, 86152 Augsburg, ☏ 08 21/343 22 30, Bürozeiten: Di 9:30-12:30 und Do 9:30-12:30 und 15:00-18:00

Weiterhin können Sie den Ausweis bei der Deutschen St. Jakobus-Gesellschaft beantragen. ☞ Adresse siehe „Reise-Infos von A bis Z", „Information", S. 24

Die Jakobsmuschel

Die Jakobsmuschel galt als Zeichen für die Pilgerschaft nach Santiago und diente auch als Nachweis, dass man das ferne Ziel erreicht hatte. Von Santiago aus wanderten viele weiter zum 90 km entfernten Kap Finisterre – dem Ende der Welt –, wo man die Muschel am Strand finden konnte. Später wurden Jakobsmuscheln

Die Muschel als Wegmarkierung (h)

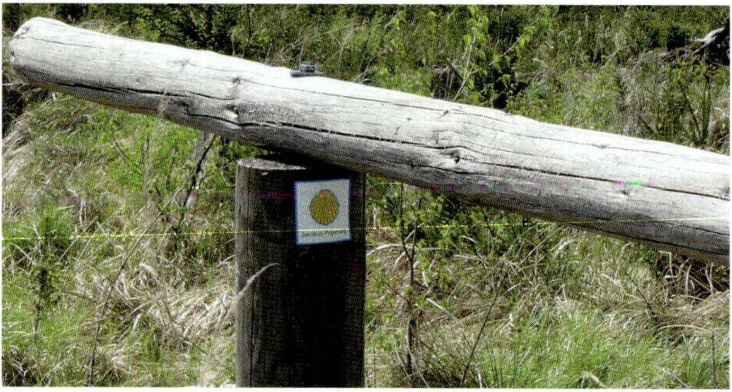

auch in Santiago verkauft und waren somit eine wichtige Einnahmequelle für den Wallfahrtsort.

Der Legende nach ritt ein spanischer Adeliger einst dem Schiff mit dem Leichnam des Jakobus entgegen. Er stürzte und versank im Meer. Vermutlich wäre er ertrunken, wenn nicht der heilige Jakob ihn persönlich aus den Fluten gerettet hätte. Als er jedoch dem Wasser entstieg, war sein Körper mit Jakobsmuscheln bedeckt. Deshalb tragen Pilgerinnen und Pilger Jakobsmuscheln als Symbol des Schutzes bei sich. Sie gilt unter den Wandernden als Erkennungszeichen und dient gleichzeitig auch zum Schöpfen und Trinken von frischem Wasser. In der christlichen Symbolik bedeutete die Muschel, dass der heilige Jakob die Pilgernden zu den Quellen Gottes führen möge. Papst Benedikt hatte die Jakobsmuschel bei seinem Amtsantritt 2005 auch in sein Wappen aufgenommen und stellte sich damit selbst als Pilger Gottes dar.

Pilgersegen

Auf dem Bayerisch-Schwäbischen Jakobsweg bekommt man den Pilgersegen in der St.-Jakobus-Kapelle in Reinhartshofen. Jeden Sonntag kann im Anschluss an die Abendmesse der Segen empfangen werden. Eine telefonische Anmeldung im Pfarrhaus ist wünschenswert.

♦ Pfarrhaus Reinhartshofen, ☏ 08 20/32 30

Da man den Pilgersegen eigentlich vor dem Aufbruch zur Pilgerreise bekommt, empfiehlt es sich, in seiner Heimatgemeinde nachzufragen.

Das heilige Jahr

Seit 1122 feiert Santiago de Compostela das heilige Jahr. Papst Calixtus II. rief in diesem Jahr den Jubiläumsablass in der Kirche des heiligen Jakobus aus. Das heilige Jahr wird seither immer dann gefeiert, wenn der Jakobstag, der 25. Juli, auf einen Sonntag fällt.

Wer in einem heiligen Jahr zum Grab des Jakobus pilgert, erhält einen vollständigen Ablass der Sünden. Zahlreiche Veranstaltungen in Santiago de Compostela finden dann zu Ehren des Patrons von Spanien statt. In den Jubeljahren sind immer besonders viele Pilgernde sowie Touristinnen und Touristen unterwegs. Das Jahr 2021 war ein solch heiliges Jahr. Es wurde wegen Corona auf 2022 verlängert. Das nächste wird erst wieder im Jahr 2027 gefeiert.

Reise-Infos von A bis Z

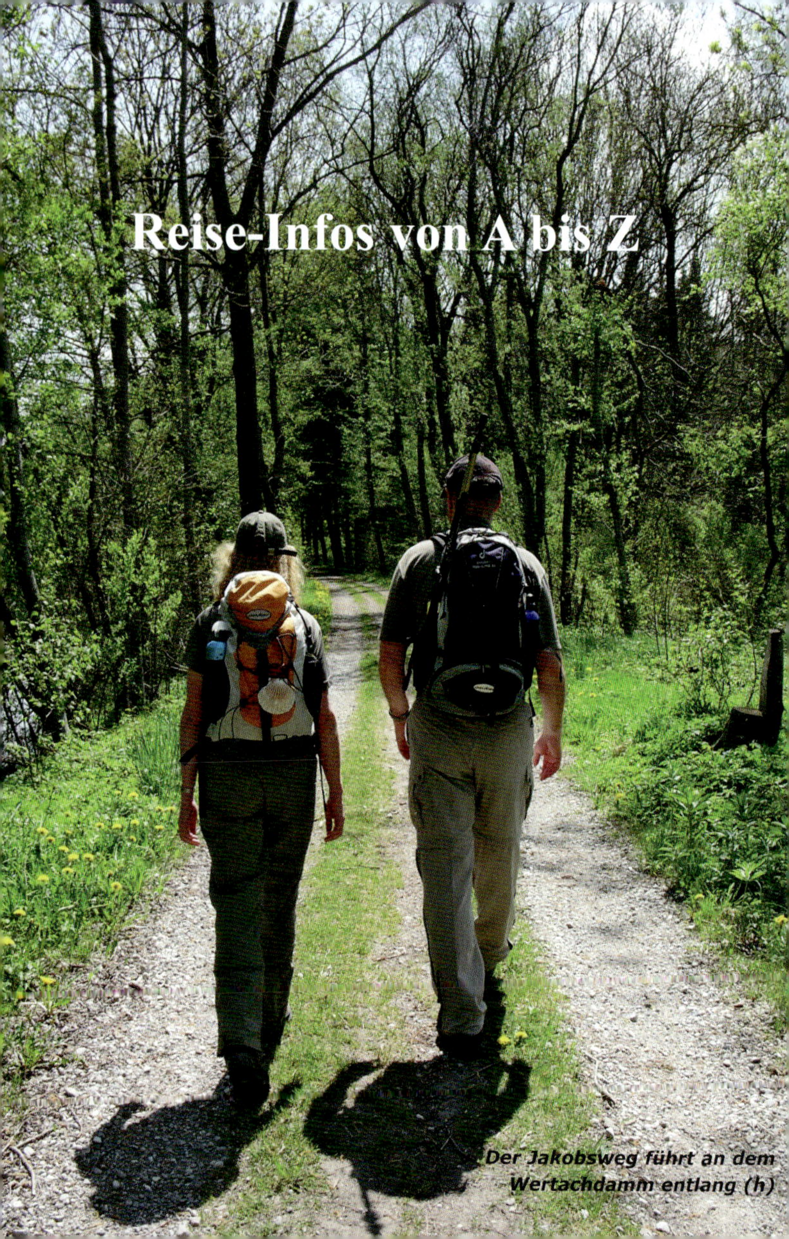

Der Jakobsweg führt an dem Wertachdamm entlang (h)

An- und Rückreise

Es empfiehlt sich, die Anreise mit den öffentlichen Verkehrsmitteln zu unternehmen. Da die Rückreise von Lindau nach Oettingen nicht ganz einfach ist, ist es besser, von einem zentralen Bahnhof nach Oettingen zu reisen.

Oettingen selbst hat keinen Bahnhof, sodass man für das letzte Teilstück auf einen Bus angewiesen ist. Die Fahrplanauskunft der Deutschen Bahn gibt einen guten Überblick über die schnellste Anreise: www.bahn.de. Umliegende Bahnhöfe sind Otting in Bayern, Nördlingen und Donauwörth.

Von Lindau aus treten Sie die Heimreise am günstigsten mit dem Zug an. Die Züge ab Lindau fahren nahezu jede Stunde in Richtung Kempten und weiter nach Augsburg. Außerdem können Sie von Lindau aus den Jakobsweg entweder in Richtung Rorschach auf dem Appenzeller Weg fortsetzen oder nach Konstanz mit dem Schiff übersetzen, um dann auf dem Schwabenweg durch die Schweiz zu wandern. Näheres zu den Anschlussmöglichkeiten in der Schweiz finden Sie am Ende des Reiseteils.

Für den Fall, dass Sie einen kürzeren Abschnitt des Jakobsweges in Bayern zurücklegen wollen oder müssen, sind Bahnhöfe und die wichtigsten Zugverbindungen entlang des Weges im Reiseteil mit dem Symbol angegeben. Gute Rückreisemöglichkeiten haben Sie von Bad Wörishofen, Bad Grönenbach und Memmingen aus. In diesen Orten finden Sie größere Bahnhöfe. Viele andere Orte sind nur mit dem Überlandbus der lokalen Verkehrsgesellschaften zu erreichen. Diese fahren aber in manchen kleineren Orten nur wenige Male am Tag bzw. am Wochenende oft überhaupt nicht. Wollen Sie Ihre Rückreise also von einem kleineren Ort aus starten, können Sie unter der Reiseauskunft der Bayerninfo (www.bayerninfo.de) alle Verkehrsverbindungen innerhalb Bayerns im Vorfeld planen.

Die lokalen Busfahrpläne erhalten Sie unter:

- Verkehrsgemeinschaft Donau-Ries, Geschäftsführung durch Schwarzer Reise- und Verkehrsbüro GmbH, Löpsinger Straße 17, 86720 Nördlingen, 090 81/29 08 88, joerg.schwarzer@vdr-bus.de
- Augsburger Verkehrsverbund GmbH, Kundencenter Hauptbahnhof, Halderstraße 29, 86150 Augsburg, 08 21/15 70 00, info@avv-augsburg.de, www.avv-augsburg.de
- RBA Regionalbus Augsburg GmbH, Eichleitnerstraße 17, 86199 Augsburg, 08 21/50 21 50, kontakt@rba-bus.de, www.rba-bus.de
- Verkehrsverbund Mittelschwaben GmbH, Hans-Lingl-Straße 1, 86381 Krumbach, 02 82/82 87 00, www.vvm-online.de

Die Anreise mit dem Pkw lohnt sich aufgrund der schwierigen Rückkehr zum Fahrzeug nicht. Sollten Sie es aber trotzdem vorziehen, so kommen Sie von Süden von der A8 über Augsburg und Donauwörth nach Oettingen. Von Norden nutzen Sie die A6 Heilbronn – Nürnberg und gelangen über Feuchtwangen und Dinkelsbühl nach Oettingen.

Ausrüstung

Um den Jakobsweg vollauf genießen zu können, sollten Sie in die Vorbereitung ein wenig Zeit investieren und überlegen, ob Sie mit Ihrer Ausrüstung viele Stunden am Tag bequem unterwegs sein können.

Der Rucksack sollte gut am Rücken sitzen, ohne Druckstellen zu verursachen. Für eine Mehrtagestour brauchen Sie einen Trekkingrucksack mit etwa 60 Litern Stauraum. Je leichter Ihr Gepäck ist, desto leichter wird Ihnen der tägliche Fußmarsch von 5 bis 8 Stunden fallen. Auf Ihren Füßen lastet weniger Druck, was das Blasenrisiko erheblich senkt.

Lassen Sie sich am besten in einem guten Sport- bzw. Bergsportgeschäft beraten, denn Tragegestelle, Material etc. sind heute sehr unterschiedlich und man sollte sich aus den verschiedenen Modellen ein Fabrikat heraussuchen, das gut zur eigenen Körperform passt. Häufig können Sie sich bei der Kaufberatung Gewichte in den Rucksack geben lassen, sodass Sie vor dem Kauf ein Gefühl dafür bekommen, wie bequem sich der Rucksack tragen lässt, wenn er 10 bis 15 kg schwer ist.

Eine Regenhaube, die manchmal auch schon im Rucksack integriert ist, hält Ihr Gepäck bei Regen trocken. Sollte dem nicht so sein, dann besorgen Sie sich noch einen passenden Regenschutz für den Rucksack. Nichts ist unangenehmer, als wenn man abends in der Herberge feststellen muss, dass seine Habe feucht geworden ist.

Outdoorbekleidung aus modernen Fasern ist strapazierfähig, leicht und trocknet extrem schnell. Sie sollten einkalkulieren, dass Sie öfter waschen müssen, denn das gesamte Gepäck für 10 bis 14 Tage Fußmarsch können Sie unmöglich auf Ihren Schultern tragen. Dabei sollten Sie die Kleidung und Wäsche unter dem Aspekt auswählen, dass sie leicht ist, schnell trocknet und bequem zu tragen ist. Wirklich nur das Notwendigste bei sich zu tragen, auszuwählen, was einem wichtig ist und auf was man verzichten kann, diese Erfahrungen gehören mit zu den einprägsamsten Eindrücken auf dem Jakobsweg.

Regenbekleidung ist unverzichtbar. Nichts ist schlimmer, als wenn Sie einen Schauer abbekommen und für den Rest des Tages nasse Kleidung am Leib tragen.

Empfehlenswert sind Regenponchos, die auch über den Rucksack passen. Dieses Cape hält Sie und Ihr Gepäck bei starken Regengüssen trocken. Manche haben sogar eine spezielle Ausbuchtung für Ihren Rucksack, sodass sie besser über das Gepäck passen. Bei starkem Regen sollte der Rucksack unbedingt unter dem Poncho sein, da das Wasser oft zwischen Rucksack und Rücken läuft und das Gepäck dann trotz Regenschutz nass wird.

Gleichzeitig hat sich für uns persönlich gezeigt, dass es sinnvoll ist, neben dem Cape noch eine wasserdichte Goretex-Jacke mitzunehmen. Diese hält warm, schützt vor Wind und reicht bei leichtem Nieselregen völlig aus.

Einen Schlafsack brauchen Sie für den Bayerisch-Schwäbischen Jakobsweg nur, wenn Sie vorhaben, im Freien oder in den wenigen Jugendherbergen am Weg zu übernachten. Ansonsten übernachten Sie ja in Hotels oder Privatunterkünften. Auch auf ein großes Handtuch im Gepäck können Sie verzichten. Sollten Sie allerdings planen, in die Schweiz weiterzuwandern, empfiehlt es sich, einen Schlafsack dabeizuhaben. Denn in der Schweiz gibt es viele billige Unterkünfte – wie z. B. „Schlafen im Stroh" –, in denen Sie auf einen Schlafsack nicht verzichten sollten.

Am wichtigsten ist es, Blasen vorzubeugen, denn wenn die Füße erst einmal wund sind, wird das Wandervergnügen oft zur Qual. Die wichtigsten Tipps zur Vorbeugung sind, nur eingelaufene Schuhe und möglichst speziell gepolsterte Socken oder Strümpfe ohne Nähte zu tragen. Pflegen Sie Ihre Füße auf dem Jakobsweg gut und halten Sie sie trocken. Nicht nur bei großer Hitze ist es ratsam, während der Pause die Schuhe auszuziehen und die Socken trocknen zu lassen. Ein kaltes Fußbad an einem Fluss kühlt zwar vorübergehend, lässt jedoch die Haut aufquellen und somit das Blasenrisiko ansteigen. Jakobspilgerinnen und Jakobspilger tauschen sich auf dem Weg und in den Herbergen gerne über ihre Erfahrung aus, was Blasen vermeiden lässt. Sinnvoll ist es in jedem Fall – ob Sie zu Blasen neigen oder nicht –, vorbeugend ein paar spezielle Blasenpflaster einzupacken. Das Blasenpflaster hält meiner Erfahrung nach am besten, wenn es zusätzlich noch mit Leukoplast festgeklebt und dann mehrere Tage nicht abgenommen wird. Dann kann die Blase schnell verheilen.

☺ Ein besonderer Tipp: In vielen Gemeinden auf dem Weg gibt es Fußpflegesalons. Vielleicht tut es Ihren Füßen gut, wenn Sie sich mal abends durch eine professionelle Fußpflege verwöhnen lassen.

Ein Wanderstock entlastet die Gelenke und stützt vor allem, wenn man Gewicht auf dem Rücken tragen muss. Die Erfahrung zeigt, dass zwei leichte

Teleskopstöcke am besten sind. Ihre Länge kann individuell angepasst werden. Man kann sie auch Platz sparend am bzw. im Rucksack verstauen.

Achten Sie darauf, dass Sie von allem nur das Nötigste mitnehmen und keine Vorräte mitschleppen. Überall am Weg können Sie einkaufen und notfalls auch Ihre Kosmetikartikel ergänzen.

📖 **Trekking ultraleicht** von Stefan Dapprich und Stefan Kuhn, Conrad Stein Verlag, Basiswissen für draußen Band 184, ISBN 978-3-86686-770-3, € 12,90

Folgendes Gepäck sollten Sie nicht vergessen:

- ☐ leichtes Regencape oder besser ein Regenponcho mit spezieller Ausbuchtung für den Rucksack
- ☐ ein Paar gut eingelaufene Wanderschuhe (wasserdicht)
- ☐ zwei bis drei Paar gute Wandersocken
- ☐ Pullover oder Fleecejacke – auch im Sommer
- ☐ Jacke, möglichst auch wasserabweisend
- ☐ zwei Paar Hosen, im Sommer eine mit abnehmbaren Beinen bzw. eine kurze Hose
- ☐ Badeschlappen zum Duschen
- ☐ Handwaschmittel
- ☐ Sicherheitsnadeln oder Wäscheklammern, damit Sie die gewaschene Wäsche an den Rucksack hängen können
- ☐ Handtuch (am besten ein leichtes aus Mikrofaser)
- ☐ Taschenmesser
- ☐ kleiner Kompass
- ☐ Taschenlampe
- ☐ Sonnencreme
- ☐ Hut, Mütze oder Kopftuch als Sonnenschutz
- ☐ Handschuhe (möglichst wasserabweisende Langlaufhandschuhe, bei Regen im Frühjahr und Herbst werden die Hände schnell kalt)
- ☐ Ganz wichtig: Wasserflasche oder Trinkschlauch, 2 l Wasser sollten Sie täglich dabeihaben!
- ☐ kleines Set Verbandsmaterial (oft im Fahrradhandel/der Apotheke erhältlich)
- ☐ Blasenpflaster
- ☐ Plastiktüten zum wasserdichten Verpacken der Ausrüstung
- ☐ Handy (für Notruf, aber auch sehr praktisch, um nachmittags die Unterkunft für abends zu buchen)

- ☐ persönliche Hygieneartikel
- ☐ persönliche Dokumente
- ☐ EC-Karte, Geld

Einkaufen

In den kleinen Ortschaften, die man auf dem Jakobsweg passiert, öffnen die Geschäfte meist zwischen 8:00 und 9:00 Uhr und haben in der Regel bis 18:00 Uhr geöffnet. Am Samstag schließen die Geschäfte auf dem Land um 12:00 Uhr.

Im Allgäu gibt es direkt am Weg oft kleine Sennereien, in denen man sich eine köstliche Brotzeit beschaffen kann. Diese haben häufig selbst am Wochenende geöffnet. Trotzdem sollten Sie beachten, dass die meisten Sennereien über Mittag geschlossen haben – decken Sie sich also rechtzeitig mit einer Brotzeit ein.

Erste Hilfe

Alle Wanderinnen und Wanderer sollten in der Lage sein, einfache Verletzungen selbst zu versorgen. Zu einer eigenen Ausstattung sollten Pflaster, spezielles Blasenpflaster, Nagelschere, Desinfektionsmittel, infektionshemmende Salbe und Verbandsmaterial gehören. Häufig gibt es im Fahrradhandel oder im Sportgeschäft kleine Beutel, in denen Sie das Wichtigste für die Erste Hilfe schon gut sortiert vorfinden.

Die Notrufnummer ☏ 112 sollten Sie auf jeden Fall im Kopf haben. Wir finden es sehr ratsam, ein Mobilfunktelefon mit dabeizuhaben, um im Fall der Fälle schnell Hilfe rufen zu können.

Wichtig ist auch, dass Sie genügend zu trinken dabeihaben. Zwei Liter sollten Sie tagsüber auf jeden Fall trinken. Zu wenig Flüssigkeit kann schnell zu Leistungsabfall bzw. zu Kreislaufschwierigkeiten führen.

Essen & Trinken

Der Weg führt grundsätzlich die ganze Zeit durch Städte und Dörfer, in denen Sie Verpflegung in Restaurants und Gaststätten erhalten. Diese haben wir bei den jeweiligen Orten angegeben. Leider ist in den letzten Jahren ein Rückgang der Gastronomie, gerade in ländlichen Gegenden, zu beobachten. Daher ist es sinnvoll, sich vor einer Etappe noch einmal über die aktuellen Gegebenheiten zu informieren.

Fahrradpilgern

Offiziell bekommt alle, die Santiago de Compostela erreichen und nachweislich mindestens die letzten 200 km mit dem Fahrrad zurückgelegt haben, die Urkunde „Compostela". Die ausgeschilderte Route des Bayerisch-Schwäbischen Jakobsweges eignet sich nur bedingt zum Fahrradfahren. Teilweise sind die Strecken, wie zum Beispiel entlang der Iller Richtung Bad Grönenbach bzw. Altusried, mit dem Rad nur schwer zu bewältigen. Manche anderen Teilstrecken sind – wie z. B. Richtung Pfänder – sehr steil. Wer die beschilderte Route nachradeln will, sollte konditionsstark sein und ein Mountainbike haben. Andererseits gibt es zwischen den einzelnen Stationen des Jakobsweges viele gut ausgebaute Radstrecken. Man kann sich also entlang des Jakobsweges selbst eine Route zusammenstellen. Über das Radwegenetz kann man sich sehr gut beim Bayerischen Staatsministerium für Landesentwicklung und Umweltfragen informieren. Das Ministerium hat eine Radkarte mit allen Fernradwegen in Bayern herausgegeben, die Sie im Internet kostenlos bestellen können.

💻 www.bayerninfo.de/rad

Der Jakobsweg mit dem Hund

Generell ist ein Pilgern mit Hund von der Wegbeschaffenheit gut möglich. Eine Herausforderung sind vor allem die teilweise recht langen Tagesetappen von etwas über 20 km.

Auch bei den Übernachtungsmöglichkeiten wird man nicht überall mit seinem vierbeinigen Freund unterkommen. Deshalb empfiehlt es sich, vor Antritt der Pilgerwanderung bei jeder Unterkunft zu klären, ob ein Hund willkommen ist.

Gepäcktransport

Zu den wesentlichen Erfahrungen auf dem Jakobsweg gehört eigentlich, dass man nur so viel Gepäck bei sich hat, wie man selbst tragen kann. Nichtsdestotrotz gibt es Wanderinnen und Wanderer, denen das schwere Gepäck zu schaffen macht und die aus gesundheitlichen Gründen selbst nicht mehr viel tragen dürfen. Inzwischen gibt es Veranstalter, die den Gepäcktransport bei einer organisierten Wanderung übernehmen.

♦ Alpenlandtouristik, Bertold und Ina Jetschke, Postfach 101313, 86899 Landsberg, ☏ 081 91/30 86 20, ✉ info@alpenlandtouristik.de, 💻 www.alpenlandtouristik.de

GPS

Die GPS-Tracks zu den in diesem Buch beschriebenen Wanderungen können Sie auf der Seite des Verlags (💻 www.conrad-steing-verlag.de) herunterladen.

📖 **GPS** *Grundlagen · Tourenplanung · Navigation* von Michael Hennemann, Conrad Stein Verlag, Basiswissen für draußen Band 375, ISBN 978-3-86686-769-7, € 12,90

Informationen und Internet-Links

Allgemeine touristische Informationen erhalten Sie beim:

- Tourismusverband Allgäu/Bayerisch Schwaben e. V., Fuggerstraße 9, 86150 Augsburg, ☎ 08 21/450 40 10, ✉ info@tvabs.de, 💻 www.allgaeu-bayerisch-schwaben.de
- Bayern Tourismus, Leopoldstraße 146, 80804 München, ☎ 089/212 39 70, ✉ tourismus@bayern.info, 💻 www.bayern.by

Für den Aufenthalt in Lindau:

- Lindau Tourismus und Kongress GmbH, Lennart-Bernadotte-Haus, Alfred-Nobel-Platz 1, 88131 Lindau, ☎ 083 82/889 99 00, ✉ info@lindau-tourismus.de, 💻 www.lindau-tourismus.de

Für den Aufenthalt in Bregenz:

- Vorarlberg Tourismus, Poststraße 11, A-6850 Dornbirn, ☎ 00 43/(0)55 72/377 03 30, ✉ info@vorarlberg.travel, 💻 www.vorarlberg-travel

An vielen Orten erhalten Sie Auskünfte von den kommunalen Fremdenverkehrsämtern. Im Text sind sie mit dem Symbol **i** gekennzeichnet. Hier erhalten Sie Material über die Sehenswürdigkeiten, Landkarten und Infos zu (weiteren) Übernachtungsmöglichkeiten.

▷ **Regionalentwicklung Oberallgäu**: Auf der Internetseite der Regionalentwicklung Oberallgäu/Projektgruppe Jakobsweg finden Sie die einzelnen Wegabschnitte des Jakobsweges durch das Allgäu als PDF-Dateien zum Herunterladen. Interessant sind vor allem die aktuellen pilgerfreundlichen Unterkünfte und Einkehrmöglichkeiten. Die Infoblätter liegen auch entlang des Weges in den Kirchen und Touristen-Infos aus.

💻 www.regionalentwicklung-oberallgaeu.de/jakobswege-im-oa.html

▷ **Ferienregion Westallgäu**: Unter dem Link „Aktiv → Sommer → Pilgern" sind die Etappen von Weitnau bis zum Bodensee (E3-E6) ausführlich beschrieben. Außerdem hat die LAG Regionalentwicklung Westallgäu eine Broschüre zum „Pilgern zwischen Allgäu und Bodensee" herausgegeben, mit vielen weiteren Übernachtungstipps. Sie liegt an vielen Wegpunkten und in den Unterkünften aus, kann aber auch aus dem Internet heruntergeladen werden.

💻 www.westallgaeu.de

▷ **Wittelsbacher Land**: Auf der Internetseite ist unter Wandern → Jakobus-Pilgerweg der Zuweg von Schrobenhausen nach Augsburg in Etappen (B1-B3) beschrieben. Auch hier finden Sie entsprechende Übernachtungstipps.

💻 https://wittelsbacherland.de/startseite/natur-aktiv/wandern/meditations-und-pilgerwege/jakobus-pilgerweg-in-bayerisch-schwaben/

Durch die anhaltende Popularität, die der Jakobsweg genießt, gibt es inzwischen zahlreiche Jakobusgesellschaften und -vereine. In Augsburg gibt es die Jakobus-Pilgergemeinschaft, die auch mit einer Internetseite detailliert über den Jakobsweg informiert.

♦ Jakobus-Pilgergemeinschaft Augsburg e. V., Bernhardiring 49, 86687 Kaisheim, ☏ 090 99/581, ✉ info@pilgern-schwaben.de, 💻 www.pilgern-schwaben.de

Weitere Gesellschaften sind:

Ⓓ Deutsche St. Jakobusgesellschaft e. V., Tempelhofer Straße 21, 52068 Aachen, ☏ 02 41/510 00 62, 💻 www.deutsche-jakobus-gesellschaft.de

♦ Verein Jakobuswege e.V., Marktplatz 4, 85072 Eichstätt, ☏ 07 31/388 58 64, ✉ info@jakobuswege-d.eu, 💻 www.jakobuswege-d.eu

Ⓐ Österreichische Jakobusgesellschaft, Großvolderbergstraße 16A, A-6111 Volders, ☏ 00 43/(0)52 24/463 39

(CH) Schweizerische Vereinigung der Freunde des Jakobsweges „Amis de Chemin de Saint-Jaques", Sekretariat (Deutsch-Schweiz): Dorfstrasse 61, CH-3073 Gümlingen, ☏ 00 41/(0)79/560 00 02, ✉ sekretariat.de@viajacobi4.ch, 💻 www.viajacobi4.ch

Inzwischen gibt es eine Reihe von guten Internetseiten, die Tipps für den Jakobsweg von Oettingen nach Lindau oder über den Jakobsweg ganz allgemein geben. Stellvertretend sollen hier einige genannt sein:

▷ Das **Jakobsportal**: Die Internetseite der Initiierenden des Münchner Jakobsweges mit aktuellen Informationen zur Wegbeschaffenheit. Da sich einige Wegetappen überschneiden, könnte dieses Portal auch für Augsburger Pilgerinnen und Pilger interessant sein: 💻 www.hanna-jakobsweg.de.

- ▷ **Jakobswege.net**: Viele Wegetappen der deutschen Jakobswege finden Sie auch unter 💻 www.jakobswege.net.
- ▷ **Jakobus-Info**: privat initiierte Seite mit vielen Informationen zu den Jakobswegen in Deutschland und Europa: 💻 www.jakobus-info.de

Klima und Reisezeit

Grundsätzlich kann man das ganze Jahr pilgern. Allerdings ist wohl die Zeit von Mai bis Ende September die beste Pilgerzeit. Der typische Pilgermonat ist der Mai, viele gehen auch am Pfingstwochenende los. Der Vorteil im Frühsommer liegt auf der Hand: Es ist noch nicht zu heiß zum Wandern und möglicherweise regnet es auch nicht zu viel. Leider ist es gerade um Pfingsten häufig in den Herbergen voll, sodass man seine Übernachtungen vorbuchen sollte. Im Winter kann es im Allgäu wegen Schnee und Nebel mitunter schwer sein, den Wegmarkierungen zu folgen.

Landkarten und Wegmarkierungen

Der Bayerisch-Schwäbische Jakobsweg ist durchweg gut beschildert. Die Publicpress-Karte mit dem gesamten Weg, die es einst gab, wird nicht mehr aufgelegt. Für den gesamten Weg benötigt man nun viele Einzelkarten. Wir empfehlen in der heutigen Zeit, mit den GPS-Tracks zu arbeiten. In Kombination mit den Markierungen und diesem Buch sollte die Orientierung nicht schwerfallen.

Als Überblickskarte (nicht Wanderkarte!) über das Gebiet bis Lindau und Bregenz eignet sich die Straßenkarte „Bayern Süd“ im Maßstab 1:200.000 von Marco Polo. Allerdings fehlt das kleine Stück von Oettingen bis kurz vor Wemding.

Ebenfalls einen guten Überblick bietet die ADAC-Regionalkarte (ebenfalls Auto-Straßenkarte) Allgäu, Bodensee, Schwäbische Alb im Maßstab 1:150.000. Hier ist der gesamte Bereich von Oettingen über Augsburg bis über den Bodensee hinaus abgedeckt. Allerdings fehlt hier das Stück von Schrobenhausen nach Augsburg.

Als Wanderkarten eignen sich die folgenden Karten.

Vom Landesvermessungsamt Bayern (Papierausgaben), jeweils im Maßstab 1:50.000; der Jakobsweg ist eingezeichnet:

- ▷ UK 50-21; Ries, Nördlingen, Dinkelsbühl (Oettingen, Wemding bis kurz vor Donauwörth)
- ▷ UK 50-34; Pfaffenhofen a. d. Ilm, Neuburg-Schrobenhausen, Ingolstadt (Schrobenhausen bis Aichach)
- ▷ UK 50-32; Naturpark Augsburg, Westliche Wälder (Donauwörth, Friedberg, Augsburg, Bobingen bis kurz vor Mindelheim/Bad Wörishofen)
- ▷ UK 50-38; Kneippland Unterallgäu, Memmingen, Mindelheim (Babenhausen, Bad Wörishofen, Bad Grönenbach)
- ▷ UK 50-46; Kempten (Allgäu) (Bad Grönenbach, Obergünzburg, Wiggensbach, Weitnau bis Oberstaufen)
- ▷ UK 50-45; Lindau, Naturpark Nagelfluhkette (Isny, Oberstaufen bis Lindau/Bregenz)

Vom Kompass-Verlag (wetterfester Kunststoff), ebenfalls im Maßstab 1:50.000, mit eingezeichnetem Jakobswegverlauf, teilweise mit Vergrößerungen in den beigelegten Aktiv-Guide-Heftchen; der Bereich von Oettingen bis kurz nach Wemding wird leider nicht abgedeckt:

- ▷ Kompass-Karte 162; Augsburg, Westliche Wälder (Höchstadt an der Donau, Friedberg, Mindelheim)
- ▷ Kompass-Karte 188; Ostallgäu, Kaufbeuren (Mindelheim, Buchloe, Bad Wörishofen bis Kempten)
- ▷ Kompass-Karte 187; Oberschwaben (Memmingen, Kempten bis Lindau und Friedrichshafen)
- ▷ Kompass-Karte 782; Oberschwaben Nord (Babenhausen bis Bad Grönenbach)

Von Oettingen bis zum Bodensee markiert die „Schwabenmuschel“ den Weg, eine gelbe Jakobsmuschel auf weißem Grund. An wichtigen Abzweigungen gibt zusätzlich ein Wegepfeil die Richtung an, der man folgen soll. Im Allgäu findet sich zum Teil auch die „Europamuschel“, mit der der Münchner Jakobsweg markiert wird: eine stilisierte gelbe Muschel auf blauem Hintergrund. Der Punkt, an dem sich alle Strahlen bündeln, weist die Richtung, der Sie folgen sollten.

☺ Die Karten wurden empfohlen und geprüft von der Geobuchhandlung Kiel, ☏ 04 31/942 49.

Unterkunft

Entlang des Weges gibt es eine breite Palette von Übernachtungsmöglichkeiten in verschiedenen Preisklassen. Da es sich aber bei einigen Regionen um Ferienziele handelt, ist anzuraten, in den Schulferien die Übernachtungen im Voraus zu buchen.

Bei der Auswahl der in diesem OutdoorHandbuch angegebenen Übernachtungsmöglichkeiten wurde Wert darauf gelegt, Unterkünfte in unterschiedlichen Preiskategorien aufzunehmen, sowie darauf, dass sämtliche Unterkünfte nahe am Jakobsweg liegen und Sie nicht weit von der Strecke abweichen müssen, um die abendliche Unterkunft zu erreichen. Selbstverständlich handelt es sich hier nur um eine kleinere Auswahl der Übernachtungsmöglichkeiten am Weg. Informationen zu weiteren Übernachtungsmöglichkeiten erhalten Sie in den Fremdenverkehrsämtern, die im Reiseteil unter dem Symbol i zu finden sind.

Ein Verzeichnis pilgerfreundlicher Betriebe am Bayerisch-Schwäbischen-Jakobsweg finden Sie unter https://www.pilgern-schwaben.de. Jeweils auf den Unterseiten zur Etappe sehen Sie die Unterkünfte.

Pilgerherbergen

Die klassische Herberge, die viele Pilgernde aus Spanien kennen, findet man auf dem Bayerisch-Schwäbischen Jakobsweg kaum. Das Kloster Holzen stellt seit 2014 Pilgerunterkünfte zur Verfügung und in Augsburg gibt es an der Jakobskirche eine Pilgerunterkunft. In Scheidegg im Allgäu bietet die evangelische Kirche Pilgern seit 2007 eine Herberge. Ebenso in Lindau: Hier gibt es im Ortsteil Reutin, direkt am Jakobsweg, eine Jakobuspilgerherberge.

Private Zimmervermietung

In den Fremdenverkehrsregionen vermieten auch viele Privatleute Zimmer. Die sind häufig billiger als Hotels bzw. Gasthöfe und oft wesentlich persönlicher. Viele der Vermieterinnen und Vermieter am Weg haben inzwischen einige Pilgernde kennengelernt und erzählen beim Abendessen oder Frühstück manchmal nette Anekdoten über ihre Gäste oder geben Tipps für den Weg.

Jugendherbergen

Voraussetzung für eine Übernachtung in einer Jugendherberge ist die Mitgliedschaft im DJH. Wer Mitglied des Verbandes werden will, kann den Antrag ganz einfach im Internet ausfüllen und absenden.

♦ DJH Services, www.jugendherberge.de

Die Mitgliedschaft kostet für junge Erwachsene bis zum 26. Lebensjahr € 7, ab 27 Jahren sowie für Familien, Ehepaare und eheähnliche Gemeinschaften € 22,50 im Jahr. Die Mitgliedskarte ist ab dem 1. Oktober eines Jahres bis zum 31. Januar des übernächsten Jahres, also maximal 16 Monate, gültig. Mitgliedskarten, die vor dem 1. Oktober beantragt werden, haben nur bis zum 31. Januar des folgenden Jahres Gültigkeit.

In den bayerischen Jugendherbergen werden Einzelgäste ab dem 27. Lebensjahr nachrangig aufgenommen. Diese Altersbeschränkung gilt selbstverständlich nicht für Gruppenleiterinnen und Gruppenleiter sowie für Familien mit mindestens einem minderjährigen Kind.

Updates

Der Conrad Stein Verlag veröffentlicht Updates zu diesem Buch, die direkt von der Autorin und dem Autor oder von Leserinnen und Lesern dieses Buches stammen. Bitte suchen Sie vor Ihrer Abreise auf der Verlagshomepage www.conrad-stein-verlag.de diesen Titel. Unter dem Link „Updates" finden Sie alle wichtigen Informationen. Der abgebildete QR-Code führt Sie direkt zu der richtigen Seite.

Verkehrsmittel am Weg

Falls Sie Ihre Pilgerwanderung zwischendurch unterbrechen wollen/müssen, nutzen Sie am besten die Bahn. Die großen Orte am Jakobsweg sind fast alle gut mit der Bahn verbunden (☞ An- und Abreise). Bei den kleineren Orten kann es sein, dass Sie einmal einen Bus benutzen müssen, bis Sie den nächsten größeren Bahnhof erreichen.

Zum Gebrauch des Reiseteils

Im Reiseteil wird der gesamte Weg von Oettingen bis zum Bodensee nach Nonnenhorn in 18 Etappen beschrieben. Nach der Hauptroute von Oettingen nach Augsburg wird der Zuweg von Schrobenhausen nach Augsburg aufgezeigt. Ab Augsburg wird zuerst der Ostweg dargestellt, anschließend der Westweg. Beide treffen in Bad Grönenbach wieder zusammen. Von dort führt der Jakobsweg über

Altusried, Weitnau und Weiler-Simmerberg zum Bodensee. Normalerweise endet der Bayerisch-Schwäbische Jakobsweg in Nonnenhorn. Wir haben aber auch die Alternative nach Bregenz beschrieben. Von Nonnenhorn, Lindau oder Bregenz können Sie in die Schweiz weiterwandern.

Die Etappen orientieren sich an den von der Jakobuspilgerschaft Augsburg vorgeschlagenen Etappen. Sie sind so gewählt, dass man den Weg an einem Tag bewältigen kann. Die Start- und Zielorte sind meistens ganz gut mit öffentlichen Verkehrsmitteln zu erreichen. So soll Ihnen für den Fall, dass Sie nicht die gesamte Streckenlänge am Stück bewältigen wollen, auf verschiedenen Abschnitten des Weges der Aus- bzw. Einstieg ermöglicht werden.

Bei der Auswahl der Tagesetappen wurde darauf geachtet, dass in den jeweiligen Zielorten möglichst unterschiedliche Übernachtungsmöglichkeiten vorhanden sind. Selbstverständlich wurden auch solche Orte als Endpunkte gewählt, die besondere touristische Highlights anzubieten haben.

Die hier vorgestellten einzelnen Etappen sind allerdings nur als Vorschläge zu verstehen. Selbstverständlich ist es Ihnen selbst überlassen, je nach Lust und Laune andere Start- und Zielorte zu wählen, vielleicht kürzere oder auch längere Einheiten pro Tag zu bewältigen. Daher werden auch Übernachtungsmöglichkeiten im Verlauf der Streckenabschnitte genannt, damit die Länge der jeweiligen Route frei gewählt werden kann. Die Kilometerangaben bei den Angaben zu den Ortschaften im Reiseteil beziehen sich immer auf die Strecke vom Beginn der Etappe.

Bei Tagesetappe finden Sie die jeweilige Wegbeschreibung. Es ist aber nicht jede Abzweigung beschrieben, da sich der Weg mit den vorhandenen Markierungen gut finden lässt.

Außerdem werden für alle größeren Orte auf der Etappe Informationen, öffentlicher Nahverkehr und Übernachtungsmöglichkeiten genannt. Alle Informationen zu den Sehenswürdigkeiten finden Sie nach den touristischen Angaben des jeweiligen Ortes.

A. Der Jakobsweg zwischen Oettingen und Augsburg

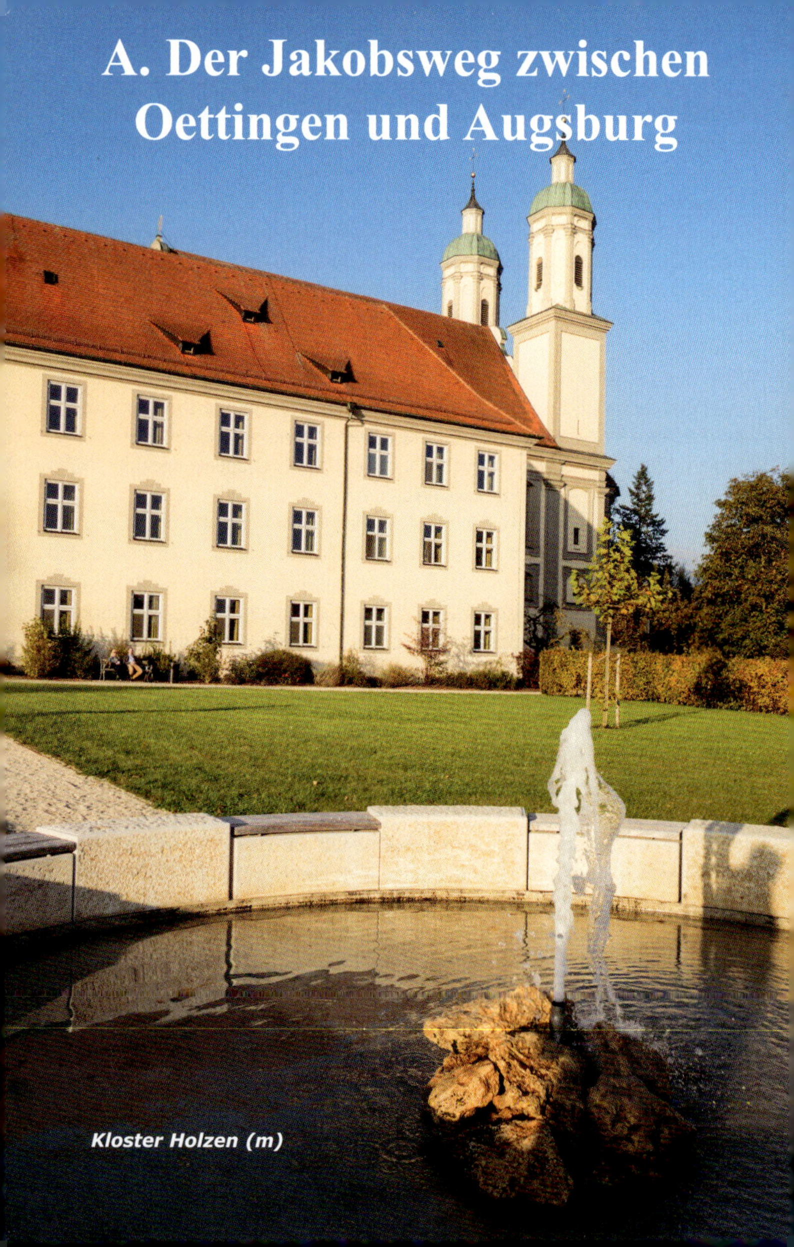

Kloster Holzen (m)

Der klassische Bayerisch-Schwäbische Jakobsweg beginnt in Oettingen und führt von Norden bis nach Augsburg. Dabei beginnen Sie die Pilgerfahrt an der Jakobskirche in Oettingen. Der Weg führt an bedeutenden Kirchen wie Maria Brünnlein, dem Liebfrauenmünster in Donauwörth, dem Kloster Holzen oder der Wallfahrtskirche in Biberbach vorbei. Endpunkt des ersten Teils ist die Jakobskirche in Augsburg.

A1. Von Oettingen nach Wemding

19,7 km, 5 Std., 192 m, 158 m, 415-484 m

0,0 km	419 m	Oettingen
3,9 km	422 m	Megesheim
10,0 km	443 m	Polsingen
18,1 km	457 m	Maria Brünnlein
19,7 km	463 m	Wemding

Oettingen BANK, 5.284 Ew., 419 m

Verkehrsamt Oettingen, Schloßstraße 36, 86732 Oettingen, 090 82/709-52, verkehrsamt@oettingen.de, www.oettingen.de, Mo-Fr 9:00-12:00 und 14:00-17:00, Do-17:30, Sa 10:00-13:00

Hotel Goldene Gans, Königsstraße 5, 86732 Oettingen, 090 82/24 10, www.hotel-goldene-gans.de, Mo-So 17:00-24:00

Gaststätte Goldener Ochse, Schloßstraße 51, 86732 Oettingen, 090 82/86 42, info@goldener-ochse.com, www.goldener-ochse.com, Fr-Di 11:00-14:00 und 17:00-20:00, Mi 11:00-14:00

♦ Gasthof Zur Post, Königsstraße 14, 86732 Oettingen, 090 82/22 14, info@schmankerlgasthof.de, www.schmankerlgasthof.de, Mi-Sa 11:30-14:00 und ab 17:30, So ab 11:30

Kirche St. Jakob Oettingen

Verkehrsamt Oettingen

Residenzschloss Oettingen, Schloßstraße 1, 86732 Oettingen, 090 82/96 94-24, kanzlei@oettingen-spielberg.de, www.oettingen-spielberg.de, Infos zu Führungen siehe Homepage

Oettingen erreichen Sie mit dem Bus Linie 503 von Nördlingen, Linien 720-730 vom Bahnhof Otting über Wemding.

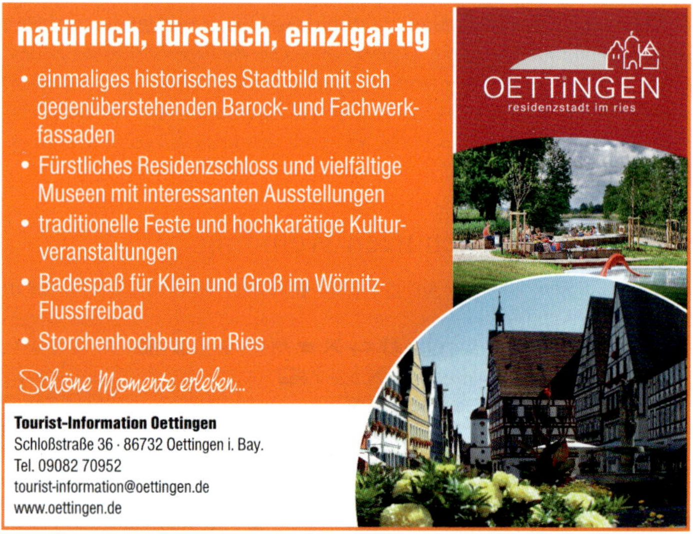

Anzeige

Oettingen liegt am Nordrand des Rieskraters. Europas größter Meteoritenkrater entstand vor 15 Millionen Jahren. Oettingen ist eine ehemalige Residenzstadt. Das Haus Oettingen zählt zu den ältesten bayerischen Adelsgeschlechtern. Die Linie wurde im Laufe des 15. Jahrhunderts geteilt. Vor allem die Linien Oettingen-Oettingen und Oettingen-Gesamt (Alt-)Wallerstein waren von Bedeutung. Heute haben noch die Linien Oettingen-Spielberg und Oettingen-Wallerstein ihre Stammsitze in der Stadt. Beide Linien gehen auf die Linie Oettingen-Gesamt (Alt-)Wallerstein zurück. In Oettingen lohnt sich eine Besichtigung des Residenzschlosses. Das Schloss wurde 1679 bis 1687 von dem württembergischen Baumeister Mathias Weiß erbaut.

Die evangelische Pfarrkirche St. Jakob besteht aus einem sehr schönen, hellen, barocken Kirchenraum. In der Kirche fällt besonders der Taufstein auf, der 1689 von dem Oettinger Bildhauer Konrad Thier gefertigt wurde. Er zeigt Jesus bei der Taufe durch Johannes den Täufer. Jesus kniet dabei in einer riesigen Jakobsmuschel. Diese wird gehalten vom traurigen Adam, der in der rechten Hand einen roten Apfel hält.

dem erinnern das Fuggerschloss, der Zehentstadel (Lagerhaus) und das Schlössle in Gottenau an die einstige Herrschaft der Fugger.

Die Kirche St. Jakobus wurde 1881 neugotisch umgestaltet. Im Langhaus sind barocke Fresken zu bewundern, die u. a. die Enthauptung des Jakobus darstellen.

Der Jakobusbrunnen direkt vor der Kirche wurde 2004 eingeweiht und erinnert an die unermüdliche Reise eines Pilgers. „Nur eine Nacht an einem Ort" ist auf dem Brunnen zu lesen.

C5. Von Markt Rettenbach nach Bad Grönenbach

➲ 24,8 km, ⌛ 6 Std. 30 Min., ↑ 322 m, ↓ 314 m, ⇧ 650-742 m

0,0 km	⇧ 679 m	Markt Rettenbach 🛏 ✕ 🛒 BANK ✞ ⊙ 🚌
1,2 km	⇧ 658 m	Kapelle Maria Schnee ✞
10,2 km	⇧ 660 m	Ottobeuren ℹ 🛏 ⛺ ✕ ☕ 🛒 BANK ✞ ⊙ ⌘ 🚌
24,8 km	⇧ 718 m	Bad Grönenbach ℹ 🛏 ✕ ☕ 🛒 BANK ✞ ⊙ 🚌 🚆

In **Markt Rettenbach** folgen Sie der Ottobeurer Straße bergab, bis der Jakobsweg nach rechts in den Riedweg abbiegt. Auf diesem wandern Sie weiter, bis es links in die Schwesternstraße und zur **Wallfahrtskapelle Maria Schnee ❶** geht.

✞ Die Wallfahrtskapelle Maria Schnee ist bis heute eine Zufluchtsstätte für die Menschen aus der Umgebung. Das Kirchlein, das von den Menschen in Markt Rettenbach liebevoll „unser Käppele" genannt wird, ist eine architektonische Nachbildung von Santa Maria Maggiore in Rom. 1645 erhielt ein Bauer aus Markt Rettenbach von Leopold Graf Fugger die Erlaubnis zum Bau einer Kirche. 1706 wurde die Kirche neu aufgebaut. Einer der Bauherren war Johann Baptist Zimmermann (1680-1785), der meisterliche Stuckateur der berühmten Wieskirche. Das Gnadenbild ist eine Kopie der Muttergottes von Einsiedeln – an dieser führt der Jakobsweg in der Schweiz vorbei.

Kurz danach zweigen Sie nach links ab und gehen wieder zur Ottobeurer Straße und dann weiter in die Höhenstraße. Diese nimmt Sie aufwärts mit, schließlich biegen Sie nach rechts ab und gehen bis Guggenhierl. Danach zweigt der Jakobsweg nach links ab und führt Sie zum Wald und in einem Bogen hinauf zum Weiler Eheim ❷.

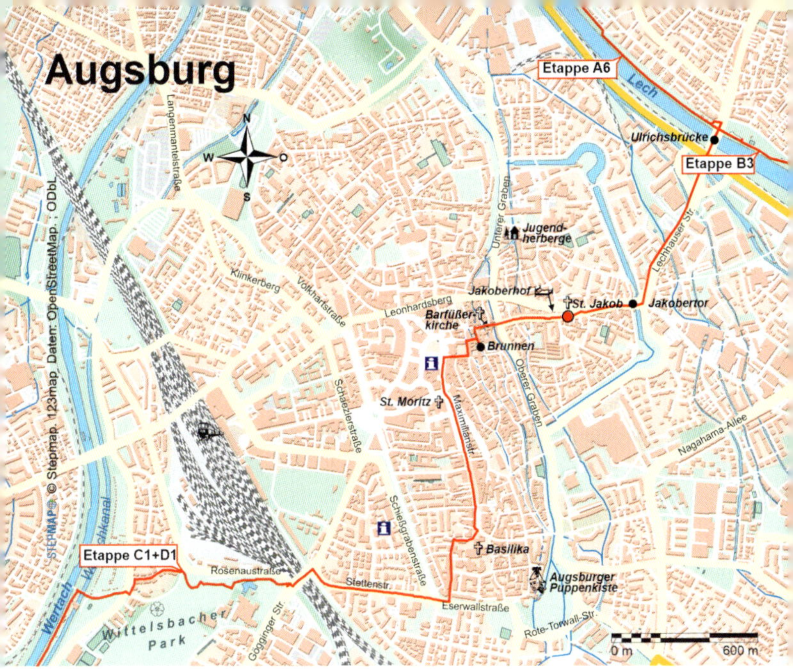

✝ Kirche St. Jakob, Domkirche Unserer Lieben Frau zu Augsburg, St. Ulrich und Afra

⊙ Pfarramt St. Jakob (Zobelstraße 11, 86153 Augsburg, ☎ 08 21/55 12 44, Di 15:30-16:30 und Do 9:00-12:30)

⌘ Augsburger Puppenkiste, Spitalgasse 15, 86150 Augsburg, ☎ 08 21/45 03 45-0, www.augsburger-puppenkiste.de, Mi-So 12:00-18:00

♦ weitere Museen: www.augsburg-tourismus.de/museen-in-augsburg -und-der-region

Busverbindungen ins Augsburger Umland

Zugverbindung z. B. nach München und Stuttgart mit dem ICE

Augsburg ist die zweitälteste Stadt Deutschlands und wurde von den beiden Stiefsöhnen des Kaisers Augustus, Drusus und Tiberius, als Legionslager gegründet. Augsburg war neben Trier die größte römische Siedlung nördlich der Alpen. Das römische Militärlager „Augusta Vindelicorum" lag im heutigen Stadtteil Oberhausen.

Die Stadt Augsburg hatte im Lauf ihrer langen Geschichte eine herausragende Bedeutung für die katholische und evangelische Kirche. Das Christentum kam schon früh in die Römerstadt. Im Jahr 304 starb die heilige Afra aus Augsburg den Märtyrertod. Diokletian (236-316) ließ sie wegen ihrer Treue zum christlichen Glauben enthaupten. Afras Mutter Hilaria soll zum Andenken an ihre Tochter eine Kapelle gebaut haben, die ab 565 als Wallfahrtsstätte bezeugt ist. An der Stelle dieser frühen Gedenkstätte steht heute das 1012 gegründete Benediktinerstift St. Ulrich und Afra. 1064, im Jahr von Afras Heiligsprechung, wurde in Augsburg ein spätrömischer Sarkophag mit angekohlten Gebeinen entdeckt, die man für die sterblichen Überreste der heiligen Afra hielt. Dieser steht heute in der Bartholomäus-Kapelle von St. Ulrich und Afra in Augsburg.

Schon in der Spätantike wurde Augsburg zum Bischofssitz erklärt. Berühmtester Bischof von Augsburg war der heilige Ulrich (890-973).

955 befehligte Ulrich als Reichsfürst hoch zu Ross die Verteidigung Augsburgs gegen die Ungarn. Mit seinem inständigen Gebet soll er die kämpfenden Truppen vor der Schlacht derart gestärkt haben, dass diese die Ungarn auf dem Lechfeld in die Flucht schlugen. Zum Dank verlieh Otto I. dem Bischof Ulrich das Münzrecht für Augsburg. Nach der Vertreibung der Ungarn baute Ulrich die zerstörten Klöster und Dörfer in seinem Gebiet wieder auf, sorgte sich um kirchliche Feiern und führte feierliche Liturgien für Arme und Kranke ein. Auch das beim Einfall der Ungarn zerstörte Kanonikerstift gründete er neu und bestimmte es zu seiner Grabstätte. Am 3. Februar 993, keine zwanzig Jahre nach seinem Tod, war Ulrich der erste von einem Papst heiliggesprochene Heilige. Ulrich gilt als der Heilige der Reisenden, Wandernden, Fischersleute, Weberinnen und Weber sowie Winzerinnen und Winzer. Somit ist er vielleicht auch der ideale geistige Begleiter für den Pilgerweg durch das Augsburger Umland.

Für das Christentum erlangte Augsburg vor allem durch den Religionsfrieden Bedeutung, der im Jahr 1555 auf dem Reichstag von Augsburg geschlossen wurde. Heute berufen sich weltweit 540 Millionen Christinnen und Christen auf das lutherische Bekenntnis der Confessio Augustana. Im Jahr 1530 wurden die von Martin Luther und Philip Melanchthon verfassten 28 Artikel des Augsburger Bekenntnisses auf dem Reichstag in Augsburg an Kaiser Karl V. übergeben. Der Kaiser wollte daraufhin die kirchliche Einheit mit Waffengewalt wieder herstellen. Nach langem Glaubensstreit wurde 1555 im Augsburger Religionsfrieden die Parität zwischen der evangelischen und der katholischen Konfession rechtlich festgeschrieben. Dies war ein erster bedeutender Schritt in Richtung Glaubens- und Gewissensfreiheit. Ihm folgte jedoch der Dreißigjährige Krieg. Die danach wieder errungene Gleichstellung, 1650 als Augsburger Parität verkündet, wurde zum Modell für einen europäischen Neuanfang. Seitdem feiert Augsburg alljährlich am 8. August, dem einzigen städtischen Feiertag Deutschlands, das Augsburger Hohe Friedensfest. Seit 1985 wird alle drei Jahre der Augsburger Friedenspreis an Menschen verliehen, die sich um ein interkonfessionelles Miteinander verdient gemacht haben.

Der Augsburger Dom ist die Kathedrale des Bistums Augsburg. Er gilt als bedeutendster Kirchenbau in Augsburg. Seine beiden Türme sind 62 m hoch. Die erste urkundliche Erwähnung des Mariendoms stammt aus dem Jahr 822. Der Kern des heutigen Doms stammt aus dem Jahr 1006. In den folgenden Jahren wurde die Kathedrale immer mehr erweitert.

Die evangelische Kirche St. Jakob ist der Mittelpunkt der Jakobervorstadt. Seit dem Mittelalter ist die Kirche Sammelpunkt der Jakobspilgerinnen und Jakobspilger. Die heutige Kirche wurde 1949 erbaut. Der vorige Kirchenbau wurde 1944 bei Luftangriffen zerstört.

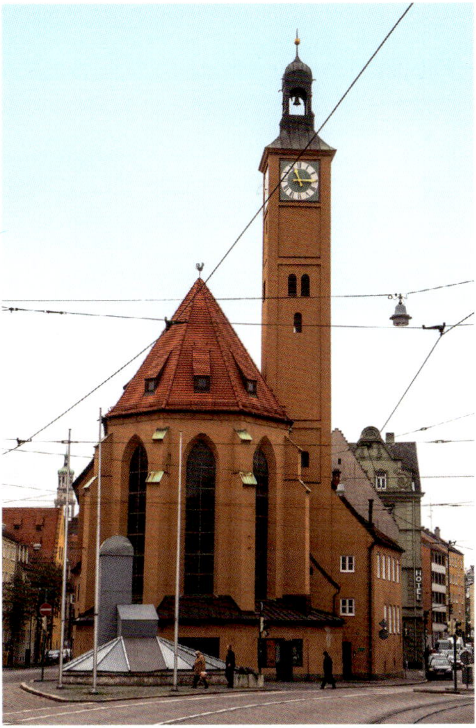

Die Jakobskirche in Augsburg (m)

B. Zuführung von Schrobenhausen

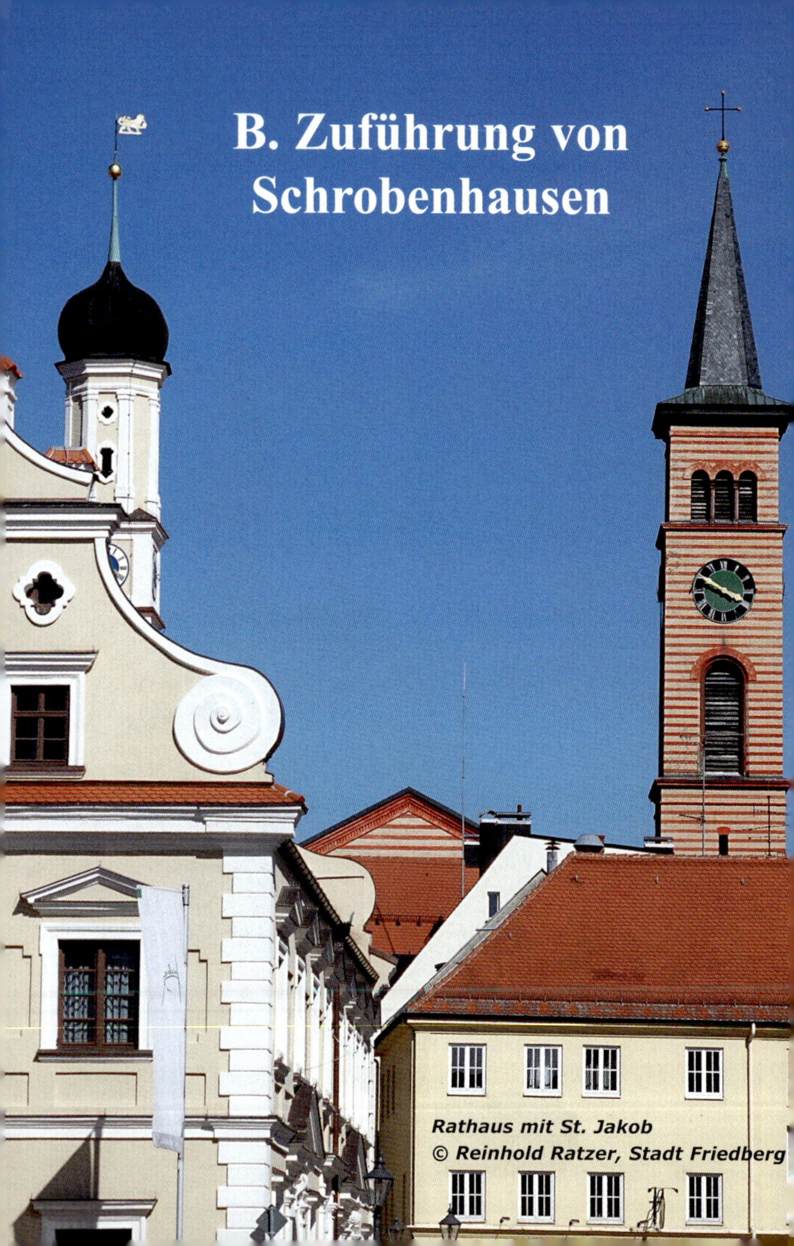

Rathaus mit St. Jakob
© Reinhold Ratzer, Stadt Friedberg

Seit 2005 gibt es eine Zuführung von Schrobenhausen über Friedberg zur Jakobskirche in Augsburg. In drei Tagen wandern Sie über Inchenhausen, Haunswies und Friedberg nach Augsburg. Auch hier gibt es unterwegs ein paar interessante Kirchen zu besuchen.

B1. Von Schrobenhausen nach Inchenhofen

14,7 km, 4 Std., ↑ 56 m, ↓ 1 m, ⇧ 411-468 m

0,0 km	⇧ 411 m	Schrobenhausen
14,7 km	⇧ 468 m	Inchenhofen

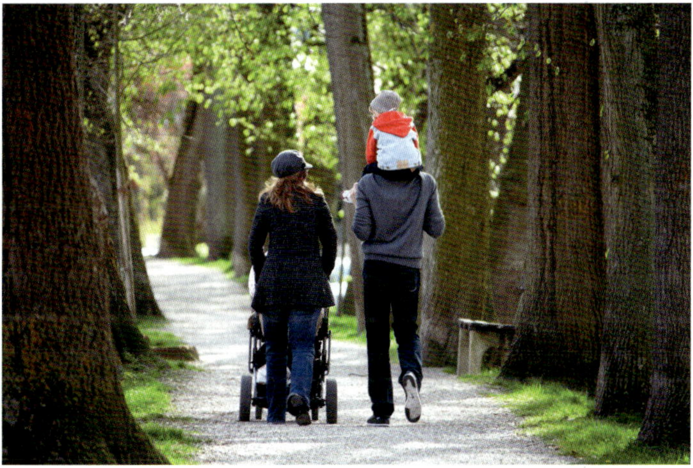

Familie auf dem Stadtwall © Stadt Schrobenhausen

Schrobenhausen

17.505 Ew., ⇧ 411 m

Tourismusbüro Schrobenhausen, Lenbachplatz 18, 86529 Schrobenhausen, ☎ 082 52/90 21 30, information@schrobenhausen.de, www.schrobenhausen.de, April bis September tgl. 10:00-17:00

Altstadthotel Bauern Bräu, In der Lachen 2, 86529 Schrobenhausen, ☎ 082 52/88 12 00, info@altstadthotel-schrobenhausen.com,

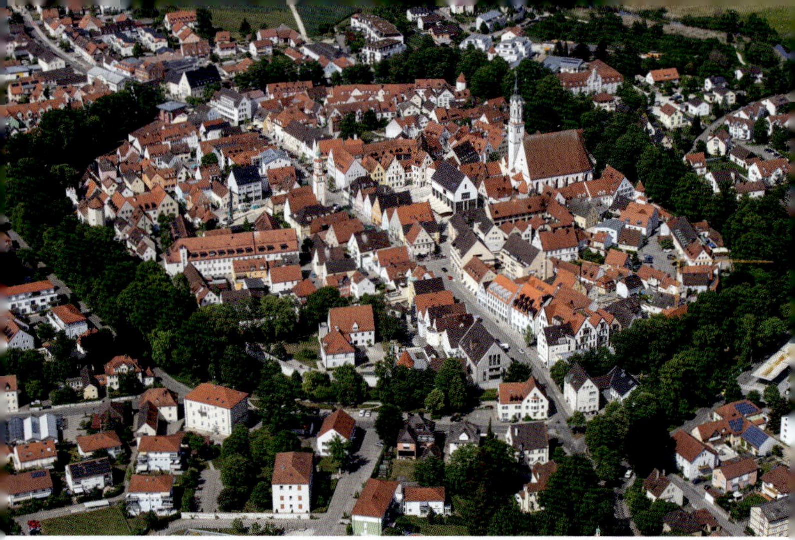

Luftbild von der Stadt © Stadt Schrobenhausen

🖳 www.altstadthotel-schrobenhausen.com, ÜF EZ ab € 70, DZ ab € 100,
🚪 Mo-Fr 17:00-22:00

🛏 Griesers Hotel zur Post, Alte Schulgasse 3a, 86529 Schrobenhausen,
☏ 082 52/894 90, 🖳 www.griesers-hotel-post.de, ÜF EZ ab € 78, DZ ab € 86

♦ Pension Maria Streber-Kraus, Adalbert-Stifter-Straße 23, 86529 Schrobenhausen,
☏ 082 52/817 74, ✉ mariastreberkraus@gmx.de,
🖳 www.pension-streber-kraus.de, Ü EZ ab € 38, DZ ab € 32 p. P., F € 9

♦ Pension Ursula Schmid, Regensburger Straße 29, 86529 Schrobenhausen,
☏ 082 52/830 47, ✉ info@pension-schrobenhausen.de
🖳 www.pension-schrobenhausen.de, ÜF EZ ab € 49, DZ ab € 68

✞ Stadtpfarrkirche St. Jakob

⌘ Europäisches Spargelmuseum, Am Hofgraben 1a, 86529 Schrobenhausen,
☏ 082 52/902 37, ✉ kultur@schrobenhausen.de, 🚪 Mai bis Juni tgl. 10:00-17:00,
Juli bis April Mi, Sa, So 14:00-16:00

♦ Lenbachmuseum, Ulrich-Peißer-Gasse 1, 86529 Schrobenhausen,
☏ 082 52/902 37, ✉ kultur@schrobenhausen.de,
🚪 April bis September tgl. 14:00-17:00

♦ Museum im Pflegschloss, Am Hofgraben 3, 86529 Schrobenhausen,
☏ 082 52/902 37, ✉ kultur@schrobenhausen.de, 🚪 Mai bis Juni tgl. 14:00-17:00,
Juli bis April Mi, Sa, So 14:00-16:00

♦ Handwerkermuseum im Zeiselmairhaus, In der Lachen 1, 86529 Schrobenhausen, ☎ 082 52/902 37, kultur@schrobenhausen.de, Mai bis Juni Sa, So 14:00-17:00, Juli bis September Sa, So 14:00-16:00

Zugverbindung nach Augsburg

Schrobenhausen ist besonders für den Spargel aus der Umgebung der Stadt bekannt. Seit 1991 befindet sich im Turm der Stadtmauer das Europäische Spargelmuseum. Die Geschichte Schrobenhausens ist bereits 1.200 Jahre alt. Die Stadtmauer stammt aus dem 15. Jahrhundert und ist noch sehr gut erhalten. In Schrobenhausen gibt es noch weitere Museen. Das Lenbachmuseum ist in die Stadtmauer eingebunden. Dabei handelt es sich um das Geburtshaus von Franz von Lenbach (1836-1904), dem berühmtesten deutschen Portraitmaler des ausgehenden 19. Jahrhunderts. Im Museum im Pflegschloss finden Sie das Schrobenhausener Stadtmuseum. Es bietet Einblick in die Geschichte der Stadt.

Das Zeiselmairhaus ist ein spätmittelalterliches Handwerkshaus. Es wurde 1478 in Ständerbauweise errichtet und war bis 1975 bewohnt. Das Haus zeigt die Haus-, Handwerks- und Alltagsgeschichte im Ort.

Die Stadtpfarrkirche St. Jakob entstand im 15. Jahrhundert.

Sie wandern in **Schrobenhausen** auf der Lehnbachstraße nach Süden. Dann biegen Sie nach rechts in den Bürgermeister-Stocker-Ring ab. Danach gehen Sie nach links und folgen dem Jakobsweg aus der Stadt heraus. Anschließend gehen Sie nach links und dann nach rechts zum Paarkanal ❶. Nun pilgern Sie auf dem Paartal-Wanderweg in Richtung Aichach. Der Wanderweg führt Sie an Paar und

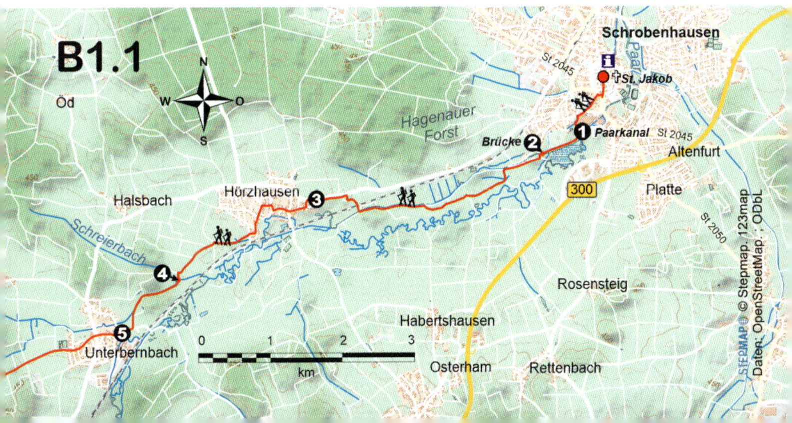

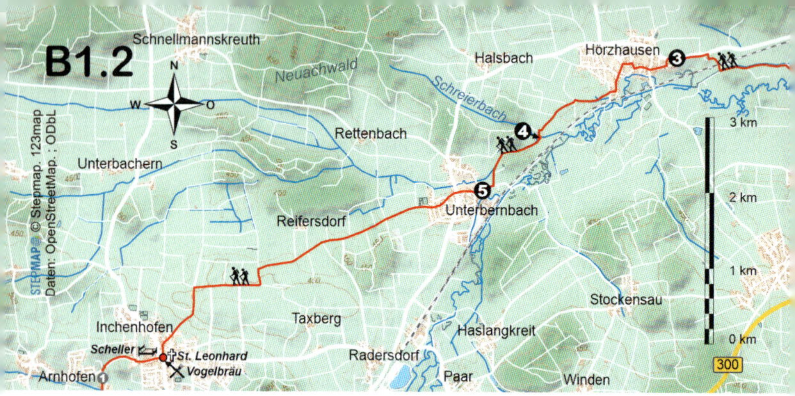

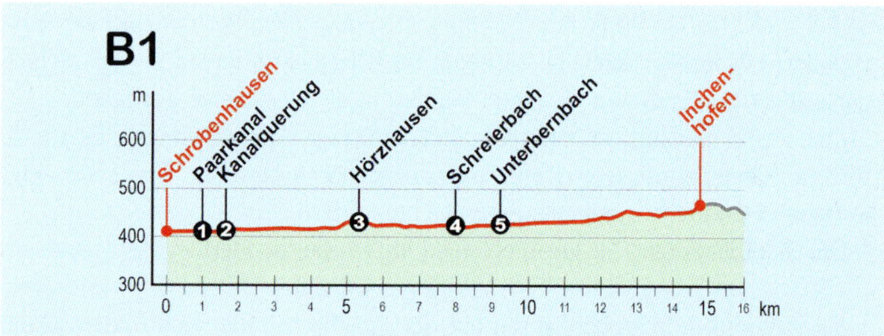

Paarkanal entlang bis kurz vor Hörzhausen. Auf dem Weg dorthin überqueren Sie den Kanal nach rechts ❷, gehen auch über die Bahnlinie und gelangen zur Kreisstraße Schrobenhausen – Hörzhausen. Auf dieser gehen Sie nach links, bis Sie auf der Hauptstraße nach Hörzhausen ❸ hineinwandern können. Sie folgen ihr bis zur Obermühlstraße, auf der Sie den Ort nördlich der Bahnlinie verlassen. Sie folgen dem Weg bis zum Schreierbach ❹. Hier verläuft die Grenze zwischen den Regierungsbezirken Oberbayern und Schwaben. Sie wandern nun entlang des Schreierbaches bis nach Unterbernbach ❺. Über die Martinstraße spazieren Sie in den Ort. Dort gehen Sie nach rechts in die Dekan-Moll-Straße, die später in die Reifersdorfer Straße übergeht. Nun folgen Sie dem Jakobsweg geradeaus aus dem Ort hinaus. Sie wandern den Markierungen folgend bis nach **Inchenhofen** mit der Wallfahrtskirche St. Leonhard.

Inchenhofen

🛏 ✕ BANK ✝ ⌘, 2.652 Ew., ⇧ 468 m

🛏 Ferienwohnung Schneller, Sainbacher Straße 2, 86570 Inchenhofen,
📱 01 71/3 12 72 11, Preise erfragen

♦ Klaras Gästehaus, Brechstubenweg 21, Inchenhofen, ☏ 082 57/92 87 32, 01 72/932 59 79, www.klaras-gaestehaus.de, Ü EZ € 39, DZ € 59

✕ Landgasthof Voglbräu, St.-Leonhard-Straße 2, 86570 Inchenhofen, ☏ 082 57/12 11, www.voglbraeu-inchenhofen.de, Mi-Sa ab 17:00, So ab 11:00

✞ Wallfahrtskirche St. Leonhard

⌘ Wallfahrtsmuseum St. Leonhard, Zisterzienserplatz 1, 86570 Inchenhofen, ☏ 082 57/12 20, www.pfarrei-inchenhofen.de/leonhard/museum, keine geregelten Öffnungszeiten, Anmeldung unter o. g. Telefonnummer

Die erste Wallfahrtskirche wurde 1332 errichtet. Wegen des immer größer werdenden Zustroms der Pilgerinnen und Pilger musste die Kirche neu gebaut werden. Die heutige Kirche entstand von 1450 bis 1457 im spätgotischen Stil. Prunkstück der Kirche ist der Hochaltar mit dem Gnadenbild des heiligen Leonhards. Erschaffen wurde er vom Schrobenhausener Kunstschreiner Anton Wiest.

Das Wallfahrtsmuseum befindet sich im Obergeschoss des ehemaligen Franziskanerklosters. Es beschäftigte sich mit dem Leben des heiligen Leonhards, informiert über die Geschichte des Ortes und seiner Wallfahrt.

B2. Von Inchenhofen nach Haunswies

14,5 km, 4 Std., ↑ 92 m, ↓ 110 m, ⇧ 443-523 m

0,0 km	⇧ 468 m	Inchenhofen ✕ BANK ✞ ⌘
14,5 km	⇧ 476 m	Haunswies ✞

Von **Inchenhofen** gehen Sie im Ort auf dem Radweg in Richtung Sainbach bis zu einer Figur des heiligen Christopherus. Hier biegen Sie nach links ab in Richtung des Hofes Arnhofen ❶. Sie wandern durch den Hof, bald nach rechts und folgen dann einer Rechtskurve zu einer Kreuzung. Hier zweigen Sie nach links Richtung Motzenhofen ❷ ab.

Die Straße führt Sie durch den Ort. Sie überqueren die Hollenbacher Straße/Walchshofener Straße und zweigen dann nach rechts in den Unteren Siedlungsweg ab, dem Sie südlich an Hollenbach ❸ vorbei folgen, bis Sie auf dem Kapellenweg nach rechts zur Hauptstraße gehen.

Die Hauptstraße führt Sie in Richtung Schönbach, bis Sie nach links auf die Straße Am Rathaus abzweigen. Sie gehen weiter zum Krebsbachweg in Schönbach ❹.

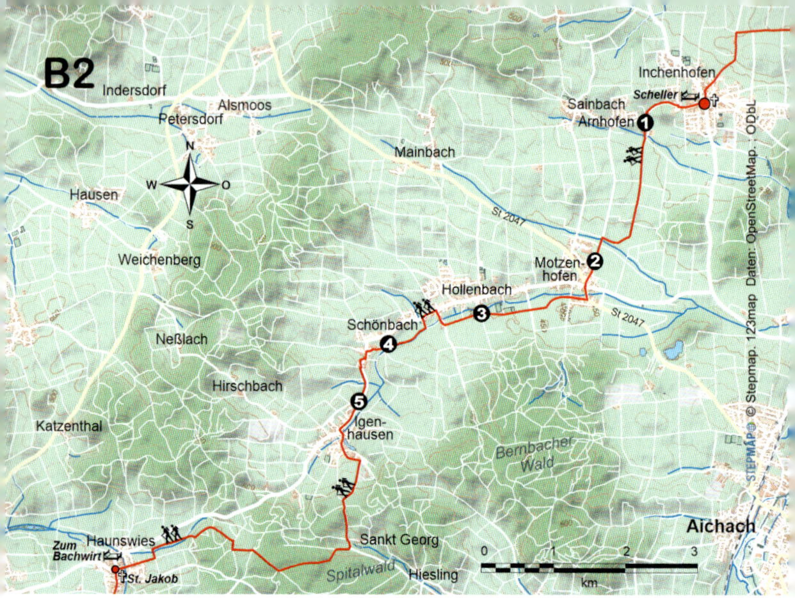

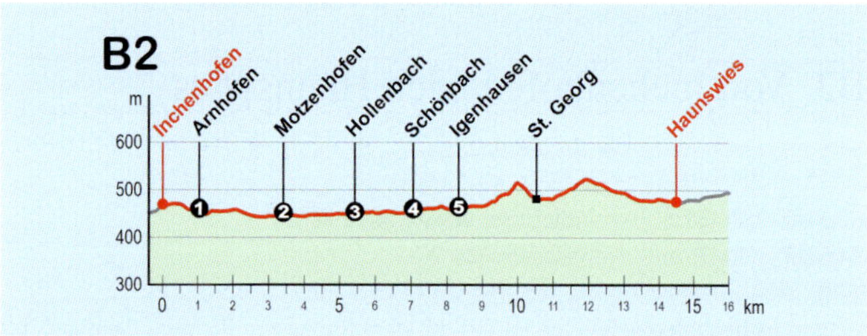

Sie bleiben auf dem Weg bis zur Hauptstraße, auf der Sie weiter bis Igenhausen ❺ wandern.

In Igenhausen leitet Sie der Jakobsweg auf der Weiherstraße bis zum Ende des Ortes. Sie folgen der 90-Grad-Kurve bis zu einer Rechtskurve. Nach der Kurve kommen Sie zu einer Einmündung, an der Sie links gehen und gleich danach zu einer weiteren Kreuzung gelangen. An dieser gehen Sie geradeaus weiter zu einer weiteren Weggabelung in der Nähe der Einsiedelei St. Georg. Hier wenden Sie sich nach rechts bis zu einer Wegteilung. Sie nehmen den linken Weg und wandern durch den Wald zur nächsten Kreuzung. Hier nehmen Sie den rechten Weg, der Sie zum Waldrand bringt. Sie folgen dem Weg am Waldrand entlang und wandern in einem großen Linksbogen zum gegenüberliegenden Waldrand. Dort gehen Sie nach rechts und spazieren auf dem Jakobsweg bis nach **Haunswies**.

Haunswies

🛏 ✝, 723 Ew., ⇧ 476 m

🛏 Gästezimmer Zum Bachwirt, Aichacher Straße 2, 86444 Affing, ☏ 082 07/960 10, Ü EZ ab € 33, DZ ab € 50

✝ Pfarrkirche St. Jakob

Haunswies ist ein Ortsteil der Gemeinde Affing. Im Ort lohnt der Besuch der Pfarrkirche St. Jakob. Sie wurde 1777/78 erbaut.

B3. Von Haunswies über Friedberg nach Augsburg

➲ 23,9 km, ⌛ 6 Std., ↑ 116 m, ↓ 115 m, ⇧ 469-531 m

0,0 km	⇧ 476 m	Haunswies 🛏 ✕ ✝
14,5 km	⇧ 514 m	Friedberg i 🛏 ✕ ☕ 🛒 BANK ✝ ⊙ ♜ ⌘ 🚆
23,9 km	⇧ 477 m	Augsburg i 🛏 ⛺ ✕ ☕ 🛒 BANK ✝ ⊙ ⌘ 🚌 🚆

In **Haunswies** führt Sie der Jakobsweg auf der Dorfstraße nach Süden und nimmt dann die Weiherstraße, der Sie aus dem Ort hinaus folgen. Sie bleiben auf dem Hauptweg, der bald in den Wald eintaucht. Am Ende des Waldes sehen Sie bereits Pfaffenzell, das Sie über einen Feldweg erreichen ❶. Auf der Hauptstraße gehen Sie kurz in Richtung Frechholzhausen, biegen aber dann

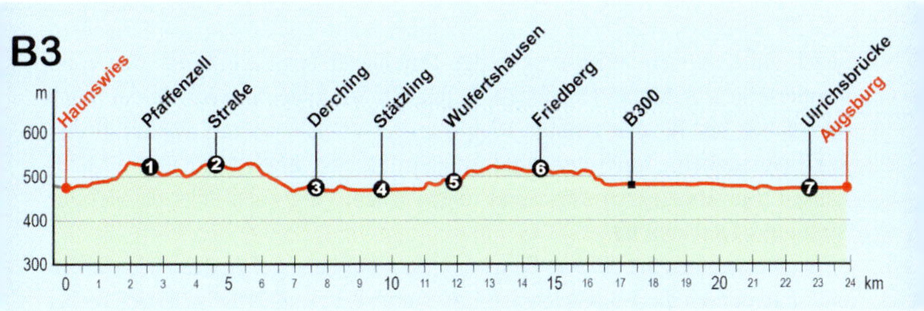

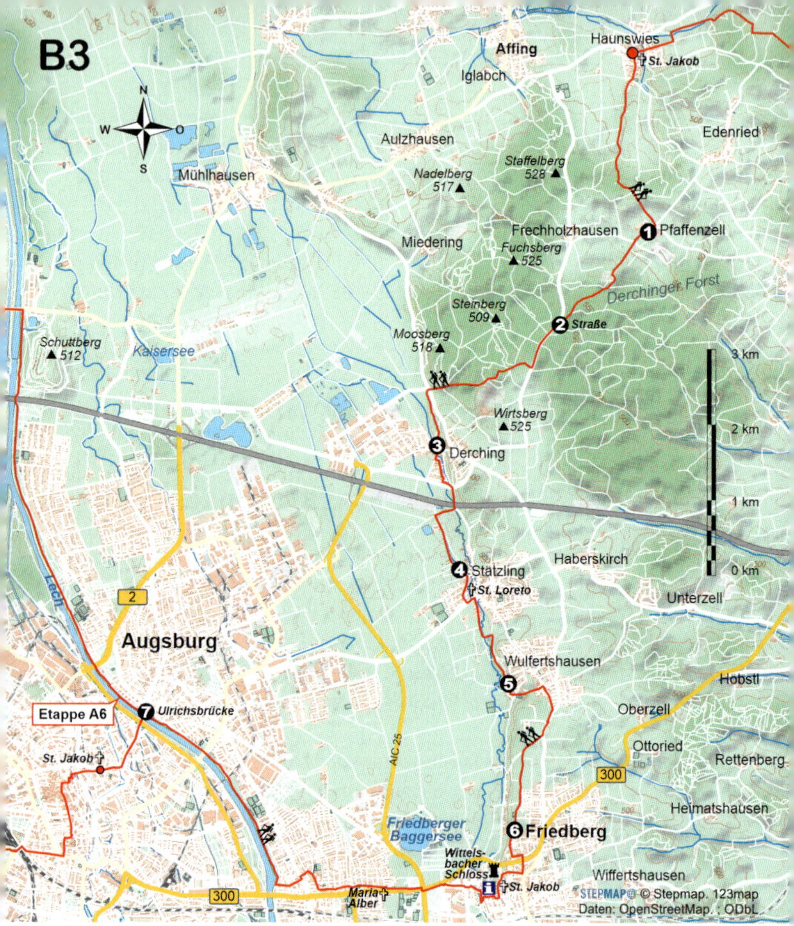

gleich auf dem halb linken Weg in den Derchinger Forst ab. Durch den Wald wandern Sie zur Straße Derching – Affing ❷. Sie folgen der Straße ein Stück nach links, bis Sie den zweiten Weg nach rechts nehmen und wieder in den Wald eintauchen. Durch den Wald wandern Sie zur Straße Derching – Mühlhausen. Sie überqueren diese und folgen einem Weg nach links parallel zur Straße bis Derching ❸.

Im Ort nehmen Sie die Alte Bergstraße nach links und gehen dann nach Süden und unterqueren die A8. Gleich nach der Autobahn wenden Sie sich nach rechts und biegen gleich wieder nach links ab. Der Weg bringt Sie nach Stätzling ❹. Sie wandern durch den Ort bis zur Hauptstraße Stätzling – Augsburg. Hier gehen Sie kurz nach links zur Kapelle St. Loreto und biegen dann gleich auf den Ablassweg nach rechts ab. Dieser führt nach Süden, bis der Jakobsweg nach links abbiegt. Der Jakobsweg bringt Sie nach Wulfertshausen ❺. Sie folgen der Markierung durch den Ort und wandern von dort kurz auf der Straße in Richtung Friedberg, bis der Leitenweg nach rechts abzweigt. Auf diesem spazieren Sie bis nach **Friedberg** ❻ und wandern durch den Ort bis zur Kirche.

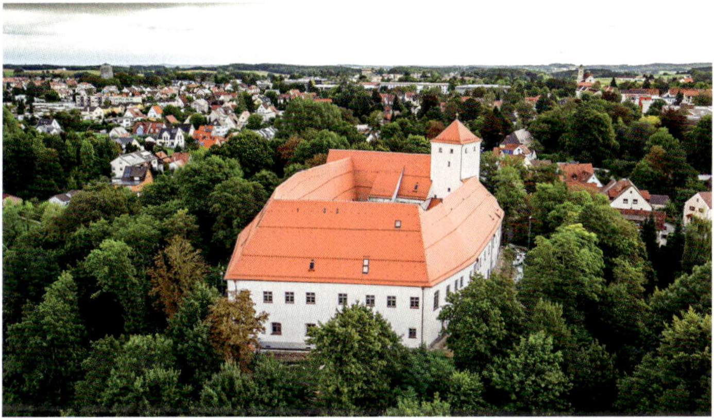

Wittelsbacher Schloss Friedberg
© Stefan Heinrich, Kleeblatt-Medien, Stadt Friedberg

Friedberg 🛈 🛏 ✕ ☕ 🛒 BANK ✝ ⊙ ♜ ⌘ 🚆, 30.056 Ew., ⇧ 514 m

🛈 Stadt Friedberg Touristinformationen, Marienplatz 5, 86316 Friedberg, ☎ 08 21/600 20, ✉ touristinfo@friedberg.de, 💻 www.friedberg.de, 🚪 Mo, Di, Do 8:00-18:00, Mi, Fr 8:00-12:00

🛏 ✕ Gasthof Kreisi, Herrgottsruhstraße 18, 86316 Friedberg, ☎ 08 21/267 90 00, ✉ info@gasthof-kreisi.de, 💻 www.gasthof-kreisi.de, ÜF EZ ab € 57, DZ ab € 92, 🚪 Mo-Do 11:00-14:00 und 17:00-23:00, Fr 17:00-23:00

✕ Gasthof Zur Linde, Münchner Straße 1, 86316 Friedberg, ☎ 08 21/60 17 14, ✉ info@linde-friedberg.de, 💻 www.linde-friedberg.de, 🚪 Di, Mi, So 11:00-22:00, Do-Sa 11:00-23:00

✝ St. Jakob und die Wallfahrtskirche Unseres Herrn Ruhe

⊙ Pfarramt St. Jakob (Eisenberg 1, 86316 Friedberg, ☏ 08 21/58 86 80, Di, Fr 8:00-12:00, Do 16:00-19:00)

⌘ Museum im Wittelsbacher Schloss, Schloßstraße 21, 86316 Friedberg, ☏ 08 21/600 21 48, Di-So 10:00-17:00

Zugverbindung nach Augsburg

Besonders sehenswert in Friedberg ist das historische Rathaus aus der Zeit der Renaissance. Der jetzige Bau stammt aus den Jahren 1673/74 und wurde nach den Entwürfen eines Schülers von Elias Holl gebaut.

Auch in Friedberg gibt es eine Kirche, die dem heiligen Jakob geweiht ist. Sie wurde 1871/72 im neuromanischen Stil errichtet. Der Turm der Vorgängerkirche stürzte am 02.03.1868 ein. Im Wittelsbacher Schloss befindet sich das Friedberger Museum, das bereits 1886 gegründet wurde.

Von der Jakobskirche in Friedberg wandern Sie auf der Ludwigstraße nach Westen zum Friedberger Berg. Dort folgen Sie den Markierungen des Jakobsweges bis zur Augsburger Straße. Weiter leitet Sie der Jakobsweg zur Kreuzung mit dem La-Crosse-Ring/Chippenham Ring, überquert diese und folgt nun dem Fußweg durch eine Baumallee nach Friedberg-West. Sie wandern weiter zur Kapelle Maria Alber und weiter bis nach Augsburg-Hochzoll. Sie folgen dem Jakobsweg weiter, bis Sie nach rechts in die Salzmannstraße abbiegen. Nach Norden führt Sie der Jakobsweg bis zur Hochgratstraße, in die Sie einbiegen. Sie treffen auf die Zugspitzstraße, überqueren diese und gehen links versetzt in die Untersbergstraße. Dieser folgen Sie zur Lechrainstraße und gehen über diese hinweg. Hier orientieren Sie sich nach Norden bis zur Ulrichsbrücke ❼. Sie treffen nun auf den Jakobsweg von Gersthofen. Auf der Lechhauser Straße wandern Sie zur Jakobskirche in **Augsburg**.

Augsburg

BANK ✞ ⊙ ⌘, 296.478 Ew., ⇧ 491 m

☞ Informationen zu Augsburg finden Sie bei Etappe A6, S .64.

C. Der Ostweg: Von Augsburg über Bad Wörishofen nach Bad Grönenbach

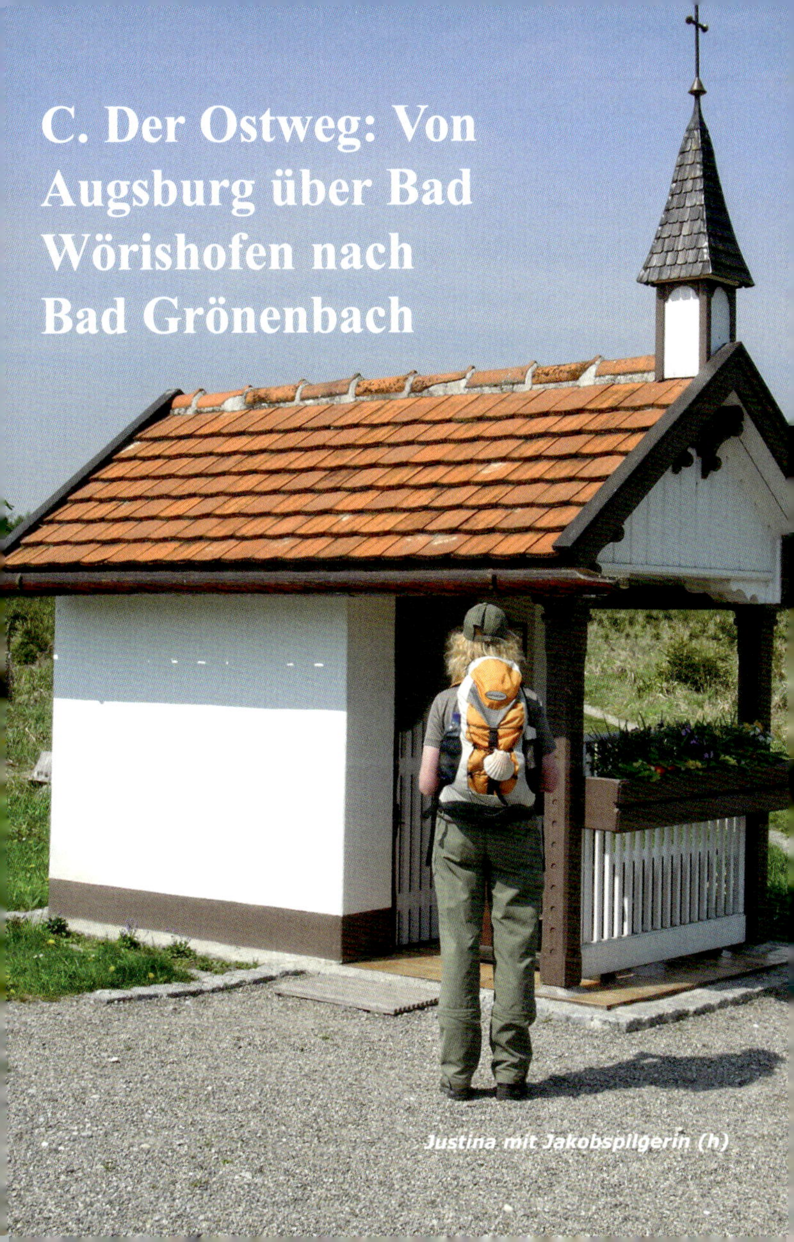

Justina mit Jakobspilgerin (h)

Der Ostweg führt von Augsburg über Göggingen, vorbei an eher kleineren Orten nach Türkheim und weiter nach Bad Wörishofen. Höhepunkt auf dem Weiterweg ins Allgäu ist die Benediktinerabtei in Ottobeuren.

C1. Von Augsburg nach Reinhartshofen

24,4 km, 6 Std. 113 m, 16 m, 474-586 m

0,0 km	491 m	Augsburg
6,9 km	488 m	Göggingen
17,4 km	551 m	Straßberg
24,4 km	583 m	Reinhartshofen

☺ Wenn Sie die Stadtmitte von Augsburg schneller hinter sich lassen möchten, nehmen Sie am Jakobertor die Straßenbahnlinie 1 nach Göggingen.

Wenn Sie **Augsburg** auf Schusters Rappen verlassen, können Sie im Vorbeigehen den Augsburger Sehenswürdigkeiten einen Besuch abstatten. Wandern Sie von der Jakobskirche auf der Jakoberstraße Richtung Westen. Sie passieren die Fuggerei und gelangen zur Kreuzung mit den beiden Straßen Mittlerer Graben/Oberer Graben. Hier gehen Sie geradeaus über die Kreuzung zur Barfüßerstraße und weiter zur Barfüßerkirche. Kurz nach der Kirche biegen Sie nach links ab zum Hof des Paritätischen Jakobsstiftes. Hier befindet sich ein Brunnen mit einer Statue des heiligen St. Jakob. Anschließend gehen Sie wieder ein Stück zurück und zweigen nach links in das Sterngässchen ab. Dieses führt in die Sterngasse. Hier wandern Sie nach links am Kloster Maria Stern vorbei zum Elias-Holl-Platz. Von der südwestlichen Ecke des Platzes steigen Sie über eine Treppe (Eisenberg) hinauf zur Maximilianstraße. Sie biegen nach links ab und gehen an St. Moritz vorbei bis zum Ende der Maximilianstraße. Hier steht die Basilika St. Ulrich und Afra. Sobald Sie vor der Kirche stehen, orientieren Sie sich nach rechts und kommen in die Weite Gasse. Anschließend folgen Sie der nach links abzweigenden Straße Kitzenmarkt bis zum Theodor-Heuss-Platz. Hier biegen Sie nach rechts ab und wandern weiter über die Stettenstraße zur Brücke, die Sie über die Bahnanlagen vom Augsburger Hauptbahnhof führt. Dann biegen Sie halb rechts in den Wittelsbacher Park ein. Sie gehen durch den Park bis zum Abzweig der Thelottstraße von der Schießstättstraße. Sie folgen den Markierungen, bis Sie wieder zur Schießstättstraße kommen, und spazieren durch diese hinunter zum Wertachkanal ❶.

Am Kraftwerk überqueren Sie die Brücke und wandern auf dem Damm zwischen Kanal und Wertach in Richtung Göggingen. Später folgen Sie dem Jakobsweg über die Wertach auf die westliche Seite und weiter nach Südwesten. Sie wandern unter der B17 hindurch bis nach **Göggingen** zur Wertachbrücke ❷. Auf der anderen Seite der Brücke sehen Sie die moderne Erlöserkirche.

An der Gögginger Wertachbrücke trennen sich der **Augsburger Ost- und Westweg**. Wenn Sie sich für den Ostweg über Bad Wörishofen entscheiden, dann gehen Sie über die Brücke und folgen der weiteren Beschreibung dieser Etappe. Falls Sie lieber auf dem Westweg durch den Naturpark Westliche Wälder über Babenhausen und Memmingen pilgern möchten, dann biegen Sie in Göggingen nach rechts in die Wellenburger Allee ab (☞ Etappe D1, S. 111). Eine Informationstafel finden Sie auf der Westseite der Brücke.

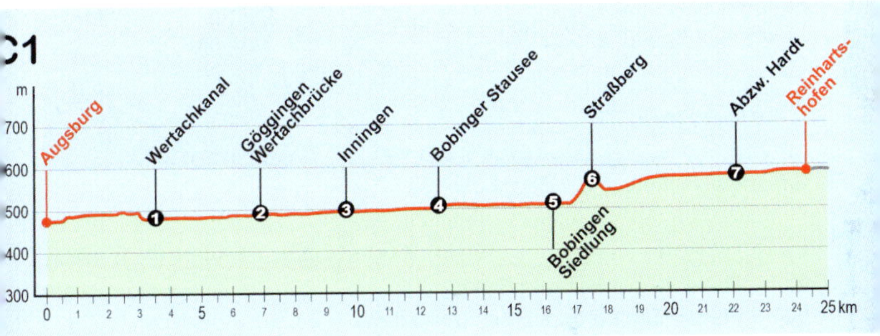

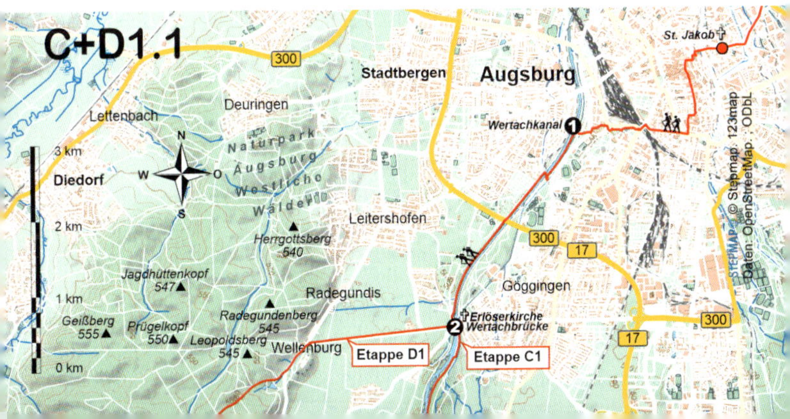

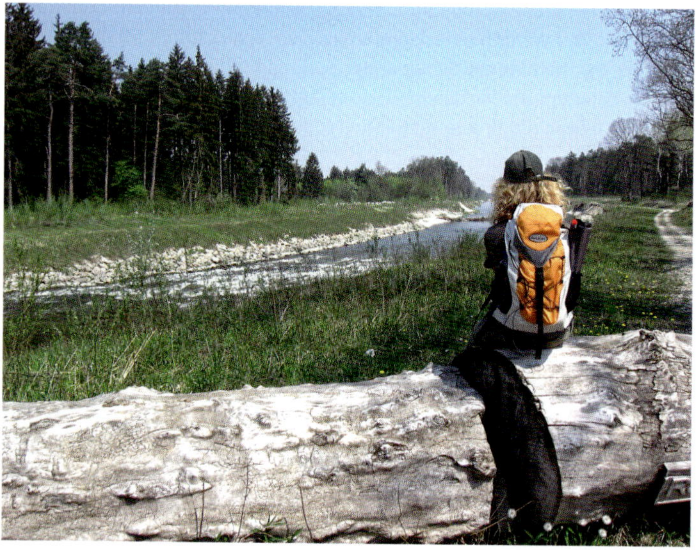

Entlang der Wertach bei Göggingen (h)

Göggingen

, 21.846 Ew., ⇧ 488m

✞ Pfarrkirche Zum Heiligsten Erlöser

⊙ Pfarramt Zum Heiligsten Erlöser (Wellenburger St. 58, 86199 Augsburg, ☏ 08 21/932 12, Di, Mi, Fr 9:00-12:00, Mi 18:00-19:00)

Kurhaustheater, Klausenberg 6, 86199 Augsburg, ☏ 08 21/906 22 22, info@parktheater.de, www.parktheater.de

Straßenbahnlinie 1 nach Augsburg Jakobertor

Göggingen ist ein Stadtteil von Augsburg, der 1972 eingemeindet wurde. Erst 1969 hat Göggingen Stadtrechte bekommen. Zum ersten Mal urkundlich genannt wurde der Ort Geginga im Jahr 969. Besonders erwähnenswert ist das Kurhaustheater. Das Bauwerk in Ziegelbauweise mit seiner Glas-Eisen-Konstruktion wurde 1886 eröffnet. Das Theater fasst 360 Besucherinnen und Besucher.

Nach der Brücke über die Wertach überqueren Sie die Wellenburger Straße und wandern auf dem östlichen Wertachdamm weiter nach Süden. Sie passieren

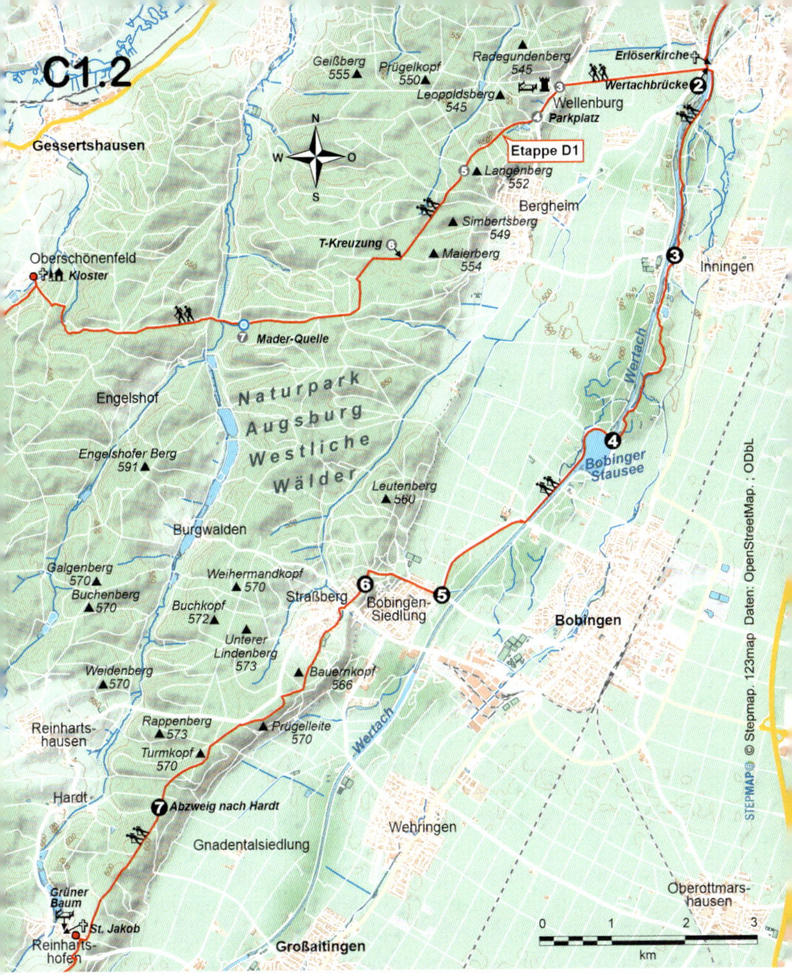

am Wertachufer den Ortsrand von Inningen ❸ und erreichen schließlich den Bobinger Stausee ❹.

Am Stausee überqueren Sie das Wehr und wechseln auf die westliche Uferseite der Wertach. An der nächsten Brücke verlassen Sie das Ufer der Wertach und gehen auf dem Radweg entlang der Straße, bis Sie die Neubausiedlung Bobingen-Siedlung ❺ erreichen. Durchqueren Sie die Siedlung nach rechts zum

Waldrand. Dort geht es ein kurzes Stück bergauf zum Straßberger Grillplatz. Kurz darauf biegen Sie nach links ab und erreichen den kleinen Ort **Straßberg ❻** am Rande des Naturparks Westliche Wälder.

Straßberg

BANK 🚌, 1.182 Ew., ⇧551 m

🚌 Linie 721 von bzw. nach Göggingen, Linie 722 von bzw. nach Bobingen

Straßberg, ein Ortsteil der Gemeinde Bobingen, ist der Geburtsort von Gerhard Höllerich (1943-1991), besser bekannt als Roy Black. Das Geburtshaus befindet sich direkt gegenüber des ehemaligen Gasthofs Berger. Die letzte Ruhestätte des berühmten Schlagersängers und Schauspielers („Ein Schloss am Wörthersee") findet sich auf dem kleinen Dorffriedhof, der kurz vor dem Ortseingang rechts vom Jakobsweg liegt und gut beschildert ist. Bis heute kommen am 9. Oktober, dem Todestag von Roy Black, Fans in die kleine Gemeinde, um am Grab ihres Idols zu gedenken.

Auf dem Weg von Straßberg nach Reinhartshofen finden sich zwei sehr schöne Votivtafeln mit Gebetsbank. Eine dieser Tafeln ist dem hl. Antonius, die andere der Gottesmutter geweiht.

Sie wandern in die Ortsmitte von Straßberg. Dort führt der Weg links von der Hauptstraße in die Wiesentalstraße und von dort wieder hinein in den Naturpark Westliche Wälder. Bei der Weggabelung im Wald folgen Sie dem Weg, der nach halb rechts abbiegt. Bei der nächsten Möglichkeit gehen Sie wieder nach links und biegen später noch einmal nach links in Richtung Reinhartshofen-Schwabegg ab. Von hier an können Sie sich auch an der Markierung des Schwäbisch-Allgäuer Wanderweges (blaues Andreaskreuz als Markierung) orientieren, der parallel zum Jakobsweg verläuft. Dabei ignorieren Sie die Abzweigung nach Hardt ❼. Am Waldrand erreichen Sie den Ortsrand von **Reinhartshofen**. Hier gehen Sie nach rechts in den Ort mit seiner Jakobskirche. Da der Weg oberhalb des Ortes weiterführt, verlassen Sie diesen kurz und wandern ins Dorf hinunter.

Reinhartshofen

🛏 ✕ ✝ ⊙ 🚌, 323 Ew., ⇧583 m

🛏 ✕ Landgasthof Grüner Baum (ehemals Gasthof Donderer), Weihertalstraße 6, 86845 Reinhartshofen, ☏ 082 03/221, ✉ info@gasthof-donderer.de, 💻 www.gasthof-donderer.de, Preise erfragen, 🚪 Mo, Di, Mi, Fr 12:00-24:00, Sa, So 10:00-24:00, Do Ruhetag (außer Feiertag), Öffnungszeiten trotzdem erfragen, da an wenig frequentierten Tagen auch geschlossen wird, Übernachtung nach telefonischer Anmeldung am Ruhetag möglich

✞ Kirche St. Jakob

⊙ Jakobuskirche

🚌 Linie 720 von bzw. nach Bobingen

Die Kirche von Reinhartshofen ist dem heiligen Jakobus geweiht und steht auf einem Hügel. Der erste Kirchenbau wurde um 1200 erstmals erwähnt und gehörte zum Augsburger Kirchenstift Sankt Ulrich und Afra. Die alte Kirche, die im Inneren barock ausgestaltet ist, stammt aus dem Jahr 1669. Im Jahr 1981 wurde nebenan eine neue Kirche eingeweiht. Heute ist St. Jakob eine Filialkirche von Großaitingen. Am Sonntag finden dort Messen statt. Die Kirche ist leider geschlossen, im Gasthof Grüner Baum bekommt man als Pilgerin oder Pilger aber Hilfe, wenn man die Kirchen ansehen möchte.

C2. Von Reinhartshofen nach Kirch-Siebnach

19 km, 5 Std., ↑ 176 m, ↓ 185 m, ⇧ 534-622 m

0,0 km	⇧ 583 m	Reinhartshofen 🛏 ✕ ✞ ⊙ 🚌
2,2 km	⇧ 590 m	Justina ✞
5,0 km	⇧ 563 m	Klimmach ✞
9,4 km	⇧ 574 m	Konradshofen 🛏 ✕
19,0 km	⇧ 572 m	Kirch-Siebnach 🛏 ✕ ✞

Sie verlassen **Reinhartshofen** auf der Leitenbergstraße, die in einem Bogen zur Straße nach Großaitingen führt. Sie wandern kurz nach links, biegen aber gleich wieder nach rechts ab. Dann folgen Sie dem Waldweg geradeaus bis zu einer Bank. Hier zweigen Sie rechts ab in Richtung Justinakapelle. Nach einer Linkskurve nehmen Sie an einer weiteren Wegkreuzung den rechten Abzweig zum Anhauser Bach. Dann erreichen Sie den ehemaligen Brunnen der Justina und stehen wenige Meter später vor der kleinen Waldkapelle, der sogenannten **Justina** ❶ (📷 Seite 79).

✞ Einer Legende nach soll an dieser Stelle unweit von Reinhartshofen ein Frauenkloster gestanden haben, das von den Hunnen bzw. von den Ungarn zerstört worden ist. Bisher ist es allerdings Historikerinnen und Historikern nicht gelungen, dieses Kloster archäologisch nachzuweisen. Gesichert dagegen ist, dass an dieser Stelle bereits im Mittelalter eine Kapelle stand und zu ihr eine Einsiedelei für zwei Eremiten gehörte. Seit 1580 ist ein jährlicher Bittgang von der Pfarrei Großaitingen zur Kapelle belegt. Auf einer Landkarte aus dem Jahr 1802 kann man die Kapelle, die Klause und das dazugehörige Grundstück erkennen. Die Einsiedelei Justina hatte demnach eine Gesamtfläche von 16 m^2, die Kapelle selbst war 7,60 m breit und 18,20 m lang. Auch ein Brunnen ist auf dem Plan eingezeichnet.

Mit der Säkularisation endete die Geschichte der Einsiedelei und auch die Kapelle wurde abgerissen. Nach königlicher Verordnung sollten alle entbehrlichen Feldkapellen und Totenkirchen abgebrochen und der Erlös für die Errichtung eines Schulgebäudes in den jeweiligen Gemeinden verwendet werden. Das Inventar der Justina ging verloren, man vermutet aber heute, dass das jetzige Altarbild mit dem Martyrium der heiligen Justina noch aus der alten Kapelle stammt. Mitte des 19. Jahrhunderts wurde erneut eine Kapelle 150 m westlich des ursprünglichen Standorts errichtet und im Jahr 2001 renoviert.

Einst stand die Kapelle eingebettet im Wald. Doch das Orkantief Lothar verursachte 1999 nahezu einen Kahlschlag im angrenzenden Hochwald. Nur die Justina überstand den Orkan wie durch ein Wunder unbeschadet.

Von der Justina geht es zunächst weiter geradeaus Richtung Klimmach. An einem guten Waldweg zweigen Sie nach rechts ab. Nach einer längeren Geraden nehmen Sie einen nach links führenden Weg. Der Jakobsweg überquert die nächsten beiden Querwege und leitet Sie dann in südwestlicher Richtung nach Klimmach. **Klimmach ❷** ist ein alter Wallfahrtsort.

✞ Graf Hans von Rechberg, Pfandinhaber der Herrschaft Schwabegg, zu der auch Klimmach gehörte, brachte 1554 von einer Pilgerreise nach Jerusalem ein Kreuzpartikel mit. Da die Klimmacher Pfarrei die ärmste in seiner Herrschaft war, stiftete er das Kreuzpartikel für die Kirche. Bald schon setzte ein Zustrom von Wallfahrenden ein, der bis zum Beginn des 18. Jahrhunderts so stark anwuchs, dass der Bau einer größeren Kirche notwendig wurde. So entstand mit der Wallfahrtskirche Mater Dolorosa ein barockes Kleinod. Die Klimmacher Kirche ist im weiten Umkreis der einzige einheitlich barocke Sakralbau.

Das Altarbild zeigt die Kreuzigung Christi und ist ein Werk des Münchner Hofmalers Johann Degler (1666-1729). Links und rechts des Bildes stehen die Holzfiguren von Kaiser Konstantin und der Kaiserin Helena. Sie wurden vom

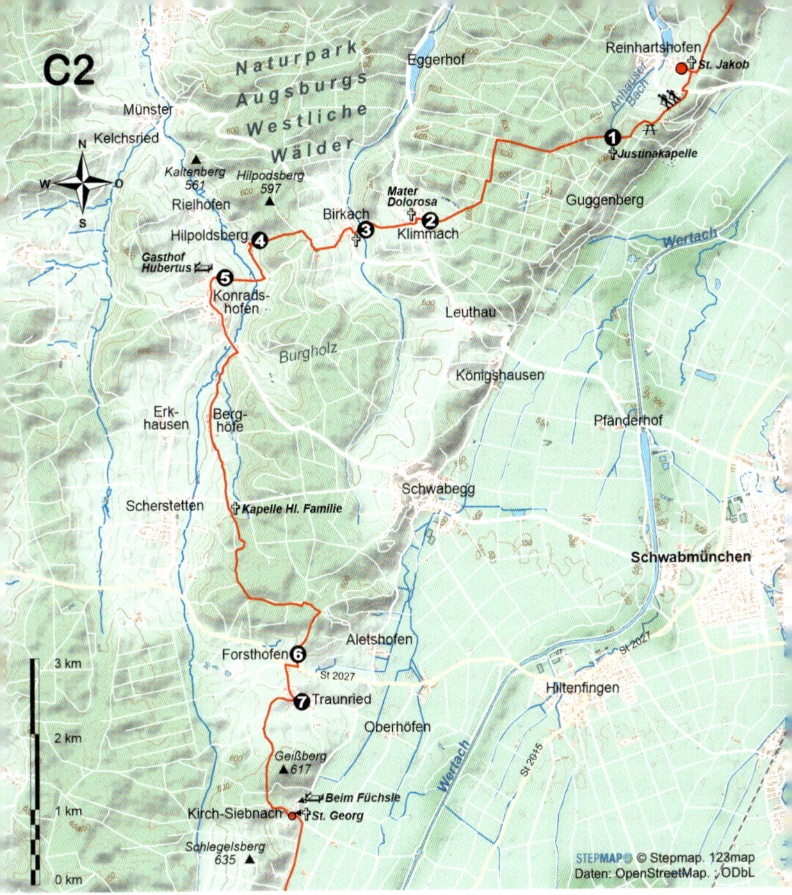
C2
Naturpark Augsburgs Westliche Wälder
Münster
Kelchsried
N
W
O
S
Kaltenberg 561
Hilpodsberg 597
Rielhofen
Hilpoldsberg
Gasthof Hubertus
Konrads-hofen
Birkach
Mater Dolorosa
Klimmach
Eggerhof
Reinhartshofen
St. Jakob
Anhauser Bach
Justinakapelle
Guggenberg
Wertach
Leuthau
Burgholz
Königshausen
Pfänderhof
Erk-hausen
Berg-höfe
Scherstetten
Kapelle Hl. Familie
Schwabegg
Schwabmünchen
Aletshofen
Forsthofen
St 2027
Traunried
Oberhöfen
Hiltenfingen
Geißberg 617
Beim Füchsle
Kirch-Siebnach
St. Georg
Schlegelsberg 635
St 2015
3 km
2 km
1 km
0 km
STEPMAP © Stepmap. 123map
Daten: OpenStreetMap. ; ODbL

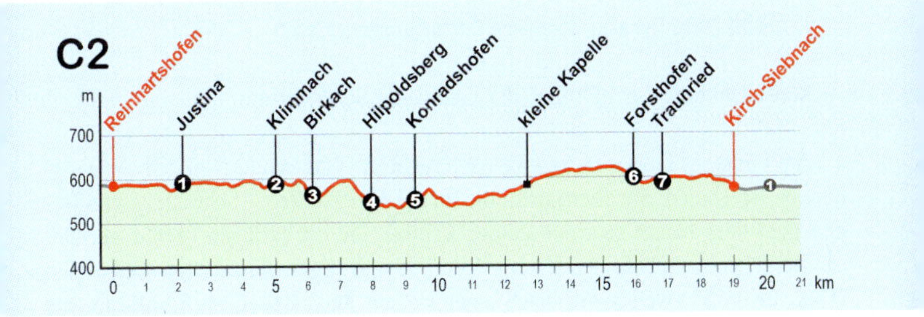
C2
Reinhartshofen
Justina
Klimmach
Birkach
Hilpoldsberg
Konradshofen
kleine Kapelle
Forsthofen
Traunried
Kirch-Siebnach
m
700
600
500
400
0 1 2 3 4 5 6 7 8 9 10 11 12 13 14 15 16 17 18 19 20 21 km

Türkheimer Bildhauer Martin Beichel gefertigt. Das Deckenfresko im Altarraum, die Himmelfahrt Christi, wie auch die beiden Wandfresken im Chorraum stammen vom Hiltenfinger Maler Michael Niggl. Der Stuck wurde vom Ettringer Matthias Stiller gefertigt und ist ganz im Stil der Wessobrunner Schule gehalten. Heute werden Sie noch ein weiteres Meisterwerk von Michael Stiller sehen – die Wallfahrtskirche in Kirch-Siebnach.

Im April 1945 endete für mehrere Zwangsarbeiterinnen und Zwangsarbeiter der Evakuierungsmarsch in Klimmach. Sie waren in der Außenstelle des Konzentrationslagers Dachau im Augsburger Stadtteil Pfersee inhaftiert und mussten für die Flugzeugproduktion Messerschmitt arbeiten. Nach einem anstrengenden Marsch wurden die Häftlinge schließlich am Ortsrand von Klimmach von amerikanischen Soldaten befreit. Eine Tafel an einem Bauernhaus, an dem der Jakobsweg direkt vorbeiführt, erinnert daran.

An der Kirche Mater Dolorosa vorbei führt Sie der Weg über eine wenig befahrene Straße wieder hinaus aus dem Ort Richtung Birkach.

In Birkach ❸ gehen Sie an der Kapelle nach rechts und biegen in die nächsten beiden Straßen nach links ab. Nach den letzten Häusern leitet Sie der Jakobsweg nach rechts zum Wald und anschließend ebenfalls rechts bis zur Landstraße nach Konradshofen. Diese überqueren Sie und gehen nach 200 m unter der Hochspannungsleitung nach links bis Hilpoldsberg ❹. Von hier aus wandern Sie weiter in südliche Richtung zur Landstraße. Der Jakobsweg führt Sie auf der Landstraße nach rechts bis Konradshofen ❺. **Konradshofen** durchqueren Sie auf der Hauptstraße.

Konradshofen

🛏 ✕, 351 Ew., ⇧ 574 m

🛏 ✕ Landgasthof Hubertus, Hauptstraße 47, 86872 Konradshofen, ☏ 082 04/303, 💻 www.hubertus-konradshofen.de, ÜF EZ ab € 42,50, DZ ab € 67, 🚪✕ Di, Mi Ruhetag, detaillierte Öffnungszeiten erfragen

Konradshofen ist ein Ortsteil der Gemeinde Scherstetten.

Am Ende des Dorfes biegen Sie nach rechts ab und wandern zu den allein stehenden Berghöfen. Sie überqueren die Straße Scherstetten – Schwabegg und folgen dem Weg hinauf zu einer kleinen Kapelle, die der Heiligen Familie geweiht ist. Sie gehen nach links hinauf zum Waldrand und folgen dem breiten Weg in den Wald. Im Wald zweigen Sie nach einer kleinen Rechtskurve nach links ab. Sie wandern weiter durch den Wald, gehen dann nochmals nach links und folgen den Markierungen dann nach rechts und bis Forsthofen ❻. In Forsthofen überschreiten Sie die Grenze zwischen den bayerischen Regierungsbezirken Schwaben und Unterallgäu. Nach Forsthofen stoßen Sie erneut auf den Schwäbisch-Allgäuer Wanderweg (Markierung mit blauem Kreuz) und folgen diesem südwärts nach Traunried ❼. Im Ort biegen Sie scharf nach rechts ab. Nach dem Dorf endet der Teerweg bei einer Gabelung. Hier orientieren Sie sich nach links. Nach einem Waldstück wandern Sie bergab und erreichen **Kirch-Siebnach**.

Kirch-Siebnach

🛏 ✕ ✝, ⇧ 580 m

🛏 ✕ Wirtshaus beim Füchsle, Kirch-Siebnach 3, 86833 Ettringen-Siebnach, ☎ 082 49/13 10, ✉ zimmer@beim-fuechsle.de, 💻 www.beim-fuechsle.de, Zimmer mit Etagendusche, Ü EZ ab € 18,50, DZ ab € 16,50 p. P., F € 5, 🚪 Mi-So ab 11:00

✝ Pfarrkirche St. Georg

Die auf einem Hügel stehende Pfarrkirche Sankt Georg wurde in den Jahren 1718-19 unter Pfarrer Alois Maier vom Ettringer Baumeister Michael Stiller

Pfarrkirche St. Georg (h)

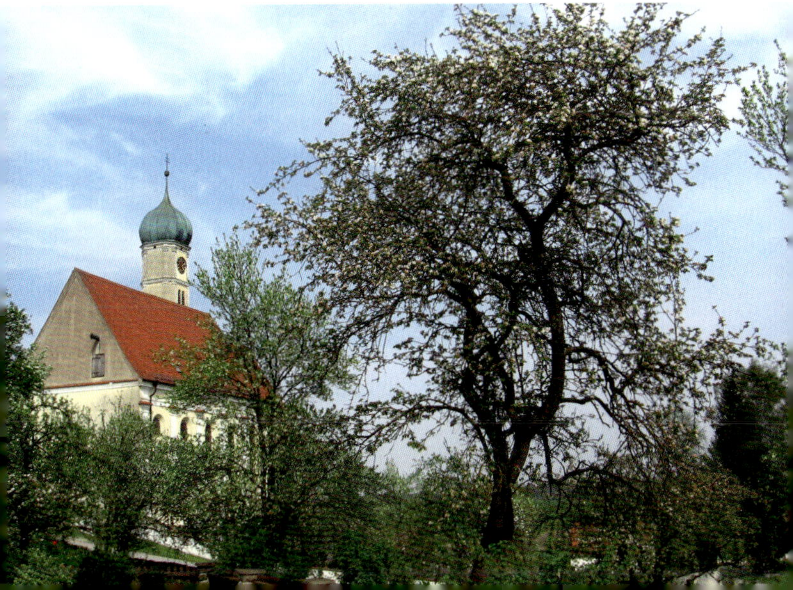

erbaut. Erstmals wurde die St.-Georgs-Kirche im Jahr 1238 urkundlich erwähnt.

Nach dem Dreißigjährigen Krieg wurde in Kirch-Siebnach eine Skapulierbruderschaft gegründet. Mitglieder dieser Bruderschaft tragen das Skapulier, zwei braune Tuchstücke, auf denen das Bild der Muttergottes zu sehen ist, die durch zwei schmale Bändchen verbunden sind, sodass man es sich um den Körper hängen kann. Das winzige Gnadenkleidchen wird unsichtbar unter der Kleidung getragen. Schon 1653 wurden zahlreiche Wunder über das heilige Skapulier berichtet. Das Skapulier selbst wurde in der Nacht vom 15. auf den 16. Juli 1251 dem Karmelitenordensgeneral Simon Stock von der Allerseligsten Jungfrau und Gottesmutter Maria übergeben, die dabei sprach: „Nimm hin, geliebtester Sohn, dieses Skapulier deines Ordens! Es soll dir und allen Karmelitern ein Privileg sein. Wer darin stirbt, wird das ewige Feuer nicht erleiden."

Für St. Georg ist seit 1666 eine rege Marienwallfahrt belegt. In der Kirche finden sich ein Gnadenbild der Muttergottes aus dem 17. Jahrhundert und zahlreiche Votivbilder.

C3. Von Kirch-Siebnach nach Bad Wörishofen

➲ 21,6 km, ⌛ 5 Std. 30 Min., ↑ 61 m, ↓ 5 m, ⇧ 567-624 m

0,0 km	⇧ 572 m	Kirch-Siebnach
1,4 km	⇧ 570 m	Siebnach
4,7 km	⇧ 582 m	Ettringen BANK
9,6 km	⇧ 599 m	Türkheim BANK
21,6 km	⇧ 624 m	Bad Wörishofen BANK ⌘

Von Kirch-Siebnach gehen Sie hinunter ins Tal und erreichen einen Radweg, dem Sie nach rechts bis **Siebnach ❶** folgen.

Siebnach

✝, 620 Ew., ⇧ 570 m

✝ St.-Anna-Kapelle

Die sieben Eichen, die vom Dorf bis Kirch-Siebnach den Fuß- und Radweg säumen, sollen dem Ort Siebnach seinen Namen gegeben haben.

Der Aufmerksamkeit eines nichts ahnenden Spaziergängers verdanken die Stauden einen der sensationellsten archäologischen Funde in der jüngeren

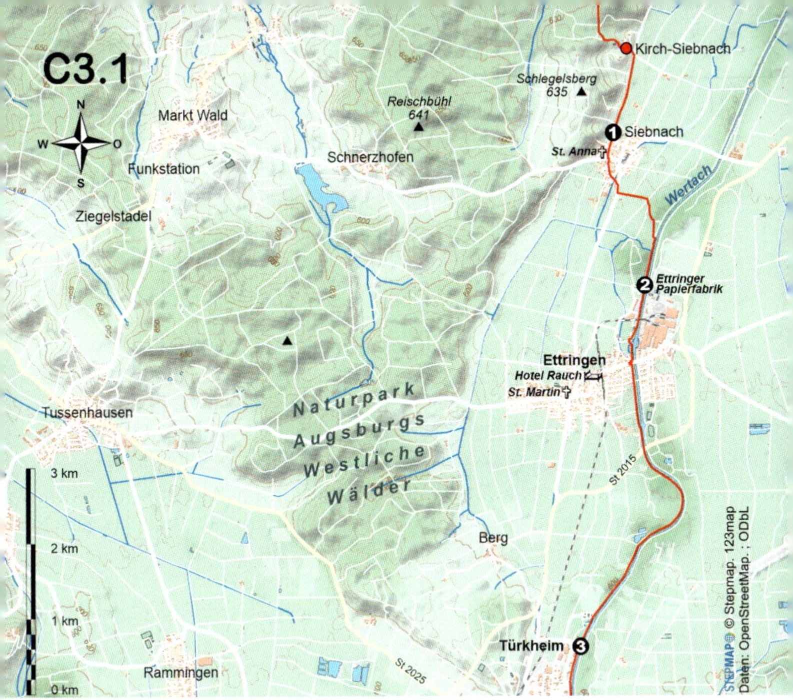

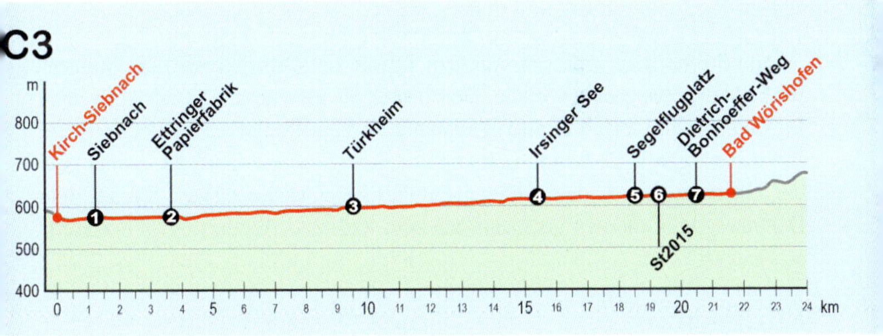

Geschichte der Region. An einem Aussichtspunkt zwischen Siebnach und Traunried, an der Hangkante des Burgstalls, sah ein Spaziergänger im Frühsommer 1997 ein rostiges Eisenstück wenige Zentimeter aus dem Boden ragen. Beim behutsamen Nachgraben förderte der Wanderer ein Eisenschwert mit den Resten der Schneide, eine Lanzenspitze, einen Lanzenschuh sowie zwei kleine Eisenkugeln zutage. Dass diese Teile mehr als 2.000 Jahre alt sein könnten, ahnte der Mann aus Königsbrunn zu diesem Zeitpunkt noch nicht. Historiker von der Prähistorischen Staatssammlung München identifizierten den Fund als Beigabe für einen verstorbenen Häuptling in einem Brandgrab aus der Mittel-La-Tène-Zeit.

Die Römer hatten in diesem Gebiet einen Wachturm errichtet, um die von Türkheim über Ettringen und Siebnach nach Schwabegg führende Römerstraße besser kontrollieren zu können.

Die von den Welfen um 1050 errichtete Burg wurde im Jahr 1083 von Bischof Siegfried von Augsburg, Friederich dem Schwabenherzog und dem Grafen Rapoto niedergebrannt. Von einer weiteren Burganlage – dem Burgstall Siebnach – zeugen heute auf dem Schlossberg noch Umrisse, Wälle und Gräben. Die Burganlage wurde von 1120 bis 1237 von den Rittern von Siebenaich bewohnt, die in Abhängigkeit der Welfen und Staufer standen. Als Lehensmann nahm Hartmann II. von Siebenaich im Herbst 1166 am Italienfeldzug des deutschen Kaisers Barbarossa teil und rettete ihm in Susa durch eine List das Leben.

1237 verkauften Nachfahren die Besitzungen an das Kloster Steingaden. Siebenaich gehörte nun zwar dem Prämonstratenser-Kloster, war jedoch die meiste Zeit an Pfandleiher verpfändet.

Die St.-Anna-Kapelle bildet noch heute den Dorfmittelpunkt. Ihre jetzige Gestalt erhielt sie im Jahr 1682 vom Wessobrunner Baumeister Johann Schmuzer (1642-1701).

Um Siebnach zu verlassen, wandern Sie von der Ortsmitte über die Mühlenstraße in die Steingadener Straße. Dort biegen Sie nach etwa 100 m links in einen Feldweg ein und folgen den Markierungen bis zum Dammweg an der Wertach. Auf diesem gehen Sie flussaufwärts bis zur Ettringer Papierfabrik ❷. Früher ging der Jakobsweg durch den schönen Ort Ettringen. Heute bleiben Sie auf dem Dammweg und wandern geradeaus auf dem Rad- und Wanderweg an der Wertach entlang.

Ettringen

🛏 ✕ 🛒 BANK ✞, 3.486 Ew., ⇧ 582 m

🛏 Hotel garni Rauch, Hauptstraße 34, 86833 Ettringen, ☎ 082 49/561, ✉ info@hotel-gasthof-rauch.de, 💻 www.hotel-rauch.eu, ÜF EZ ab € 59, DZ ab € 92. Das Hotel verfügt über einen eigenen Wellnessbereich.

✞ St. Martin

Ettringen lag an der Römerstraße von Augsburg nach Kempten, die im Jahr 202 n. Chr. erneuert wurde. Auch wenn Ettringen erstmals urkundlich im Jahr 1056 erwähnt wird, so bestand der Ort sicher schon seit 500 n. Chr., was sich aus der Ortsendung „-ingen" schließen lässt. Orte mit dieser Endung wurden, so vermuten einige Historikerinnen und Historiker, durch die Alemannen gegründet.

Hohen Besuch erhielt Ettringen 1518, als Kaiser Maximilian auf seinem Weg nach Augsburg in der kleinen Ortschaft haltmachte. Unangenehmer war ein anderer historischer Besuch: Am 03.06.1632 zog der Schweden-König Gustav Adolf durch Ettringen. Zwei Jahre lang stand Ettringen unter schwedisch-kroatischer Besatzung.

Der Ettringer Sohn Michael Stiller heiratete 1711 in der Pfarrkirche. 1786 erhielt der Baumeister den Auftrag, seine Heimatkirche St. Martin neu zu gestalten.

Der Weg führt weiter zum Wertachwehr. Von hier wandern Sie wunderschön weiter am Ufer der Wertach entlang nach **Türkheim ❸**.

Türkheim

7.340 Ew., ⇧ 599 m

Gemeindeverwaltung Türkheim, Maximilian-Philipp-Straße 32, 86842 Türkheim, ☏ 082 45/530, rathaus@tuerkheim.de, www.tuerkheim.de, Mo-Fr 8:00-12:00, Mo, Di zusätzlich 14:00-16:00, Do zusätzlich 14:00-17:30

Gasthof Rosenbräu, Rosenstraße 14, 86842 Türkheim, ☏ 082 45/16 36, info@rosenbraeu-olympia.de, www.rosenbraeu-olympia.de, ÜF EZ ab € 40, DZ ab € 70, tgl. 11:00-14:00 und ab 18:00

Pension Stern, Augsburger Straße 7, 86842 Türkheim, ☏ 082 45/12 56, Preise erfragen

Schlossgarten Café, Max-Philipp-Straße 34, 86842 Türkheim, ☏ 082 45/90 40 90, www.schloss-garten.de, Di-Sa 11:30-22:00, So 11:00-18:00

Pfarrkirche Maria Himmelfahrt, Loretokapelle

Direkte Zugverbindung nach Bad Wörishofen, nach Bad Grönenbach mit Umstieg in Memmingen

Türkheim hat eine lange Siedlungsgeschichte. Die ersten „Bürgerinnen und Bürger" ließen sich bereits in der Jungsteinzeit am Ufer der Wertach nieder. Auf dem Goldberg nördlich von Türkheim ist die erste Siedlung aus der Bronzezeit nachweisbar.

Um 500 v. Chr. drangen die Kelten in das Türkheimer Gebiet vor. Sie errichteten eine Wallanlage (Römerschanze) auf dem Haldenberg, die wahrscheinlich religiösen Zwecken diente. Im Jahre 15 v. Chr. eroberten die Römer die gesamte Gegend; sie wurde zur Provinz Rätien mit der Hauptstadt Augsburg. Die ehemalige römische Handelsstraße von Augsburg nach Kempten verlief durch Türkheim. Im 4. Jahrhundert errichteten die Römer eine Befestigungsanlage auf dem Goldberg und gaben ihr den Namen Rostrum Nemaviae. Die Römerinnen und Römer wurden nach fast fünf Jahrhunderten von den Alemannen vertrieben. Im 5. Jahrhundert kam es zu einer Schlacht zwischen den fränkischen Merowingern und den Alemannen, aus der die Merowinger siegreich hervorgingen. Um den Anspruch an den Besitz des Gebietes zu unterstreichen, siedelten sie einen thüringischen Familienverband in Türkheim an. Von diesem „Heim des Thüringers" stammt auch der Name der Gemeinde.

Im frühen Mittelalter entstand die Herrschaft Schwabegg, zu der auch Türkheim gehörte. Die Welfen verpfändeten diese Herrschaft an die Waaler, an die Herren von Rietheim, an die Augsburger Grossenbrod und Paumgartner, an die Herren von Knöringen, an die Grafen von Rechberg, an die Füllen von Windach und an die Fürsten von Hohenzollern. Im Jahr 1666 löste Kurfürst Ferdinand Maria die verpfändete Herrschaft Schwabegg von den Hohenzollern aus und übergab sie, als väterliches Erbe, seinem Bruder Herzog Maximilian Philipp. Als der Kurfürst 1679 starb und sein Sohn Max Emanuel noch nicht volljährig war, wurde Maximilian Philipp bis 1680 Administrator von Bayern. Danach zog er sich nach Türkheim zurück und betrieb hier eine standesgemäße Hofhaltung. Er holte die Kapuziner nach Türkheim und erhob am 7. Oktober 1700 das Dorf zum Markt.

Altes Rathaus in Türkheim (m)

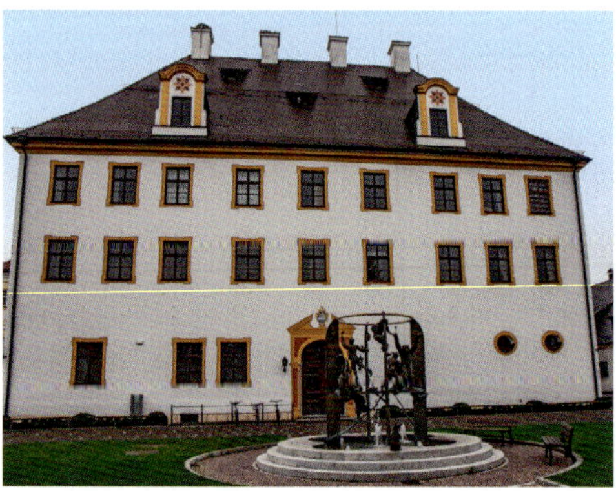

Das Türkheimer Schloss wurde zwischen 1532 und 1535 von Wolf Dietrich von Knöringen erbaut. Für Herzog Maximilian Philipp wurde es umgebaut. Das Kleine Schloss wurde für seine Gemahlin hergerichtet. Heute ist im Großen Schloss das Rathaus untergebracht. Im Kleinen Schloss befindet sich das Schlosscafé.

Die spätgotische Kirche aus der zweiten Hälfte des 15. Jahrhunderts wurde ab 1677 im Auftrag von Herzog Maximilian Philipp von Johann Schmuzer aus Wessobrunn barockisiert. Den Chorstuck fertigte Michael Stiller aus Ettringen 1732. Ab 1873 erfolgte eine Umgestaltung in neuromanischen Formen. Der Stuck wurde abgeschlagen, die Fresken übertüncht. Von 1938 bis 1947 führte Dekan Oswald Läuterer eine Neubarockisierung durch.

Die Loretokapelle wurde von Johann Schmuzer aus Wessobrunn 1683/84 im Auftrag von Herzog Maximilian Philipp erbaut. Ihr heutiges Aussehen erhielt die Kapelle 1954.

Hinter Türkheim verlassen Sie den Naturpark Westliche Wälder. Sie bleiben allerdings am Flussufer der Wertach, bis Sie den Irsinger See ❹ bei Bad Wörishofen erreichen. Sie befinden sich inzwischen südlich der A96, die Sie kurz vorher unterquert haben.

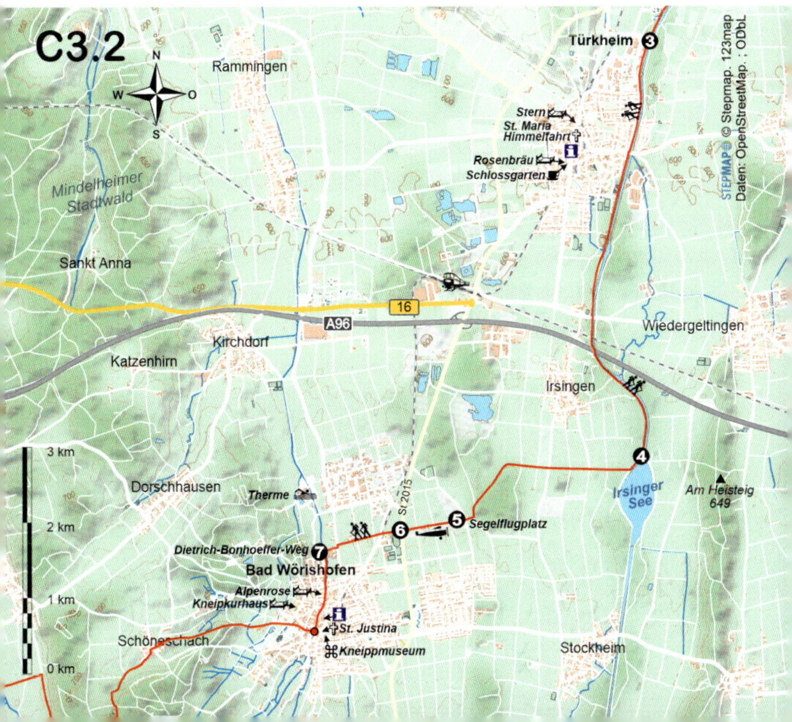

Sie gehen rechts auf einer asphaltierten Straße am See entlang bis zum Parkplatz. Hier biegen Sie nach rechts ab. Bei Föhn haben Sie auf dem Weg nach Bad Wörishofen einen wunderschönen Blick auf die Alpen. Nun führt der Jakobsweg immer geradeaus bis zu einem kleinen Wäldchen. Danach geht man nach links und wieder nach rechts, vorbei am Bad Wörishofer Segelflugplatz ❺. Sie überqueren die Straße ST2015 ❻ und zweigen schließlich zuerst links und dann nach rechts in einen Weg ein. Am Ende der Peter-Holzmann-Allee biegen Sie nach links ab auf den Dietrich-Bonhoeffer-Weg ❼. Auf ihm wandern Sie entlang des kleinen Dorfbaches hinein in den idyllischen Kurort **Bad Wörishofen**.

Bad Wörishofen

BANK, 16.648 Ew., ⇧ 631 m

- Touristeninformation im Kurhaus, Hauptstraße 16, 86825 Bad Wörishofen, ☏ 082 47/99 33 55, info@bad-woerishofen.de, www.bad-woerishofen.de, Mo-Fr 9:30-17:00, Sa, So 10:00-15:00
- Kneipp-Kurhaus St. Josef, Adolf-Scholz-Allee 3, 86825 Bad Wörishofen, ☏ 082 47/30 80, info@kneippkurhaus-st-josef.de, www.kneippkurhaus-st-josef.de, Ü EZ ab € 89, DZ ab € 205, pilgerfreundliche Unterkunft
- ♦ Wohlfühlhotel Alpenrose, Auenstraße 1, 86825 Bad Wörishofen, ☏ 082 47/965 60, info@wohlfuehlhotel-alpenrose.de, www.wohlfuehlhotel-alpenrose.de, ÜF EZ ab € 69, DZ ab € 97
- ♦ zahlreiche weitere Kurhotels und Privatunterkünfte im Ort, Auskunft bei der Touristeninformation
- ✗ zahlreiche Gaststätten in Bad Wörishofen, Auskunft bei der Touristeninformation
- ✞ Pfarrkirche St. Justina

⌘ Sebastian-Kneipp-Museum, Klosterhof 1, 86825 Bad Wörishofen, Eingang Schulstraße, ☏ 082 47/39 56 13, kneippmuseum@bad-woerishofen.de, www.kneipp-museum.de, 1. März bis 31. Oktober Di-So 15:00-18:00, Mi 10:00-13:00

Therme Bad Wörishofen, Thermenallee 1, 86825 Bad Wörishofen, ☏ 082 47/39 93 00, info@therme-badwoerishofen.de, www.therme-badwoerishofen.de, Mo-Do 10:00-22:00, Fr 10:00-23:00, Sa 9:00-24:00, So 9:00-22:00

Verbindung nach Bad Grönenbach, Augsburg und München

Bad Wörishofen ist untrennbar mit dem Namen Sebastian Kneipp (1821-1897) verbunden. Dank dem Pfarrer wurde aus dem bescheidenen schwäbischen Dorf eine bekannte Kurstadt. Der Priester-Arzt wurde 1855 als Beichtvater und wirtschaftlicher Berater in das Wörishofener Dominikanerinnenkloster berufen und machte den Ort durch seine Wasseranwendungen weltberühmt.

Im Ostflügel des Klosters befindet sich seit 1986 das Kneippmuseum. Es zeigt das Leben und Wirken Sebastian Kneipps. Im Museum finden Sie ca. 2.000 ausgestellte Exponate. Einen Besuch lohnt auch der Kurpark im Westen von Bad Wörishofen. Der Park hat eine Gesamtfläche von 163.000 m² und lädt zu einem Spaziergang ein. Sie finden dort einen 1.550 m langen Barfußweg, einen Heilkräutergarten, einen Duft- und Aromagarten mit 250 Pflanzen sowie einen Rosengarten mit 550 verschiedenen Sorten. Auf dem Weg zu den Gärten kommen Sie an der Kneippanlage vorbei.

Zur Entspannung bietet sich die Therme Bad Wörishofen an. Die Therme besteht aus dem Thermalbereich mit 5.000 m², einer Saunalandschaft mit 2.000 m² und dem Sportbad blueFun.

C4. Von Bad Wörishofen nach Markt Rettenbach

23,4 km, 6 Std., 202 m, 155 m, 623-706 m

0,0 km	624 m	Bad Wörishofen
7,9 km	632 m	Dirlewang
14,4 km	693 m	Köngetried
17,0 km	642 m	Mussenhausen
23,4 km	679 m	Markt Rettenbach

Bad Wörishofen verlassen Sie auf der Kurpromenade. Folgen Sie der Beschilderung Richtung Kurpark. Diesen durchqueren Sie vorbei am Aromagarten in Richtung Schöneschach. Der Weg ist identisch mit dem Sebastian-Kneipp-Wanderweg und führt zunächst durch ein kleines Waldstück nach Schöneschach ❶. In Schöneschach leitet Sie der Jakobsweg vorbei an der St.-Wolfgang-Kapelle in Richtung Helchenried.

Nach Südwesten gelangen Sie in den Wörishofener Wald. An einer Wegkreuzung biegen Sie nach rechts ab. Sie gehen hinunter zu einer Straße ❷, in die Sie nach rechts einbiegen. Wenig später treffen Sie auf eine weitere Straße, der Sie ebenfalls nach rechts folgen. Diese verlassen Sie bald nach links auf einen Feldweg, der Sie hinunter zur B16 bringt. Hier wenden Sie sich nach rechts und gehen bis nach Helchenried ❸.

Am Ortsende verlassen Sie die Straße nach links und wandern über den Galgenberg bis nach **Dirlewang** ❹.

Dirlewang

, 2.2179 Ew., 632 m

Bäckerei Holzheu, Marktstraße 16, 87742 Dirlewang, 082 67/272, info@holzheu-baeckerei.de, www.holzheu-baeckerei.de, Di-Fr 6:45-12:30 und 14:00-18:00, Sa 6:45-12:30

Pfarrkirche St. Michael

Linie 912 nach Mindelheim, von dort Anschluss ans Netz der Deutschen Bahn, Linie 914 ebenfalls nach Mindelheim oder nach Bad Wörishofen

Die Geschichte des Ortes geht zurück bis in die Jungsteinzeit. Erstmals urkundlich erwähnt wurde „Durniwanc" im Jahr 919. Bereits vor 1400 besaß Dirlewang das Marktrecht und ein Hochgericht. Nach Zugehörigkeit zu verschiedenen Herrschaftsgebieten (Ritter von Freiberg, Kloster Kempten, Haus Fugger) wurde Dirlewang 1617 mit der Herrschaft Mindelheim bayerisch. Wertvolle Funde im frisch renovierten Heimathaus Taverne zeugen von der langen Geschichte.

Die Pfarrkirche St. Michael wurde im Jahr 1780 barockisiert. Die Fresken stammen vom Barockmaler Johann Baptist Enderle (1725-1798). Der Ulmer Maler wurde berühmt durch die bei ihm immer wieder auftauchenden Motive aus der Weihnachtsgeschichte. Auch wenn die Kirche St. Michael außen noch spätgotisch erhalten ist, finden sich im Inneren eindrucksvolle Barockfresken von Enderle. Ein weiteres Meisterwerk von ihm finden Sie in der Wallfahrtskirche in Mussenhausen.

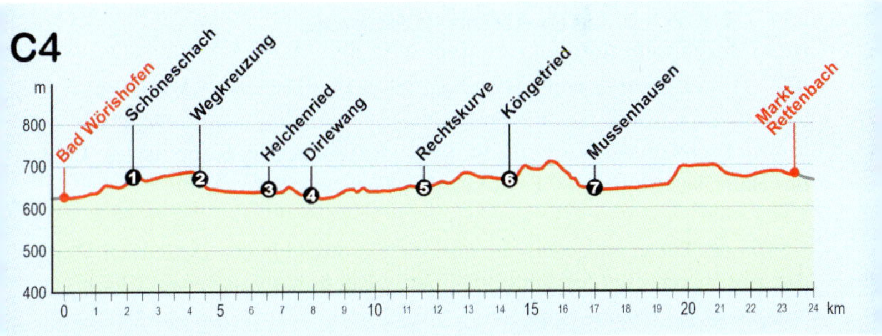

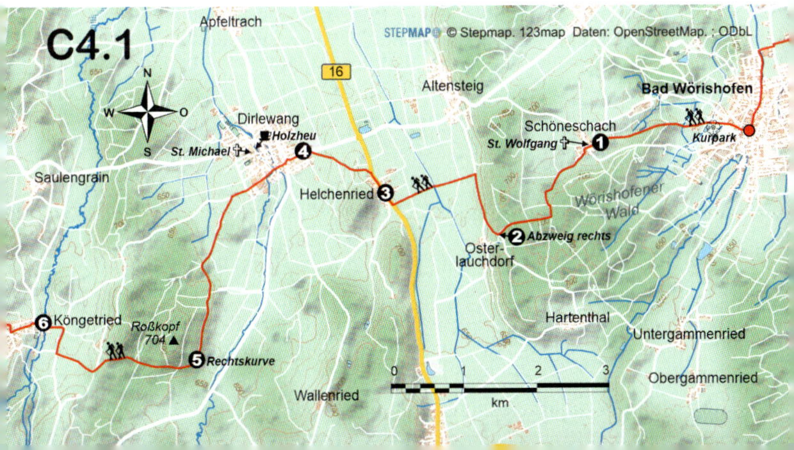

Sie folgen der Mindelheimer Straße bis zur Rechtskurve. Dann gehen Sie geradeaus weiter und erreichen die Allgäuer Straße. Auf ihr spazieren Sie aus Dirlewang hinaus. Nach dem Ortsschild zweigt der Jakobsweg von der Straße nach Köngetried nach links in Richtung Unteregg ab. Der Weg führt in den Wald zu einer Gabelung. Hier leitet Sie der Jakobsweg nach leicht links. Später beschreibt der Weg eine Rechtskurve ❺. Sie folgen den Markierungen zu einer Straße. Hier gehen Sie nach rechts, gehen dann nach links nach Grünegg und weiter nach **Köngetried** ❻ und im Ort zur Pfarrkirche St. Stephanus.

Köngetried

🛏 ✕ ✝ 🚌, 292 Ew., ⇧ 693 m

🛏 ✕ Katzbrui Mühle, Katzbrui 7, 87742 Köngetried, ☏ 082 69/575,
info@katzbrui-muehle.de, 💻 www.katzbrui-muehle.de, ÜF EZ € 54, DZ € 84,
tgl. ab 11:00, liegt etwas abseits des Jakobsweges

✝ Pfarrkirche St. Stephanus

🚌 Linie 912 zum Bahnhof in Mindelheim, von dort Anschluss nach Bad Grönenbach

Der Kirchturm der Pfarrkirche St. Stephanus wird auch gern „der schiefe Turm des Unterallgäus“ genannt. Er ist tatsächlich um ca. 1,5 m schief.

Von der Kirche schlendern Sie über die Dorfstraße in den Lichtenauer Weg. Auf diesem verlassen Sie Köngetried und wandern nach Lichtenau. Gleich am

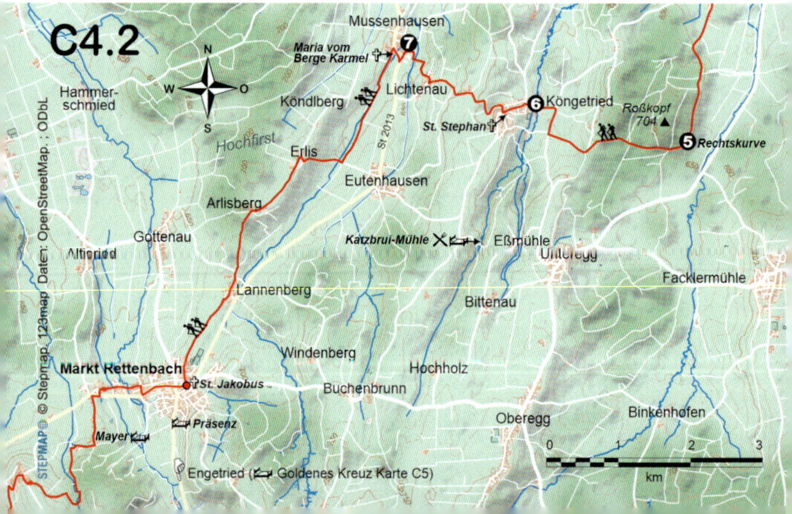

Ortseingang führt der Jakobsweg nach rechts in eine Siedlung. Von dort aus gehen Sie weiter über einen kleinen Bach ins Dorf **Mussenhausen ❼**.

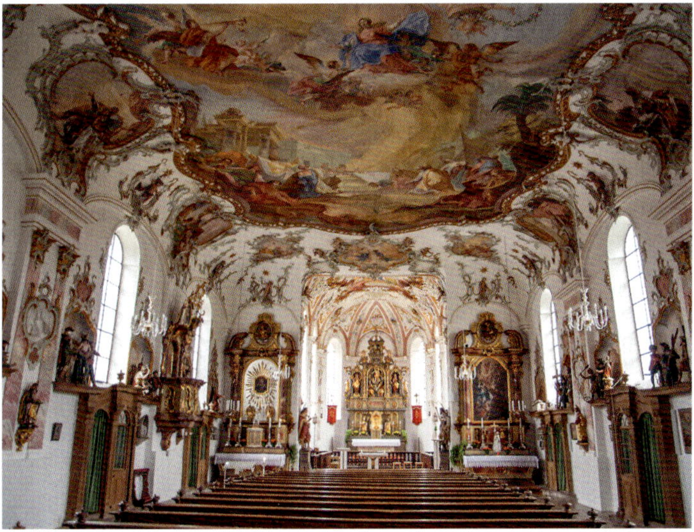

Wallfahrtskirche Maria vom Berge Karmel (m)

Mussenhausen

✞ ⦿ 🚌, 190 Ew., ⇧ 642 m

✞ Wallfahrtskirche Maria vom Berge Karmel

⦿ gegenüber der Kirche im Marienheim

🚌 Linie 951 nach Markt Rettenbach und Ottobeuren

Gleich am Ortsbeginn von Mussenhausen stoßen Sie auf eine wunderschöne Kirche ganz im Stil des bayerisch-schwäbischen Rokokos. Die ursprüngliche Kirche Maria vom Berge Karmel wurde von den drei Brüdern Philipp, Albrecht und Hans Schropp Mitte des 17. Jahrhunderts aus tiefer Frömmigkeit errichtet.

Den drei Mussenhausener Brüdern war eines Tages ein Büchlein der Bruderschaft des Heiligen Skapuliers in die Hände gefallen. Es muss sie so beeindruckt haben, dass sie sofort nach Augsburg zogen, um der Skapulierbruderschaft beizutreten. Philipp Schropp ließ im Jahr 1649 auf seinem eigenen Grund in Mussenhausen eine Kapelle errichten. Sein Bruder Albrecht malte dafür ein Gnadenbild, das auch heute noch in einem goldenen Strahlenkranz auf dem linken Seitenaltar der Wallfahrtskirche steht.

Schon bald wurden Gebetserhörungen der Muttergottes aus Mussenhausen bekannt und eine regen Wallfahrt zur Kirche Maria vom Berge Karmel begann. So wurde schließlich 1668 die Kapelle zu einer großen Kirche ausgebaut.

1760 wurde der Innenraum mit Rokokofresken von Johann Baptist Enderle (1725-1798) umgestaltet. Das Langhaus zeigt die Himmelfahrt Mariens, einen der umfangreichsten Zyklen von Enderle. An der linken Seite des Chorraumes finden Sie auch einen rastenden Jakobspilger.

Sie passieren die Dorfstraße und wandern weiter in Richtung der Wallfahrtskirche Unsere Liebe Frau vom Berge Karmel. Der Weg leitet Sie am Kirchenportal vorbei und biegt dann nach links in einen Wirtschaftsweg, der weiter geradeaus am Bach entlangführt. Sie durchqueren auf Ihrem Weg nach Markt Rettenbach die Weiler Erlis und Arlisberg, bis Sie schließlich nach Lanneberg gelangen. Von dort folgen Sie dem Jakobsweg parallel zur Mindelheimer Straße in den Ort **Markt Rettenbach** hinein.

Markt Rettenbach 🛏 ✕ 🛒 BANK ✝ ⊙ 🚌, 3.894 Ew., ⇧ 679 m

🛏 ✕ Gasthaus Goldenes Kreuz, Engetried, Hauptstraße 20, 87733 Markt Rettenbach, ☎ 083 92/231, ÜF EZ € 38, DZ € 72, 🚪 Öffnungszeiten erfragen. Der Gasthof befindet sich im OT Engetried. Diesen erreichen Sie nach ca. 2 km auf dem Günztalradweg.

🛏 Petra Mayer, Höhenstraße 18, 87733 Markt Rettenbach, ☎ 083 92/93 41 63, ✉ prickly-rose@web.de, 💻 www.prickly-rose-ranch.de, 1 DZ, Matratzenlager für 8 Personen, Ü DZ ab € 17, Lager ab € 9

♦ Hannelore Präsenz, Kneippstraße 4, 87733 Markt Rettenbach, ☎ 083 92/655, ✉ hannelorepraesenz@yahoo.de, 2 Gästezimmer, Preise erfragen

✝ St. Jakobus

⊙ in der Kirche neben dem Eingang

🚌 Linie 951 nach Ottobeuren

Der Ort Rettenbach gehörte seit 1547 zur Herrschaft der späteren Fürsten Fugger-Babenhausen. Seit 1790 durften die Rettenbacherinnen und Rettenbacher mit Erlaubnis der Fugger jährlich zwei Märkte abhalten. Als Relikt aus der Fuggerzeit besteht bis heute noch das Patronatsrecht. Das heißt, die Pfarrer, die in Markt Rettenbach eingestellt werden, müssen sich bis heute beim Fürst Fugger vorstellen. Dieser empfiehlt den Pfarrer dann beim Bischof als Pfarrherrn. Außerdem erinnern das Fuggerschloss, der Zehentstadel (Lagerhaus) und das Schlössle in Gottenau an die einstige Herrschaft der Fugger.

Die Kirche St. Jakobus wurde 1881 neugotisch umgestaltet. Im Langhaus sind barocke Fresken zu bewundern, die u. a. die Enthauptung des Jakobus darstellen.

Der Jakobusbrunnen direkt vor der Kirche wurde 2004 eingeweiht und erinnert an die unermüdliche Reise eines Pilgers. „Nur eine Nacht an einem Ort" ist auf dem Brunnen zu lesen.

C5. Von Markt Rettenbach nach Bad Grönenbach

24,8 km, 6 Std. 30 Min., ↑ 322 m, ↓ 314 m, ⇧ 650-742 m

0,0 km	⇧ 679 m	Markt Rettenbach
1,2 km	⇧ 658 m	Kapelle Maria Schnee
10,2 km	⇧ 660 m	Ottobeuren
24,8 km	⇧ 718 m	Bad Grönenbach

In **Markt Rettenbach** folgen Sie der Ottobeurer Straße bergab, bis der Jakobsweg nach rechts in den Riedweg abbiegt. Auf diesem wandern Sie weiter, bis es links in die Schwesternstraße und zur **Wallfahrtskapelle Maria Schnee ❶** geht.

✞ Die Wallfahrtskapelle Maria Schnee ist bis heute eine Zufluchtsstätte für die Menschen aus der Umgebung. Das Kirchlein, das von den Menschen in Markt Rettenbach liebevoll „unser Käppele" genannt wird, ist eine architektonische Nachbildung von Santa Maria Maggiore in Rom. 1645 erhielt ein Bauer aus Markt Rettenbach von Leopold Graf Fugger die Erlaubnis zum Bau einer Kirche. 1706 wurde die Kirche neu aufgebaut. Einer der Bauherren war Johann Baptist Zimmermann (1680-1785), der meisterliche Stuckateur der berühmten Wieskirche. Das Gnadenbild ist eine Kopie der Muttergottes von Einsiedeln – an dieser führt der Jakobsweg in der Schweiz vorbei.

Kurz danach zweigen Sie nach links ab und gehen wieder zur Ottobeurer Straße und dann weiter in die Höhenstraße. Diese nimmt Sie aufwärts mit, schließlich biegen Sie nach rechts ab und gehen bis Guggenhierl. Danach zweigt der Jakobsweg nach links ab und führt Sie zum Wald und in einem Bogen hinauf zum Weiler Eheim ❷.

In der Ortsmitte gehen Sie nach links und folgen den Markierungen in Richtung Eheimer Mühle, bis vor einer Brücke der Jakobsweg nach rechts abzweigt. Sie bleiben noch kurz auf der rechten Seite des Baches, überqueren diesen aber bald. Der Jakobsweg bringt Sie schließlich zum Weiler Hofs ❸. An der Kapelle biegen Sie nach rechts ab und wandern über eine Anhöhe nach Gut ❹. Kurz vor der Ortstafel wenden Sie sich nach links und folgen dem Weg am Waldrand entlang, bis Sie auf eine kleine Straße gelangen, auf der der Jakobsweg bis zu einer größeren Straße bleibt. Auf dieser größeren Straße wandern Sie nach Guggenberg ❺. Bei den ersten Häusern biegen Sie nach links ab, gehen zuerst geradeaus und dann in einer Kurve nach rechts in den Ort. Der Jakobsweg leitet Sie kurz entlang der Hauptstraße weiter, bis er wieder nach links abzweigt. Bald schon erblicken Sie das eindrucksvolle Kloster. Sie erreichen **Ottobeuren** ❻ und spazieren auf der Guggenberger Straße entlang, bis der Jakobsweg nach rechts in die Uhlandstraße führt. Auf dieser wandern Sie weiter, bis Sie nach links in die Bahnhofstraße abbiegen. Sie gehen weiter und biegen dann nach rechts zum Marktplatz ab. Wenig später gehen Sie nach links zum Kloster mit der barocken Basilika.

Ottobeuren 🛈 🛏 🏠 ✕ ☕ BANK ✝ ⊙ ⌘ 🚌, 8.594 Ew., ⇧ 660 m

🛈 Touristikamt Kur & Kultur, Marktplatz 14, 87724 Ottobeuren, ☏ 083 32/92 19 50, ✉ touristikamt@ottobeuern.de, 💻 www.ottobeuren.dem 🚪 Mo-Fr 9:00-12:30 und 14:00-17:00

🛏 ✕ Akzent Hotel Brauerei Hirsch, Marktplatz 12, 87724 Ottobeuren, ☏ 083 32/79 67 70, ✉ hotel@hirsch-ottobeuren.de, 💻 www.hirsch-ottobeuren.de, Übernachtungspreise erfragen, 🚪 Di-Sa 11:00-22:00, Mo 17:00-22:00

♦ Gasthof Mohren, Marktplatz 1, 87724 Ottobeuren, ☏ 083 32/921 30, ✉ mohren.ottobeuren@gmail.com, 💻 www.gasthof-mohren.de, ÜF EZ ab € 65, DZ ab € 95, 🚪 Mo-Do ab 17:00, Fr-So ab 11:30

🛏 Hotel am Mühlbach, Luitpoldstraße 57, 87724 Ottobeuren, ☏ 083 32/920 50, ✉ info@hotel-am-muehlbach.de, 💻 www.hotel-am-muehlbach.de, ÜF EZ ab € 78, DZ ab € 98

♦ Hotel St. Ulrich, Bannwaldweg 10, 87724 Ottobeuren, ☏ 083 32/92 35 20, ✉ info@hotel-st-ulrich.com, 💻 www.hotel-st-ulrich.com, ÜF EZ ab € 74, DZ ab € 104, Hallenbad und Sauna

♦ Pension Mozart, Mozartstraße 22, 87724 Ottobeuren, ☏ 083 32/79 61 10, ✉ reservierung@pensionmozart-ottobeuren.de, 💻 www.pensionmozart-ottobeuren.de, ÜF EZ ab € 57, DZ ab € 80

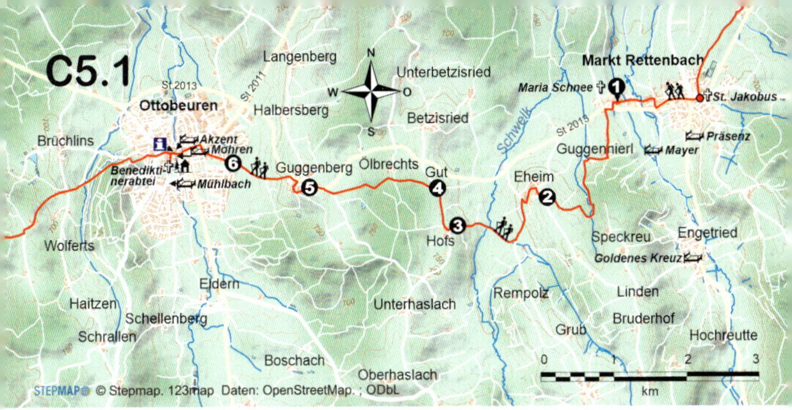

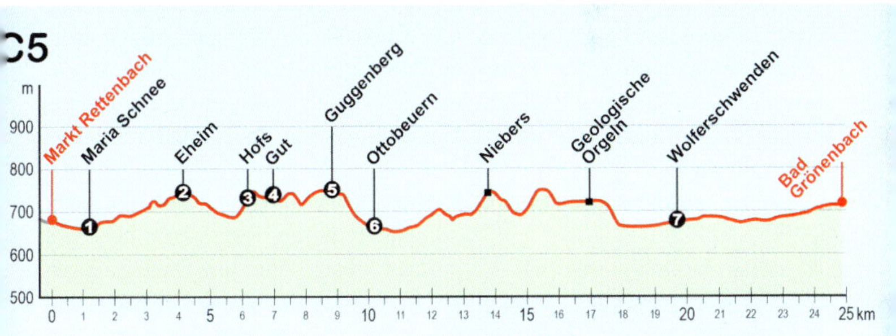

🏠 ☕ Benediktinerabtei Ottobeuren, Sebastian-Kneipp-Straße 1, 87724 Ottobeuren, ☎ 083 32/798-0, ✉ bildungshaus@abtei-ottobeuren.de, 💻 www.abtei-ottobeuren.de/content/bildungshaus, die Benediktinerabtei stellt Pilgernden Unterkünfte zur Verfügung, sofern im Gästehaus Plätze frei sind, telefonische Voranmeldung an der Pforte unbedingt erforderlich, ÜF EZ € 47,70, DZ € 44,50 p. P., 🚪 Café tgl. 9:00-18:00

✝ Benediktinerabtei Ottobeuren, Führungen April bis Oktober jeden Sa um 14:15, Dauer 30-40 Minuten

⊙ Benediktinerabtei an der Klosterpforte

⌘ Museum für zeitgenössische Kunst – Dieter Kunerth, Marktplatz 14a, 87724 Ottobeuren, ☎ 083 32/796 98 90, ✉ info@mzk-diku.de, 💻 www.mzk-diku.de, 🚪 Di-Fr 11:00-16:00, Sa, So 12:00-17:00

🚌 Linie 931 und 932 nach Bad Grönenbach, 951 nach Mindelheim und 952 nach Memmingen

Das dem heiligen Alexander und heiligen Theodor geweihte Benediktinerkloster wurde 764 durch Silach, einen alemannischen Adligen, gegründet. Im Jahr 972 erhob es Kaiser Otto I. zur Reichsabtei. 1365 verlor die Abtei die Selbstständigkeit und wurde Teil des Bistums Augsburg. Die Blütezeit der Mönchsgemeinschaft kam mit der Klosterreform. Die Reform ging von Rupert von Ottobeuren (bis 1145) aus, der den Aufbau des Klosters St. Georgen im Schwarzwald miterlebt hatte und ab 1102 Abt von Ottobeuren wurde. Ottobeuren war vor der Ankunft Ruperts ein zerrissener Konvent. Der Abt regierte über 40 Jahre das Kloster im Sinne der St. Georgener Reform und stellte die Mönchsgemeinschaft auf eine neue Grundlage. Rupert organisierte das monastische Leben in Ottobeuren neu, füllte den Konvent mit Mönchen aus anderen (Reform-)Klöstern auf, stellte neben die Vollmönche die Laienbrüder und gründete in Ottobeuren eine Frauengemeinschaft. Eine Folge der neuen klösterlichen Disziplin war die wirtschaftliche Gesundung der Ottobeurer Mönchsgemeinschaft, die durch Schenkungen hauptsächlich von Adligen ihren Grundbesitz massiv erweitern konnte. Das Ottobeurer Skriptorium und die Malschule nahmen mit den Reformen einen neuen Anfang.

Die romanische Kirche wurde im Bauernkrieg im 16. Jahrhundert beschädigt und im Stil der Renaissance bis 1558 neu erbaut. Auch im Dreißigjährigen Krieg wurde das Kloster beschädigt und geplündert. Nachdem Abt Rupert Neß die Reichsunmittelbarkeit zurückgewinnen konnte, begann die Abtei ab 1711 mit dem völligen Neubau der Klosteranlage im barocken Stil. Zuletzt wurde von 1737 bis 1766 eine große neue Klosterkirche von Simpert Kramer (bis 1748) und Johann Michael Fischer (1692-1766) erbaut, die das barocke „Gesamtkunstwerk“ Ottobeuren vollendete. Mit zwei Jahren Verspätung konnte dann 1766 das 1.000-jährige Klosterjubiläum in der neuen Kirche gefeiert werden.

Klosterkirche Ottobeuren (h)

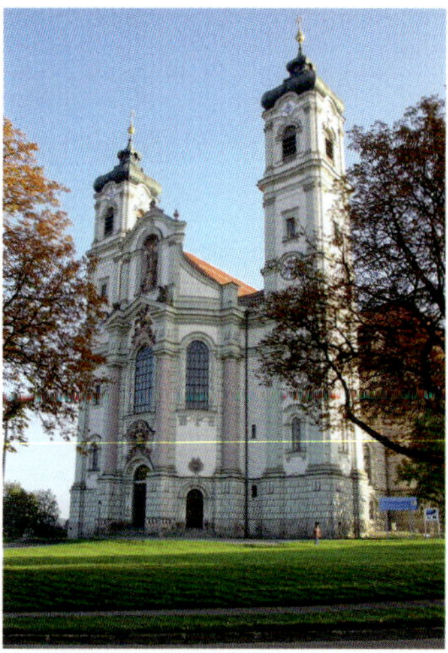

In der Zeit der Säkularisation wurde das Kloster an das Königreich Bayern übertragen. Der Konvent des Benediktinerklosters bestand jedoch weiter. Andere Teile des Klosters wurden u. a. als Landgericht, Kaserne und für Wohnungen verwendet. Im Jahr 1834 wurde das Kloster unter König Ludwig I. als Priorat der Abtei St. Stephan in Augsburg neu gegründet, 1918 wurde es wieder zur selbstständigen Abtei. Als einziges der großen oberschwäbischen Barockklöster hat Ottobeuren somit eine auch durch die Säkularisation nicht unterbrochene klösterliche Tradition. Heute leben hier etwa 20 Benediktinermönche.

Die Gemeinde Ottobeuren ist seit 1957 anerkannter Kneippkurort und wahrt so das Erbe des im Ortsteil Stephansried geborenen und in Ottobeuren aufgewachsenen Pfarrers Sebastian Kneipp.

Hinter der Kirche folgen Sie kurz der Sebastian-Kneipp-Straße und biegen dann gleich wieder nach rechts in die Ottostraße ab. Am Ortsrand taucht der Jakobsweg in den Wald ein.

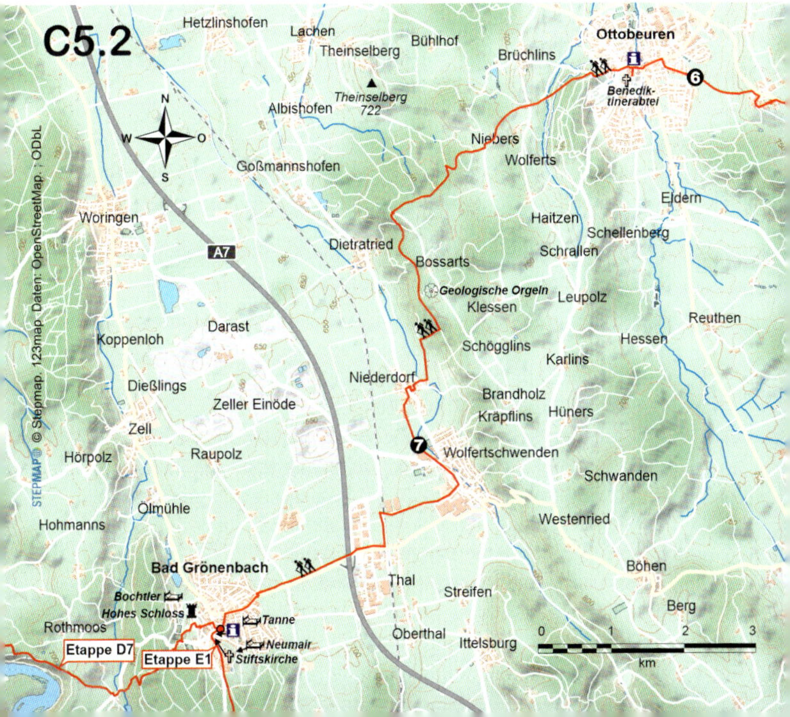

Orientieren Sie sich hier an der Beschilderung nach rechts Richtung Schachenbad. Sobald Sie den Wald wieder verlassen haben, biegen Sie links in ein Teersträßchen ein und wandern weiter auf dem Kneipp-Wanderweg Richtung Wolferts. Sie überqueren die Fahrstraße und folgen der Beschilderung weiter nach Niebers. Sie gehen durch den Ort und gelangen bald wieder in den Wald. Die Beschilderung leitet Sie zu den Geologischen Orgeln bei Bossarts.

↳ Zu dem Naturdenkmal steigen Sie Treppen nach links hinauf.

Von dort führt Sie ein Weg hinab nach Niederdorf.

Von Niederdorf folgen Sie dem Jakobsweg nach Wolfertschwenden ❼. Sie gehen in den Ort hinein, bis der Weg nach Westen aus diesem hinausführt. Sie erreichen die Bahngleise und gehen nach links bis zu einer Straße bei den ersten Häusern von Grönenbach.

Hier gehen Sie nach rechts und unterqueren die A7. Entlang einer Straße gehen Sie nach **Bad Grönenbach.** Am Kreisverkehr am Ortsbeginn gehen Sie in die Bahnhofstraße und weiter in den Ort. Auf der Sonnenstraße spazieren Sie zur Pfarrkirche St. Philippus und Jakobus menor.

Bad Grönenbach

, 5.725 Ew., ⇧ 718 m

- Kurverwaltung Bad Grönenbach, Marktplatz 5, 87730 Bad Grönenbach, ☎ 083 34/605 31, kurverwaltung@bad-groenenbach.de, www.bad-groenenbach.de, Mo-Sa 9:00-12:00, Mo-Mi und Fr zusätzlich 13:00-17:00, Do zusätzlich 14:00-18:00
- ✕ Restaurant-Kurcafé Neumair, In der Vogelweide 4, 87730 Bad Grönenbach, ☎ 083 34/495, info@kurcafe.net, www.kurcafe.net, ÜF EZ ab € 50, DZ ab € 75 inklusive Kurtaxe, Di 17:00-23:00, Mi, Do 11:30-14:00, Fr, Sa 11:00-23:00 und So 11:00-21:00
- Gästehaus Bochtler, Steinbacher Weg 16, 87730 Bad Grönenbach, ☎ 083 34/71 37, m.bochtler@web.de, www.pension-bochtler.de, aktuelle Preise erfragen
- ♦ Pension Zur Tanne, Mozartstraße 2, 87730 Bad Grönenbach, ☎ 083 34/832, schlemmertanne@t-online.de, www.schlemmertanne.de, Ü EZ ab € 46, DZ ab € 70, F € 7 p. P., pilgerfreundliche Unterkunft
- ♦ Weitere Übernachtungsmöglichkeiten vermittelt die Kurverwaltung.
- ✕ Pizzeria Osteria Alla Fontana, Marktplatz 5, 87730 Bad Grönenbach, ☎ 083 34/259 36 36, Mo, Fr, Sa 18:00-21:30, So 12:00-14:00 und 18:00-21:30

- ☕ Zum Kohlenschieber Café – Bistro, Marktplatz 4b, 87730 Bad Grönenbach, ☏ 083 34/78 37, 💻 www.kohlenschieber.de, 🚪 Di-Sa 11:00-23:00
- ✞ Stiftskirche St. Philippus und Jakobus
- ⦿ Stiftskirche St. Philippus und Jakobus
- 🚌 Linie 931 und 932 nach Ottobeuren, Linie 956 nach Memmingen
- 🚆 Bahnhof mit guter Zuganbindung (Regionalbahn), vor allem nach Ulm und Memmingen

Der Markt Grönenbach wurde im Jahr 1099 erstmals urkundlich erwähnt. Seit 1136 gehörte der Ort zur Ritterschaft von Rothenstein, die noch im selben Jahrhundert das Hohe Schloss errichten ließ. Von der Herrschaft von Rothenstein zeugt heute noch eine Burgruine westlich von Bad Grönenbach.

1482 ging Grönenbach in den Besitz der Herrschaft Pappenheim über. Die Familie Pappenheim stand in enger Verbindung mit Zürich in der Schweiz und so hielt 1559 in Grönenbach die Reformation nach Ulrich Zwingli ihren Einzug. Grönenbach und die Schwestergemeinde Herbishofen wurden damit zu den ersten reformierten Gemeinden in Deutschland und den einzigen beiden Orten, die nach Züricher Vorbild reformiert wurden.

1611 endete die Zugehörigkeit zu Pappenheim und von 1612 bis 1695 ging Grönenbach in den Besitz der Fugger über. In dieser Zeit kehrte der Katholizismus nach Grönenbach zurück. Es folgten Jahre der Zugehörigkeit zum Fürststift Kempten als Pflegamt. Trotzdem findet sich bis heute eine reformierte Kirche in der Gemeinde.

Sebastian Kneipp kam in den Jahren 1842/43 nach Grönenbach, um bei Kaplan Merkle, einem weitläufigen Verwandten, Latein zu lernen. Merkle bestärkte dabei Kneipp in dessen Wunsch, Priester zu werden. In Grönenbach lernte Kneipp zudem den reformierten Ortspfarrer und Botaniker Christoph Ludwig Koeberlin (1794-1862) kennen, der ihn in die Pflanzenkunde einführte. Der Dorfbrunnen vor dem Kuramt, an dem eine Skulptur des jungen Sebastian Kneipp sitzt, der mit dem Wasser spielt, erinnert an die Zeit des Wasserpfarrers in Bad Grönenbach.

Mit Sebastian Kneipps Aufenthalt in Grönenbach hängt auch die staatliche Anerkennung als Kneippkurort zusammen, die 1954 ausgesprochen wurde, sowie die Verleihung des Prädikates Kneippheilbad im Jahr 1996.

D. Der Westweg: Von Augsburg über Memmingen nach Bad Grönenbach

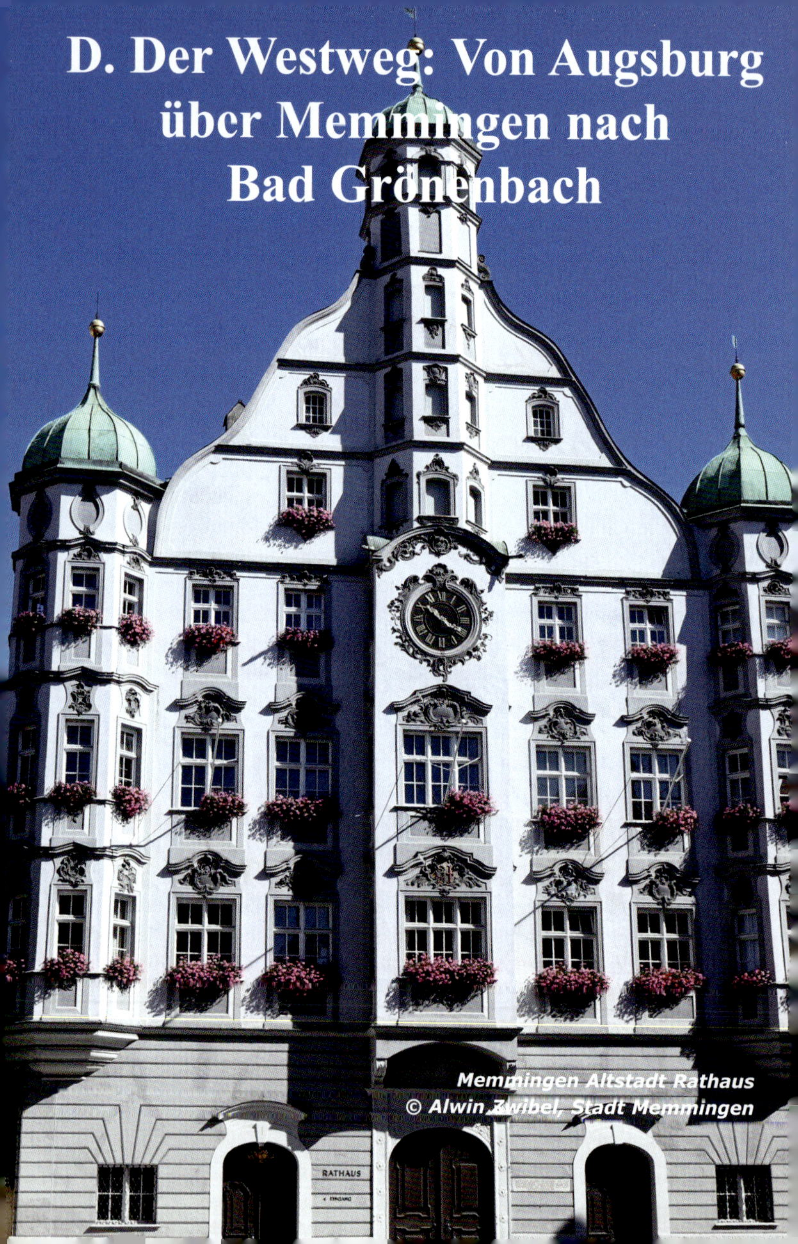

Memmingen Altstadt Rathaus
© Alwin Zwibel, Stadt Memmingen

Der Westweg führt zuerst zum Kloster Oberschönenfeld. Nächster Höhepunkt ist die Wallfahrtskirche Maria Vesperbild. Auch die Kirche in Mussenhausen ist ein wunderbares Pilgerziel. Über viele kleinere Orte wandern Sie weiter nach Memmingen. Von dort geht es ins Allgäu nach Bad Grönenbach.

D1. Von Augsburg nach Oberschönenfeld

18,7 km, 6 Std., ↑ 148 m, ↓ 136 m, ⇧ 474-559 m

0,0 km	⇧ 477 m	Augsburg
6,9 km	⇧ 488 m	Göggingen BANK
9,0 km	⇧ 502 m	Wellenburg
18,7 km	⇧ 492 m	Oberschönenfeld

Sollten Sie sich für den Westweg entscheiden, gehen Sie wie bei der Etappe C1 (☞ S. 80, hier finden Sie auch Karte D1.1) beschrieben zuerst nach **Göggingen**. Von dort aus wandern Sie entlang der idyllischen Wellenburger Allee weiter, einem Naturdenkmal mit über 200 alten Linden, die Sie bis zum Fuggerschloss Wellenburg bringt ❸.

Wellenburg ⇧ 502 m

Schlossgaststätte Wellenburg, Wellenburg 04, 86199 Augsburg, ☎ 08 21/44 40 30, info@schlossgaststaette-wellenburg.de, www.schlossgaststaette-wellenburg.de, Ü EZ ab € 59, DZ ab € 69, Mi, Do 17:30-22:00, Fr-So 11:30-14:00 und 17:30-22:00

Das Fuggerschloss ist noch heute Wohnsitz der Fürsten. Augsburg wird auch heute noch gerne als Fuggerstadt bezeichnet, denn das Kaufmannsgeschick von Jakob und Anton Fugger haben den Aufstieg der Stadt zu einer Handelsmetropole mit Weltruf geprägt. Nie wieder soll ein Mensch so reich geworden sein, wie die Augsburger Kaufleute. Vor Jahren errechneten Wirtschaftsexperten, dass die wirtschaftliche Bedeutung des Hauses Fugger zu seiner Glanzzeit auf die heutigen Verhältnisse umgerechnet der eines Konzerns mit rund 100 deutschen Unternehmen entsprechen würde. Seit 1595 ist das Haus in Wellenburg im Besitz der Fugger. Das Schloss auf einem Höhenrücken über dem Wertachtal wurde von außen neugotisch umgestaltet. Bis heute ist es der Stadtwohnsitz der Linie Fugger-Babenhausen und daher für Besucherinnen und Besucher nicht zugänglich.

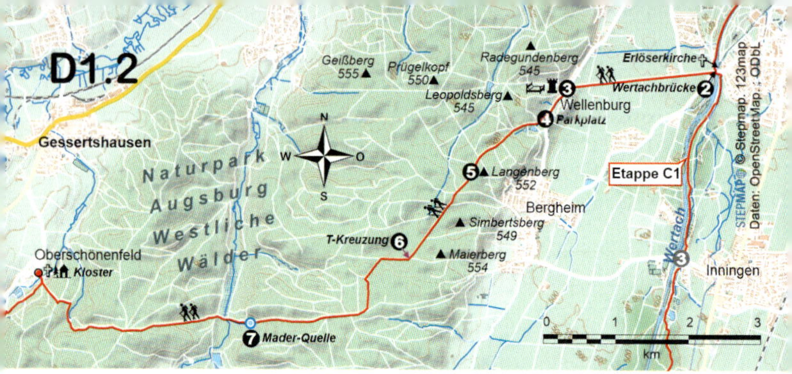

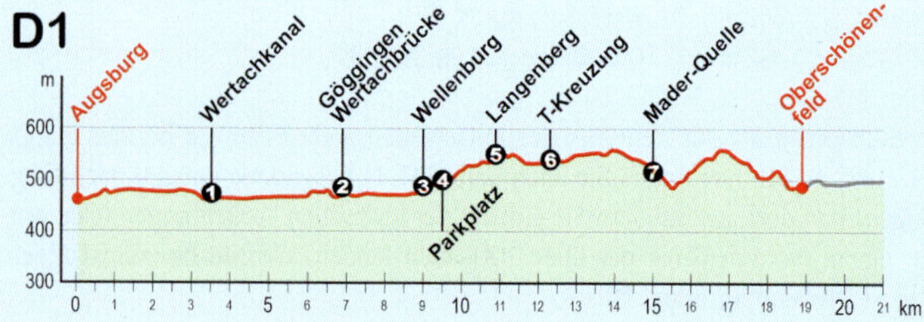

Am Ende der Allee zweigen Sie nach links auf die Ortsverbindungsstraße nach Bergheim ab. Lassen Sie den Gasthof Wellenburg rechter Hand liegen und folgen Sie der Straße nach Bergheim ein kurzes Stück. Dann biegen Sie am nächsten Parkplatz ❹ nach rechts auf einen Wanderweg ab, der durch den Naturpark Westliche Wälder führt. Leicht bergauf steigt der Weg über den Langenberg ❺. An der T-Kreuzung ❻ orientieren Sie sich nach rechts. Sie passieren schließlich die Mader-Quelle ❼ und gelangen gut beschildert bis nach **Oberschönenfeld** mit seinem schönen Barockkloster.

Oberschönenfeld ✕ ✝ ⊙ ⌘, ⇧492 m

✕ Zisterzienserinnenabtei Oberschönenfeld, Oberschönenfeld 1, 86459 Gessertshausen, ☎ 082 38/962 50, anmeldung@abtei-oberschoenenfeld.de, www.abtei-oberschoenenfeld.de, Ü mit VP ab € 55, pilgerfreundliche Unterkunft, im Klosterstüble Mo Ruhetag

✝ Klosterkirche

⊙ Zisterzienserinnenabtei Oberschönenfeld

⌘ Schwäbisches Volkskundemuseum Oberschönenfeld, Oberschönenfeld 4, 86459 Gessertshausen, ☏ 082 38/30 01-0, Di-So 10:00-17:00

Einer Legende nach soll Graf Mangold von Anhausen auf dem Grab seines frommen Onkels eine Kapelle errichtet haben, die er Oberhof nannte. In deren Nähe gründeten fromme Frauen aus dem Geschlecht des Grafen sowie aus Augsburg ein kleines Kloster, in dem sie im Andenken an ihren frommen Ahnherrn ein christliches Leben führten. Das Kloster wuchs und mit ihm der Ort Oberhof. Weil jedoch der Platz in Oberhof nicht mehr ausreichte, siedelte die Gemeinschaft vermutlich um 1211 in das eine halbe Wegstunde entfernte, neu errichtete Kloster Oberschönenfeld über. Dieses wurde 1248 in den Orden der Zisterzienser aufgenommen. Auch in der Abgeschiedenheit des Klosters blieben die Schwestern über die Jahrhunderte hinweg nicht von Bauernkriegen, der Reformation, dem Dreißigjährigen Krieg und dem Spanischen Erbfolgekrieg verschont. Mehrmals waren die Schwestern gezwungen, aus ihrem Kloster zu fliehen. Doch immer wieder kehrten sie nach Oberschönenfeld zurück, um ihr Ordensleben neu zu beginnen. Heute unterhalten sie neben der Landwirtschaft auch einen Brotladen – ihr

Kloster Oberschönenfeld (m)

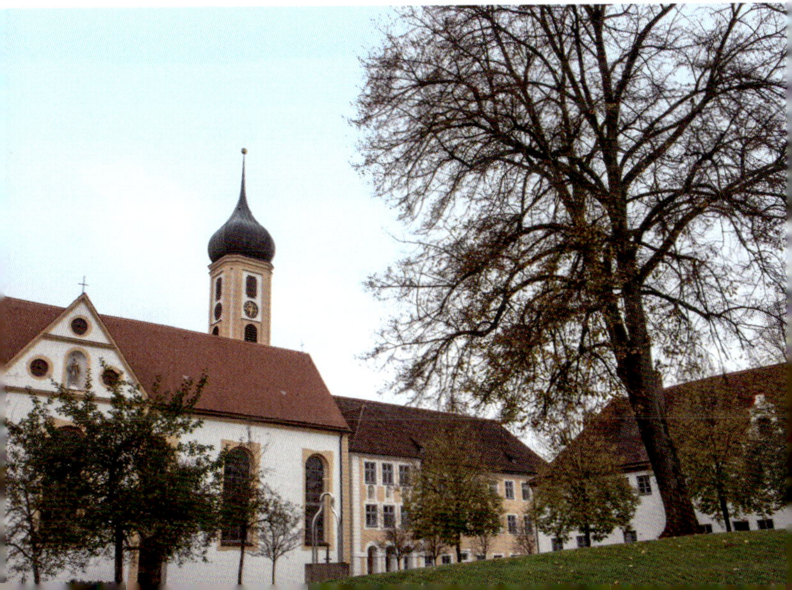

Holzofenbrot ist über die Grenzen Schwabens hinaus bekannt und Sie sollten es bei Ihrem Besuch im Kloster unbedingt probieren.

Die erste Kirche wurde bereits 1262 eingeweiht. 1721 wurde die alte Kirche abgerissen und im Herbst desselben Jahres stand bereits ein Großteil der Außenmauern der neuen Kirche. Ein Jahr später war der Rohbau vollendet. Die Bauleitung war dem Vorarlberger Meister Franz Beer II. (von Blaichten) übertragen worden. Beer schuf einen lang gestreckten Kirchenraum, der durch eingezogene Wandpfeiler und die Gewölbe in sechs Abschnitte unterteilt ist. Am 25. Juli 1723 konnte der Neubau eingeweiht werden. In den folgenden Jahren kamen das Gitter vor dem Nonnenchor und eine neue Orgel hinzu. Unter der Äbtissin Charitas Karner (1767-1774) begann 1768 eine groß angelegte Neuausstattung im Stil des Rokoko. Verantwortlich für die Innenausstattung zeichneten die Künstler aus dem Werkkreis der Wessobrunner Feichtmayr und der flämischen Verhelst. Den Kreuzweg schuf Gottfried Bernhard Göz.

1984 eröffnete in den früheren Stallungen des Klosters der Bezirk Schwaben das Schwäbische Volkskundemuseum, welches das alltägliche Leben der Bevölkerung in Bayerisch-Schwaben in den letzten 200 Jahren dokumentiert. Das Sölderanwesen, an dem Sie direkt auf dem Jakobsweg vorbeikommen, ist das letzte strohgedeckte Kleinbauernhaus des „Staudenhaustyps“ im Augsburger Umland.

D2. Von Oberschönenfeld nach Maria Vesperbild

19,2 km, 5 Std., ↑ 239 m, ↓ 180 m, ⇧ 488-573 m

0,0 km	⇧ 492 m	Oberschönenfeld
3,1 km	⇧ 507 m	Weiherhof
7,5 km	⇧ 497 m	Fischach BANK
11,8 km	⇧ 502 m	Wollmetshofen BANK
19,2 km	⇧ 530 m	Maria Vesperbild, Ziemetshausen BANK

Von **Oberschönenfeld** biegt der Jakobsweg vor dem Kloster (von diesem kommend) nach rechts ab und führt an der Schwarzach entlang stromaufwärts. Beim Weiherhof überqueren Sie das Flüsschen und gehen die Landstraße ein Stück nach links zum **Weiherhof ❶**.

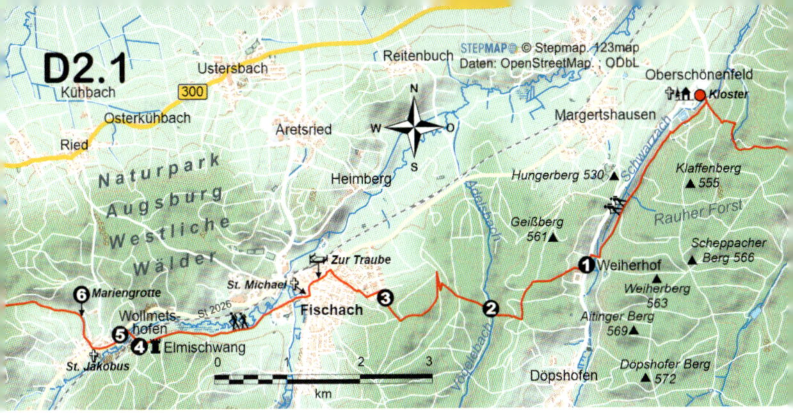

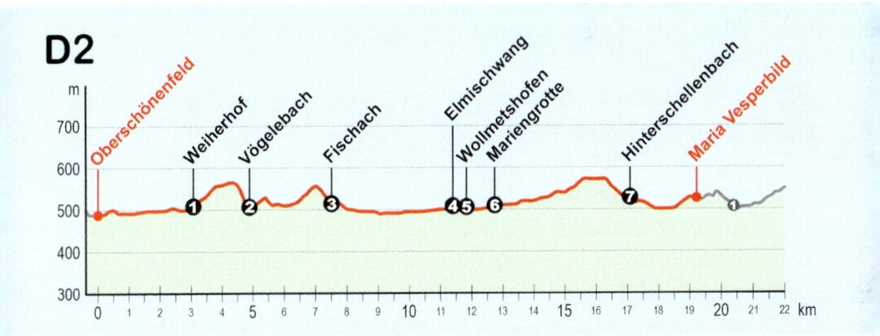

Weiherhof

🚌, ⇧ 507 m

🚌 Linie 605 nach Gessertshausen und dort Zugverbindung nach Augsburg und Ulm

Hier an dieser Stelle soll die Kapelle des Grafen Mangold von Anhausen gestanden haben. Um das Jahr 1186 siedelten sich hier die ersten Frauen an, die schließlich das Kloster Oberschönenfeld gründeten. Das Gut Oberhof blieb ebenfalls nach der Gründung des Zisterzienserordens in klösterlichem Besitz. Allerdings mussten die Klosterfrauen als Obolus für den Weiherhof dem Bischof von Augsburg jedes Jahr zu Michaeli ein Pfund Wachs in die Domkirche bringen.

Im 15. Jahrhundert änderte der Oberhof seinen Namen: Da in seiner Nähe 1480 ein großer Fischweiher angelegt wurde, nannte man das Anwesen fortan Weiherhof. Der Name blieb bis heute erhalten. Mit der Säkularisation und der Aufhebung der Klöster im Jahr 1803 ging der Weiherhof in Privatbesitz über.

Die Kapelle Maria Sieben Schmerzen wurde 1738 erbaut und gehörte zunächst zum Kloster Oberschönenfeld. 1803 ging die Kapelle nach Aufhebung der Klöster ebenfalls in Privatbesitz über.

Der Weg bringt Sie über die Wiese hinauf in den Wald. Sie steigen hinauf zum Berg und auf der anderen Seite in ein Tal hinab. Sie überqueren den Vögelebach ❷ und wandern auf der anderen Talseite hinauf zum Kohlberg. Von hier steigen Sie hinab nach **Fischach** ❸.

Fischach

BANK ✞, 5.054 Ew., ⇧497 m

Gasthof zur Traube, Augsburger Straße 6, 86850 Fischach, ☏ 082 36/960 60, www.traube-fischach.de, ÜF EZ € 50, DZ € 85, pilgerfreundliche Unterkunft, Mo, Di, Fr, Sa 9:00-14:00 und 17:00-24:00, So 9:00-21:30

✞ St. Michael

Linie 604 nach Gessertshausen und dort Zugverbindung nach Augsburg und Ulm

Zugverbindung nach Augsburg

Als Sitz einer Urkirche, zu der alljährlich Kirchenzüge umliegender Orte führten, erlangte die Gemeinde Fischach schon früh zentrale Bedeutung für das Bistum Augsburg. Fischach gehörte wechselweise zur Markgrafschaft Burgau und zur Herrschaft der Fugger.

Bereits im 16. Jahrhundert siedelten sich hier jüdische Familien an. In den folgenden Jahrhunderten wurde Fischach eine der bedeutendsten jüdischen Gemeinden in Schwaben. In Fischach erinnert der Judenfriedhof, der 1774 von der jüdischen Gemeinde gekauft worden war, an das über 400-jährige Zusammenleben von jüdischen und christlichen Menschen. Wer den Friedhof besichtigen will, kann sich beim Rathaus melden (☏ 082 36/58 10, rathaus@fischach.de).

Sie spazieren in den Ort hinein zur Kirche. Fischach verlassen Sie auf einem kleinen Sträßchen entlang der Neufnach. Dieser folgen Sie bis zum Schloss Elmischwang ❹. Hier überqueren Sie das Bahngleis und die Neufnach. Auf der Ortsverbindungsstraße wenden Sie sich nach links ins Dorf **Wollmetshofen** ❺ hinein.

Wollmetshofen

BANK ✞ ⊙, 371 Ew., ⇧502 m

✞ Pfarrkirche St. Jakobus der Ältere

⊙ Kirche St. Jakobus

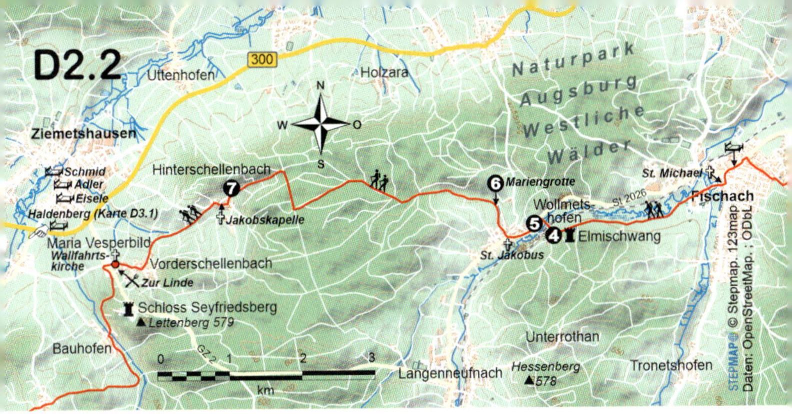

🚌 Linie 604 Richtung Gessertshausen, von dort Anschluss an die Bahnverbindung Ulm – Augsburg

🚆 Zugverbindung nach Augsburg

Die Pfarrkirche von Wollmetshofen ist dem heiligen Jakobus dem Älteren geweiht. Sehenswert ist in der Kirche der gotische Chor, der 1860 durch den Anbau des Kirchenschiffes erweitert wurde. In einer Nische des Hochaltars finden Sie eine sehr originelle Darstellung des Pilgerpatrons – er wird im Volksmund auch der schlafende Jakobus genannt.

An der Kirche gehen Sie nach rechts in eine Straße. Diese geht in einen Schotterweg über, der an einem Bach entlang das Tal hinaufführt. Sie passieren die Mariengrotte Mutter vom großen Sieg ❻, die 1966 erbaut wurde. Der idyllische Ort lädt zum Verweilen ein. Der Weg taucht tiefer in den Wald ein und steigt zum Gänsberg hinauf. An einer Einmündung orientieren Sie sich nach rechts, wandern durch ein kleines Tal und nach dem kleinen Anstieg geht es links nach Hinterschellenbach ❼ hinunter. Sie kommen an der kleinen Jakobskapelle (⊙ Pilgerstempel) vorbei und sehen in der Ferne schon die Kirche von Maria Vesperbild. Zur Wallfahrtskirche **Maria Vesperbild** wandern Sie entlang der kleinen Straße.

Maria Vesperbild

ℹ ✕ ✞, 34 Ew., ⇧ 530 m

ℹ Wallfahrtsdirektion Maria Vesperbild, Schellenbacher Straße 4, 86473 Ziemetshausen, ☏ 082 84/80 38, ✉ maria-vesperbild@bistum-augsburg.de, 💻 www.maria-vesperbild.de, nur per Telefon und E-Mail

Gaststätte zur Linde, Marienstraße 3, 86473 Ziemetshausen, ☏ 082 84/201, Di, Mi, Fr-So 11:00-20:00, Do 11:00-14:00

✝ Wallfahrtskirche Maria Vesperbild

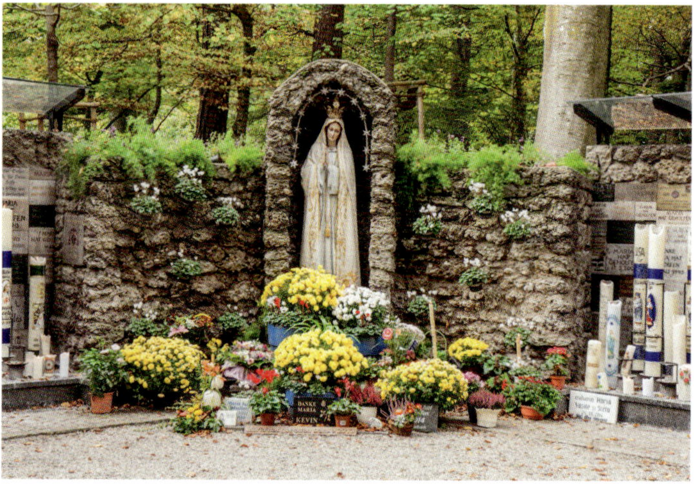

Mariengrotte Maria Vesperbild (m)

Als Dank für das Ende des Dreißigjährigen Krieges ließ Jakob von St. Vincent 1650 am Fuße des Schlossberges auf dem Weg von Ziemetshausen nach Langenneufnach eine Feldkapelle erbauen. Das Gnadenbild, das heute im Zentrum des Hochaltars steht, zeigt Maria am Karfreitag nach der Kreuzesabnahme, wie sie den Leichnam ihres Sohnes im Arm hält. Seit Anfang des 17. Jahrhunderts wurde das Bild der schmerzhaften Muttergottes Ziel der Wallfahrenden aus der Umgebung von Ziemetshausen. Im Jahr 1754 begann man mit dem Neubau der Wallfahrtskirche. Die Arbeiten wurden Johann Georg Hitzelberger übertragen, einem Maurermeister aus Ziemetshausen. So entstand der lichte Kirchenraum. Das barocke Gotteshaus mit dem schmucken Zwiebelturm, das sich malerisch in die Landschaft einfügt, hat seitdem manche Veränderung in seiner Ausstattung erfahren, aber immer stand das Gnadenbild, die Schmerzensmutter mit dem toten Sohn, im Zentrum. Erhalten geblieben sind auch Fresken von Balthasar Riepp aus Reutte in Tirol.

Von der Wallfahrtskirche führt ein Kreuzweg zur Fatimagrotte, die 1958 im lichten Buchenwald ganz in der Nähe gebaut wurde. Zahlreiche schlichte Votivtafeln an der Grotte künden davon, dass hier immer mehr Menschen eine ganz besondere Erfahrung der helfenden Nähe Mariens machen. Am Pfingstsonntag und an Mariä Himmelfahrt (15. August) finden alljährlich Lichterprozessionen zur Mariengrotte statt. An Sonn- und Feiertagen und an jedem 13. eines Monats wird das Pilgeramt auf die Außenbildschirme des nördlichen und südlichen Kirchenvorplatzes übertragen.

➪ In Maria Vesperbild gibt es keine Übernachtungsmöglichkeiten. Die finden Sie im benachbarten **Ziemetshausen** bzw. im Ortsteil Muttershofen.

Nach Ziemetshausen führt eine lange Allee nach rechts. Die Unterkünfte liegen 1,2 bis 1,4 km entfernt.

Ziemetshausen

🛏 ✕ 🛒 BANK 🚌, 3.232 Ew., ⇧ 486 m

🛏 ✕ Gasthof Adler, Oettingen-Wallerstein-Straße 19, 86473 Ziemetshausen, ☏ 082 84/99 79 40, ✉ info@adler-ziemetshausen.de, 💻 www.adler-ziemetshausen.de, ÜF EZ ab € 68, DZ ab € 99, pilgerfreundliche Unterkunft, 🚪 Mo, Do, Fr 15:00-23:00, Sa, So 11:00-14:00 und 17:00-23:00

🛏 Gästehaus Monika Schmid, Gerberweg 1, 86473 Ziemetshausen, ☏ 082 84/200, Preise erfragen, pilgerfreundliche Unterkunft

♦ Gästehaus Eisele, Raiffeisenstraße 9, 86473 Ziemetshausen, ☏ 082 84/775, ✉ info@gaestehaus-eisele.de, 💻 www.gaestehaus-eisele.de, Ü EZ ab € 17, DZ ab € 40

♦ Ferienwohnung Hönle, Haldenbergstraße 9, 86473 Ziemetshausen-Muttershofen, ☏ 082 84/92 82 14, ✉ mahoeli@gmx.de, Preise erfragen, pilgerfreundliche Unterkunft

🚌 Linie 600 nach Augsburg

„A silbernes Bächle, a blumige Wies, en Schatta em Hölzle, dös findt ma ganz gwiss!" – so schildert der Heimatdichter Hyazinth Wäckerle (1836-1896) das grüne Tal der Zusam, in dem sein idyllischer Geburtsort Ziemetshausen eingebettet liegt.

Die geschichtliche Entwicklung von Ziemetshausen ist eng verknüpft mit der zunächst marktgräflich-burgauischen und ab 1301 vorderösterreichischen Herrschaft Seyfriedsberg, deren Schloss 3 km südlich von Ziemetshausen auf einem

Höhenzug steht. Bei einer der häufigen Verpfändungen der österreichischen Herrschaft Seyfriedsberg gelangte der Ort ab 1515 in die Hände der Villinger, die im Dienst der Habsburger in den Adel aufgestiegen waren. Auf Rat von Kaiser Maximilian I. wurde dem Dorf Ziemetshausen um 1515 durch den Schatzmeister Jakob Villinger das Marktrecht verliehen.

Die Familie Villinger prägte den Markt in den fast hundert Jahren ihrer Herrschaft (1515-1614) durch ihre Bau- und Stiftungstätigkeit. Mehrere Bauten bezeugen auch heute noch die Bedeutung, die dem Ort in dieser Zeit zukam, so die Taferne, in der bis zum Jahr 1848 ein fürstliches Patrimonialgericht untergebracht war, sowie das Spital, das 1557 ein Villinger dem Ort gestiftet hatte, in dem seinerzeit arme Leute Aufnahme fanden.

Während der Ortsherrschaft der Fürsten von Oettingen-Wallerstein wurde 1671 das heutige fürstliche Rentamt errichtet. 1687 wurde der Neubau der Pfarrkirche durch den Wessobrunner Maurer und Stuckateurmeister Johann Schmuzer begonnen, der auch den Stuck im Schiff der Kirche fertigte. Die Oettingen-Wallerstein'sche Herrschaft in Ziemetshausen endete erst 1848, als das bestehende Patrimonialgericht aufgelöst wurde.

Im Mittelalter hatte Ziemetshausen schon ein blühendes Handwerk. Von besonderer Bedeutung war die Leinenweberei, der Kaiser Leopold I. (1658-1705) das Privileg einer „geschworenen Tuchschau" erteilte. Das bedeutete, dass jedes Stück Tuch, das für gut befunden wurde, als sogenanntes „Staudenkattun" über Augsburg und Kempten in alle Welt ging und eine begehrte und gut bezahlte Ware war. Bis ins 19. Jahrhundert war Ziemetshausen ein bedeutendes Zentrum der Weberzunft. Mit dem Vordringen der Baumwolle kam aber die Leinenweberei zum Erliegen. Auch eine Zunft der Bader und Wundärzte war gegen Ende des 17. Jahrhunderts an der Ziemetshauser Pfarrkirche gegründet worden, die bis zum Beginn des 19. Jahrhunderts existierte und deren Mitglieder aus dem gesamten mittelschwäbischen Raum kamen.

D3. Von Maria Vesperbild nach Kirchheim

18,3 km, 5 Std., ↑ 279 m, ↓ 247 m, ⇧ 495-602 m

0,0 km	⇧ 530 m	Maria Vesperbild
5,9 km	⇧ 506 m	Memmenhausen BANK
11,8 km	⇧ 532 m	Haselbach
18,3 km	⇧ 581 m	Kirchheim in Schwaben BANK

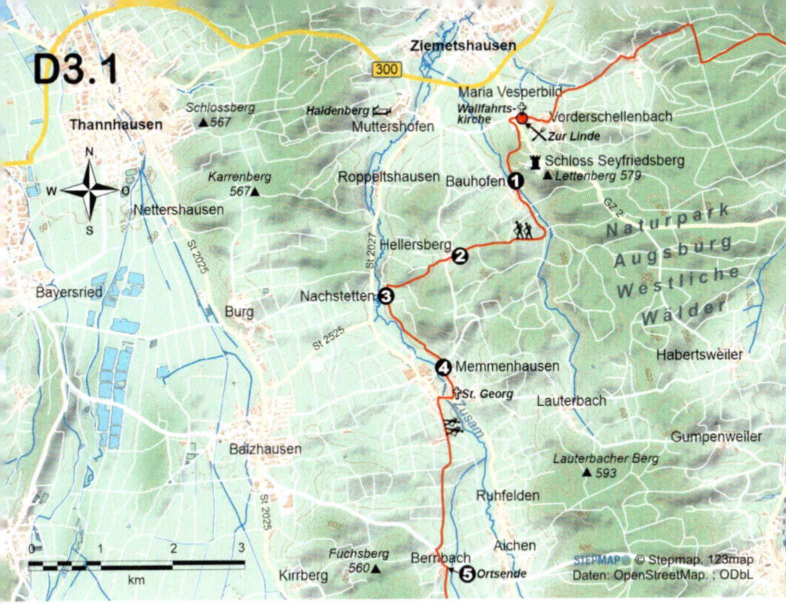

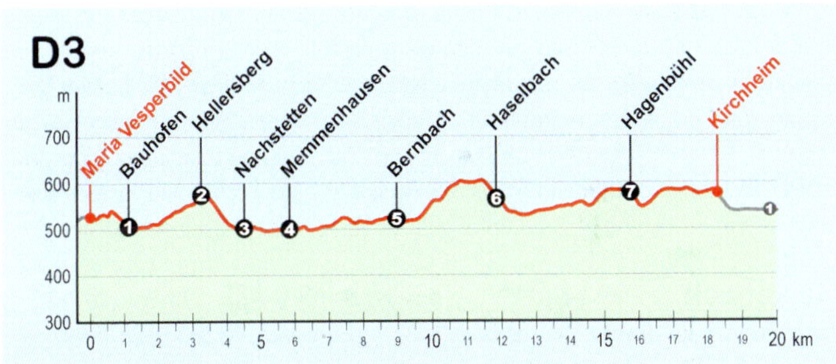

Der Jakobsweg führt hinter der Kirche **Maria Vesperbild** an der Grotte vorbei in den Wald nach Bauhofen ❶. Dort überqueren Sie eine Brücke und kommen auf die Lauterbachstraße. Links an ihr entlang wandern Sie aus dem Dorf hinaus. Nach einem längeren geraden Abschnitt biegen Sie nach rechts ab. Durch ein kleines Waldstück bringt Sie der Weg nach Hellersberg ❷. Durchqueren Sie den Ort geradeaus, bergab vorbei an einem Stadel. Am folgenden Abzweig orientieren Sie sich nach links. Linker Hand kommen Sie an einem kleinen Weiher vorbei und gehen bei der folgenden Linkskurve Richtung Nachstetten ❸. Zwischen zwei Anwesen führt ein Sträßchen bergauf, vorbei am Jugendhaus. Immer geradeaus erreichen Sie entlang des kleinen Flüsschens Zusam **Memmenhausen** ❹.

Memmenhausen BANK ✞ 🚌, 364 Ew., ⇧ 506 m

✞ Pfarrkirche St. Georg

🚌 Linie 840 nach Thannhausen

Memmenhausen ist ein Ortsteil der Gemeinde Aichen. Im Ort befindet sich die sehenswerte Pfarrkirche St. Georg. Sie wurde zusammen mit Pfarrhof und Pfarrstadel nach einem Großbrand 1660 neu errichtet. Bereits 1110 wurde die Pfarrei urkundlich erwähnt. Turm, Chor und Langschiff wurden nach 1550 erbaut. Während der letzten Renovierung stieß man auf gotische Chorbögen im Langschiff. Johann Georg Hitzelberger aus Ziemetshausen baute das Innere der Kirche deutlich um. 1753 fügte man Stuck hinzu (wahrscheinlich durch Kaspar Radmiller). Johann Baptist Dollenbacher ersetzte 1847 das Bild des Hochaltares, er malte auch alle anderen Bilder der Kirche.

Im Ort spazieren Sie bis zur Kirche. Von dort gehen Sie hinunter zur Hauptstraße, folgen ihr rechts und zweigen dann nach links in den Angerweg ab. Sie wandern immer geradeaus und bleiben weiter auf dem Feldweg, bis Sie am Ortsbeginn von Bernbach auf eine Straße treffen. Hier gehen Sie nach links bis zum Ortsende ❺ und biegen hier nach rechts ab. Am Waldrand gabelt sich der Weg in drei Richtungen. Sie nehmen die Abzweigung ganz rechts und steigen leicht bergan zum Stockerberg. Am Gipfel geht es rechts nach **Haselbach** ❻ hinunter.

Haselbach 🛏 ✕ ☕ 🛒 ✞ 🚌, 590 Ew., ⇧ 532 m

🛏 Gästehaus Strehler, Kreuthstraße 16, 87745 Haselbach, ☏ 082 66/86 97 79, ✉ sylvia.strehler@gmail.com, 🖳 www.gaestehaus-strehler.de, Preise erfragen, pilgerfreundliche Unterkunft

✞ Pfarrkirche St. Stephan

🚌 Linie 840 nach Thannhausen

Haselbach gehört seit 1978 zur Gemeinde Eppishausen. Auf dem Jakobsweg kommen Sie an der Pfarrkirche St. Stephan vorbei, die wahrscheinlich um die Jahre 1460/70 erbaut worden ist. 1698/99 hat man die Kirche umgestaltet. Kaspar Radmiller erhöhte den Turm 1757.

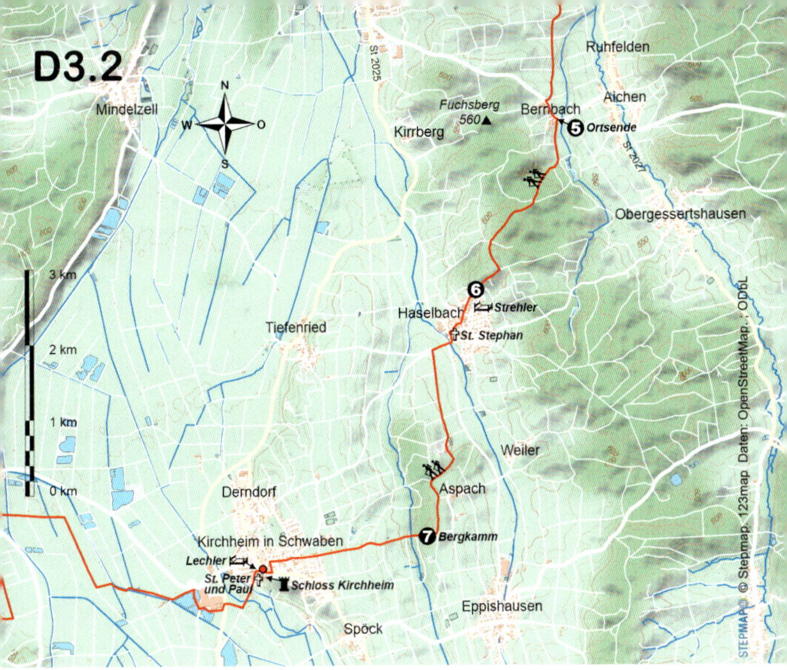

In Haselbach wandern Sie an der Kirche vorbei in Richtung Kirchheim. 200 m nach einer Brücke, noch vor zwei einzelnen Häusern, zweigt ein Feldweg ab. An der Kreuzung am Waldrand steigen Sie rechts auf den Hagenbühl. Am Waldrand wandern Sie den Berggrat entlang bis an eine größere Feldwegkreuzung. Sie biegen rechts ab und queren den Bergkamm ❼ durch den Wald. Der Jakobsweg fällt recht steil ab und verlässt im Tal den Wald, um gleich anschließend wieder sanft anzusteigen. Geradeaus erreichen Sie **Kirchheim** mit dem beeindruckenden Ensemble aus Fuggerschloss und Pfarrkirche.

Kirchheim in Schwaben

BANK

, 2.748 Ew., ⇧ 581 m

Kirchheim in Schwaben, Marktplatz 6, 87757 Kirchheim, ☏ 082 66/860 80, info@kirchheim-schwaben.de, www.kirchheim-schwaben.de, Mo-Mi 8:00-12:00, Do 9:00-12:00 und 15:00-18:00

Brauereigasthaus Lechler, Brandgasse 1, 87757 Kirchheim, ☏ 082 66/304, Übernachtungspreise erfragen, Fr 17:00-24:00, So 10:00-14:00 und 17:00-24:00

- Pizzeria Brunnenstube, Bahnhofstraße 2, 87757 Kirchheim, ☏ 082 66/21 08, Di-Sa ab 18:00, So 11:30-14:00 und ab 17:00
- Pfarrkirche St. Peter und Paul
- Schloss Kirchheim, Marktplatz 1, 87757 Kirchheim, ☏ 082 66/86 00 20, www.fugger-zedernsaal.de, aktuell ist das Schloss nicht besichtigen, eine Öffnung ist aktuell unklar
- Linie 819 nach Mindelheim

Im Jahr 1551 erwarb Anton Fugger (1493-1560) für 137.000 Gulden alle Besitztümer samt den Rechten der Herrschaft Kirchheim. Anton Fugger war der Neffe und Nachfolger von Jakob Fugger dem Reichen. Er sicherte seinen Besitz vor den allzu gierigen Kaisern, indem er große Liegschaften in Bayerisch-Schwaben erwarb. Zwar wurde für das Jahr 1289 erstmals ein Schloss für Kirchheim erwähnt, doch Antons Sohn Hans ließ von 1578 bis 1582 einen Neubau nach dem Vorbild des Dachauer Schlosses errichten.

Sieben Jahre, von 1578 bis 1585, benötigten die Augsburger Baumeister Jakob Eschay und Wendel Dietrich für den Auftrag, das Kirchheimer Schloss als hochherrschaftliche Sommerresidenz der Familie Fugger zu erbauen. Als die

Fuggerschloss (m)

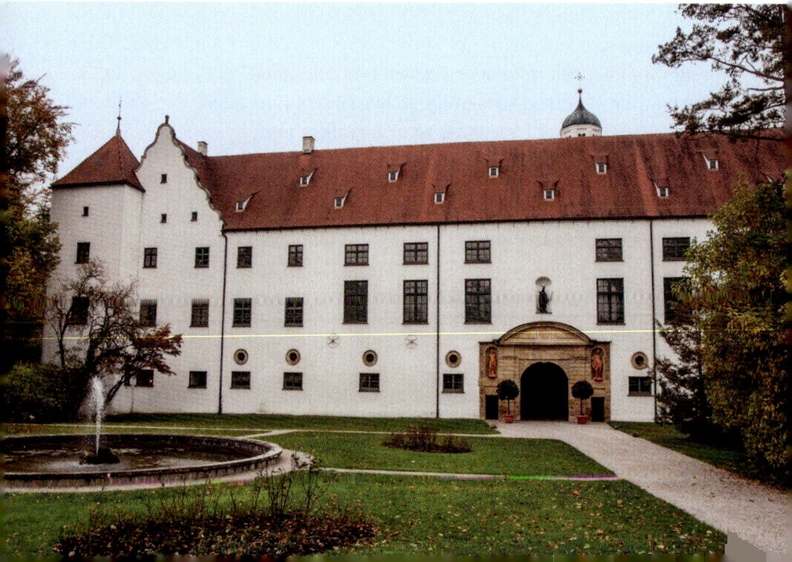

vier um einen quadratischen Innenhof gebauten Flügel vollendet waren, glich das Werk verblüffend dem berühmten Escorial bei Madrid. Schloss Kirchheim gilt heute als eines der bedeutendsten Renaissancegebäude auf deutschem Boden.

Im Ostflügel der Anlage befindet sich der ca. 360 m² große Festsaal des Schlosses, der berühmte Zedernsaal. Dieser Prunksaal geht auf das Teatro Olympico des Palladio in Vicenza zurück. Den Zedernsaal schuf Wendel Dietrich, der bedeutendste Kistlermeister des ausgehenden 16. Jahrhunderts. Kernstück ist die einzigartige Kassettendecke aus Zedernholz, das auf sehr abenteuerliche Weise vom Libanon nach Schwaben gelangte und den dunklen Fond der Decke bildet. Mehrere Jahre brauchte der Meister für die vielen Tausend Figuren und Ornamente; fast 2 m beträgt die Tiefe der einzelnen Reliefkassetten. Die Holzdecke gilt als schönstes deutsches Schnitzwerk der Renaissance und zeichnet sich durch eine unübertroffene Akustik aus. Im Schlosshof erinnert ein Riesenpflug an den im 16. Jahrhundert gestarteten Versuch der Fugger, mit dem Vorspann von 102 Pferden Drainagegräben zu ziehen. Das großartige Experiment misslang, übrig blieb ein frühes Industriedenkmal. Das Schloss wird auch heute noch von den Nachkommen der Linie Fugger-Glött bewohnt.

D4. Von Kirchheim nach Babenhausen

23,3 km, 6 Std., ↑ 265 m, ↓ 297 m, ⇧ 531-618 m

0,0 km	⇧ 581 m	Kirchheim in Schwaben
8,9 km	⇧ 541 m	Loppenhausen
18,1 km	⇧ 553 m	Kirchhaslach
23,3 km	⇧ 562 m	Babenhausen

Bevor Sie **Kirchheim** verlassen, sollten Sie der Pfarrkirche St. Petrus und Paulus einen Besuch abstatten.

Der Jakobsweg führt am Gasthof Lechler vorbei nach links in die Brandgasse und von dort wiederum links in die Bronnerlehestraße. Sie gehen geradeaus über zwei Brücken. Nach der Brücke über den Bach biegen Sie nach rechts ab, überqueren die Hauptverkehrsstraße und gelangen zum Hollweiher ❶. Danach folgen Sie dem Mindeltalradweg bis zur Mindel ❷, die Sie auf einer Brücke überqueren. Sie gehen kurz auf der Straße nach Süden, biegen an einer Kapelle aber gleich nach schräg rechts ab. Sie bleiben auf dem Teerweg, bis er endet. Hier wenden

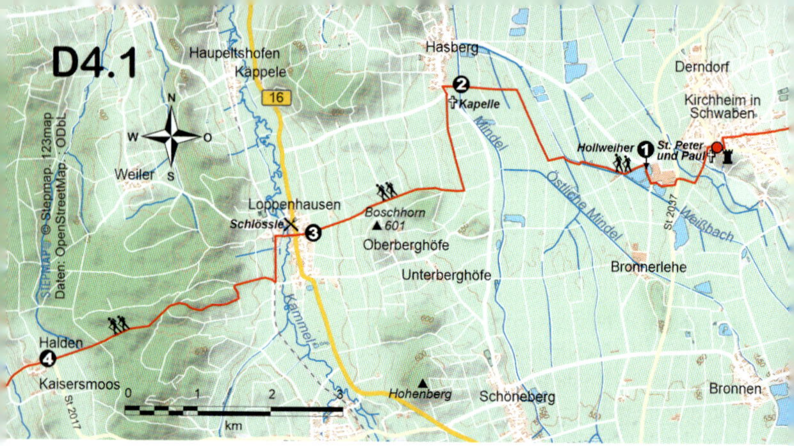

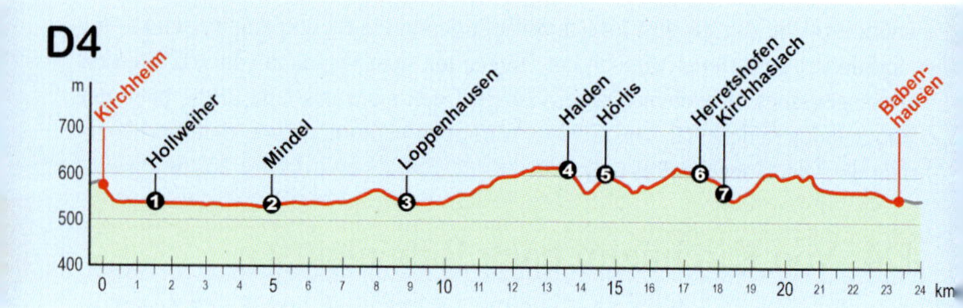

Sie sich nach rechts. Sie kommen zum Wald und wandern ein Stück am Waldrand entlang. Der Weg bringt Sie geradeaus nach Loppenhausen ❸.

Loppenhausen durchqueren Sie in westlicher Richtung bis zu den Bahngleisen.

Loppenhausen

✕ 🛒 BANK 🚆, 591 Ew., ⇧ 541 m

✕ Gasthaus Schlössle, Hauptstraße 61, 87739 Loppenhausen, ☏ 082 63/741, Öffnungszeiten erfragen

🚆 Bahnverbindung nach Memmingen und Mindelheim

Loppenhausen gehört zur Gemeinde Breitenbrunn. Im August 2012 wurde das Jakobertor eingeweiht. Dabei handelt es sich um einen schönen Ruheort für Pilgerinnen und Pilger.

Sie gehen nach links bis zum Bahnübergang und überqueren die Schienen. Sie wandern zum Wald hoch und am Waldrand nach links weiter. Sie zweigen dann nach rechts ab. Der Jakobsweg taucht schließlich in den Wald ein und Sie bleiben nun die ganze Zeit auf dem Hauptweg durch den Wald in Richtung Halden.

Sobald Sie den Wald bei einer großen Buche rechts verlassen, sehen Sie bereits die ersten Bauernhöfe von Halden. Der geteerte Feldweg mündet schließlich in die Staatsstraße 2017, der Sie durch Halden ❹ in Richtung Hörlis bergab folgen. Im Tal überqueren Sie die Gutnach und erreichen über den Gehweg den Ortsausgang von Hörlis ❺, vorbei an der Kapelle St. Peter und Paul.

Nach dem Ortsende gehen Sie auf einem asphaltierten Sträßchen nach rechts. Nach 700 m zweigen Sie nach links auf einen Feldweg ab. An einer T-Kreuzung orientieren Sie sich nach rechts in Richtung Wald. Hier biegen Sie nach links ab und wandern am Waldrand entlang bis zur Straße, die nach Herretshofen führt. Auf dieser spazieren Sie nach rechts zur weißen Kapelle Unseres Herren Ruh von Herretshofen ❻. An der Kapelle gehen Sie nach links und wandern auf einem Wiesenweg parallel zur Straße in Richtung Kirchhaslach. Auf dem Wiesenweg kommen Sie in den Wald und zu einer idyllisch gelegenen Lourdesgrotte. Anschließend leitet Sie der Jakobsweg weiter in den Ort **Kirchhaslach** ❼ und zu seiner Wallfahrtskirche.

Kirchhaslach

BANK ✝ 🚌, 1.346 Ew., ⇧ 553 m

✝ Wallfahrtskirche Zu unserer lieben Frau

🚌 Linie 922 Richtung Babenhausen

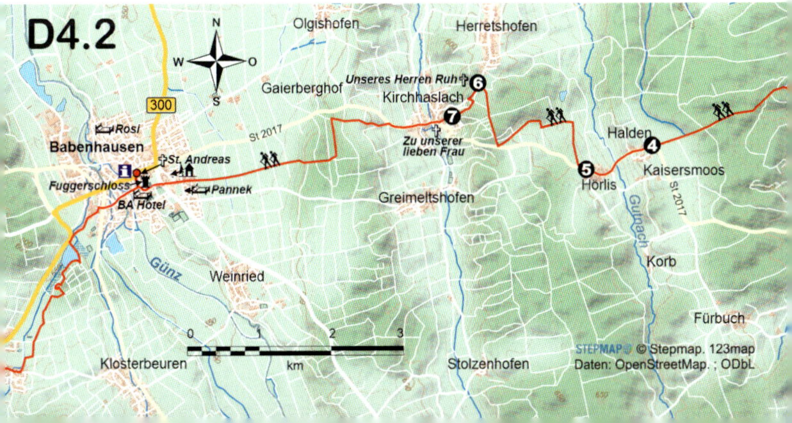

Seit rund 600 Jahren ist eine Wallfahrt zu der Kirche in Kirchhaslach belegt. Die Wallfahrtskirche Zu unserer lieben Frau wurde bereits 1449 im gotischen Stil erbaut. Zwischen 1680 und 1735 wurde sie im Barockstil wieder errichtet. Sehenswert sind eine romanische Muttergottes von 1220 und eine gotische Pietà von ca. 1430.

In Kirchhaslach wandern Sie an der Pfarrkirche vorbei und folgen dann der Ortsverbindungsstraße nach Westen, bis Sie bei einem Eisenkreuz nach links abbiegen. An der nächsten Weggabelung halten Sie sich rechts. An der darauffolgenden Gabelung wandern Sie weiter nach links in Richtung Wald (Fuggerwald). Hier gehen Sie weiter geradeaus, bis Sie unten im Tal nach links abbiegen. Sie kommen an eine Kreuzung, an der Sie nach rechts abzweigen. Der Jakobsweg leitet Sie geradeaus weiter und bald verlassen Sie den Wald. Über den geradeaus weiterführenden Feldweg wandern Sie nach **Babenhausen** mit dem Fuggerschloss und der Pfarrkirche St. Andreas.

Babenhausen

BANK ⌘, 5.712 Ew., ⇧ 562 m

Tourist-Info Babenhausen, Auf der Wies 4, 87727 Babenhausen, ☏ 083 33/92 36 23, info@vg-babenhausen.de, www.babenhausen-schwaben.de, Öffnungszeiten erfragen

Haus Pannek, Evangelikreuz 15, 87727 Babenhausen, ☏ 083 33/16 02, Preise erfragen

♦ Haus Rosi, Gänsberg 32, 87727 Babenhausen, ☏ 083 33/84 51, Preise erfragen

♦ BA Hotel, Tirolerstraße 2, 87727 Babenhausen, ☏ 082 61/76 95 38, info@bahotel.de, www.bahotel.de, Ü ab € 45, nur online buchbar

Jugendbildungs- und Begegnungsstätte Babenhausen, Am Espach 7, 87727 Babenhausen, ☏ 083 33/920 60, jubi@jubi-babenhausen.de, www.jubi-babenhausen.de, Ü ab € 17, F € 7, pilgerfreundliche Unterkunft

Café Fahrenschon, Fürst-Fugger-Straße 19, 87727 Babenhausen, ☏ 083 33/93 48 15, post@cafe-fahrenschon.de, www.cafe-fahrenschon.de, Do-So 12:00-18:00

✝ Pfarrkirche St. Andreas

Linie 921 nach Mindelheim, Linie 963 nach Memmingen

1538 erwarb Anton Fugger die Lehnshoheit von Babenhausen für 36.000 Gulden und ein Jahr später die Grundherrschaft von Babenhausen für 68.000

Gulden. Das seit 1237 existierende Schloss ließ der Handelsfürst im Jahr 1541 völlig umbauen. Die heutige Fassadengestaltung entstand 1845 im Stil der Neugotik. Der Komplex aus verschiedenen Bauten – darunter der Rechbergbau, das „Neue Schloss", der Westflügel, der Kanzleibau und verschiedene Wirtschaftsgebäude – gruppiert sich im Wesentlichen um zwei Höfe. Die Pfarrkirche St. Andreas ist direkt an das Schloss angebaut.

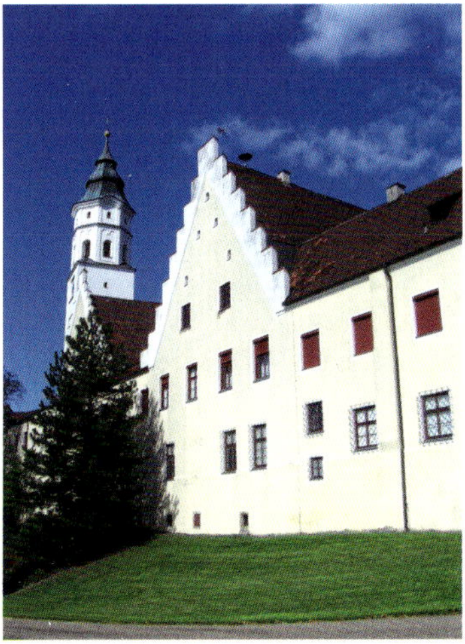

Fuggerschloss (h)

Kaiser Franz II. erhob 1803 Graf Anselm Maria Fugger wegen seiner Verdienste für Kaiser und Reich in den Fürstenstand und erklärte die reichsfreie Herrschaft Babenhausen mit den Herrschaften Boos und Kettershausen zum Reichsfürstentum Babenhausen. Noch heute lebt die Babenhausener Linie, denen auch das Schloss in Wellenburg bei Augsburg gehört, in dem Schloss. Das interessante Fuggermuseum befindet sich im Westflügel und im Neuen Schloss. Es zeigt Exponate aus über 500 Jahren Familien- und Firmengeschichte der Fugger. Im „Ahnensaal" des Neuen Schlosses sieht man bei einer Führung Ölgemälde aus dem 16. und 17. Jahrhundert mit den Porträts zahlreicher Familienangehöriger.

D5. Von Babenhausen nach Boos

11 km, 3 Std., ↑ 105 m, ↓ 82 m, ⇧ 541-646 m

0,0 km	⇧ 562 m	Babenhausen
3,9 km	⇧ 576 m	Winterrieden
11,0 km	⇧ 573 m	Boos

Von **Babenhausen** folgen Sie dem Jakobsweg bis zum Fuggerweiher ❶. Hier biegen Sie nach links in einen Feldweg ab und wenden sich nach 300 m nach rechts. Sie wandern am mit Akazien gesäumten Weiher vorbei bis zum Jugendzeltplatz und von dort auf einem Feldweg weiter geradeaus. An der nächsten Abzweigung biegen Sie nach rechts ab. Vorbei an einem Stadel und der Kläranlage erreichen Sie leicht ansteigend **Winterrieden ❷**.

Winterrieden

944 Ew., 576 m

Gasthof Zur Traube, Memminger Straße 4, 87785 Winterrieden, 083 33/94 02 10, info@zur-traube.info, www.zur-traube.info, ÜF EZ € 58, DZ € 79, Sa-Do, genaue Öffnungszeiten Restaurant erfragen, Fr Anreise möglich

St. Martin

Linie 963 Richtung Boos und Memmingen, in Memmingen Anschluss an das Bahnnetz

Winterrieden ist seit 1099 nachweisbar. In karolingischer Zeit war das Fürststift Kempten in Winterrieden begütert. Daneben verfügte der Ortsadel, der mit Rudolf von Winterrieden im Ottobeurer Vasallenverzeichnis von 1770 namentlich erwähnt wurde, über Besitz in dem kleinen Ort.

Die Pfarrkirche St. Martin, die von 1752 bis 1755 erbaut wurde, ist vor allem wegen des wertvollen Deckengemäldes des Kemptener Hofmalers Franz Georg Hermann einen Besuch wert.

Von hier aus wandern Sie auf der Hauptstraße bis vor die Kirche, biegen nach links ab und verlassen Winterrieden auf der Ortsverbindungsstraße in Richtung Reichau. Der Straße folgen Sie bis zum Waldrand. Hier gehen Sie geradeaus weiter in den Wald. Sie kommen zu einer Wegkreuzung ❸ und wandern nach links weiter. Zwischendurch bietet sich Ihnen ein schöner Blick nach Reichau. Der Jakobsweg leitet Sie geradeaus weiter, Sie passieren Reichau ❹ auf der westlichen Seite. Der Weg taucht wieder in den Wald hinein. Sie überqueren die Straße Boos – Reichau ❺ und folgen immer dem Hauptweg zu einer Weggabelung, an der Sie der Jakobsweg nach rechts in Richtung Ziegelberg leitet und weiter zu einer Einmündung. Sie gehen weiter geradeaus nach **Boos**.

Boos

2.135 Ew., 573 m

Privatunterkunft Ute Pistl-Syha, Weberstraße 3, 87737 Boos, 083 35/15 85, erich.pistl-syha@gmx.de, ÜF € 15, pilgerfreundliche Unterkunft

Pizzeria Il Cristallo, Babenhauser Straße 8, 87737 Boos, 083 35/989 99 33, www.ristorante-ilcristallo.de, Di-So 11:30-14:00 und 17:30-22:00

Pfarrkirche St. Martin

Linie 963 Richtung Boos und Memmingen, in Memmingen Anschluss an das Bahnnetz

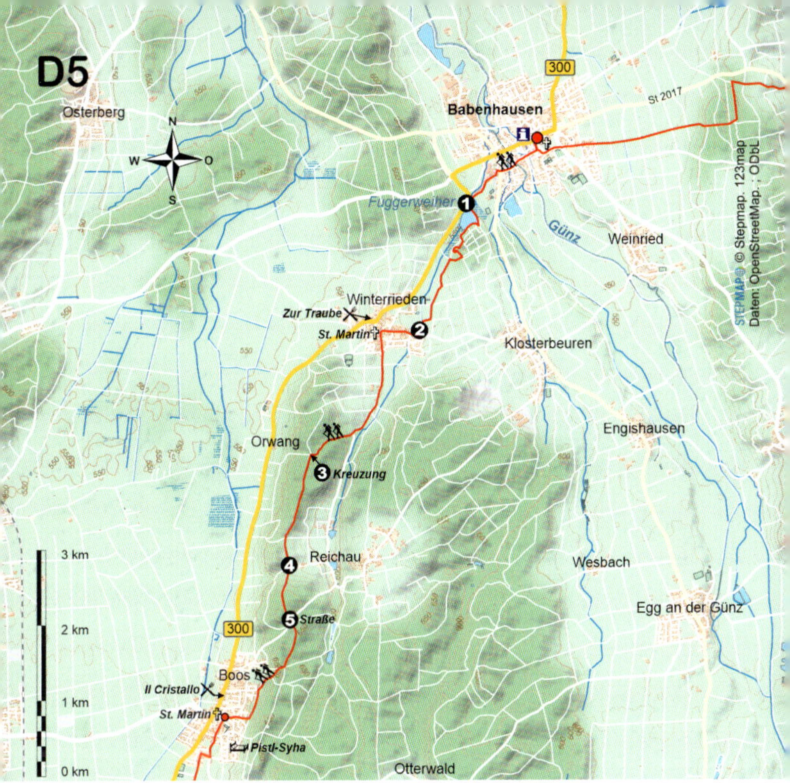

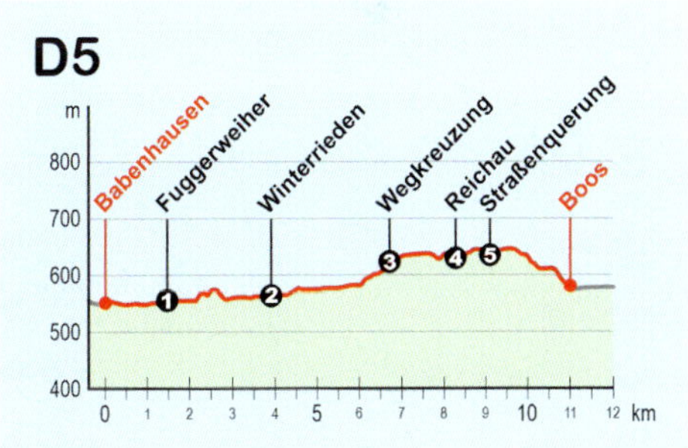

Die Fugger prägten 300 Jahre lang die Dorfgeschichte. Die vorherige Herrschaft hatte gegen den Willen der Einwohnerinnen und Einwohner die Reformation eingeführt. Unter der Herrschaft der Fugger durfte Boos wieder katholisch werden. In der Pfarrkirche St. Martin erinnern Fuggerchörle, Wappen und Grabsteine an die früheren Herren. Und weil viele Fuggerkinder auf die Namen Anna, Katharina und

Johannes getauft wurden, stehen diese Heiligen in der Kirche. Chor und Turmmauern sind noch mittelalterlich. Mit dem Neubau des breiten Kirchenschiffs im Jahr 1713 erhielt der Raum eine einheitliche Barockausstattung. Sorgfältig restauriert wurde die Figur des Kirchenpatrons St. Martin, ein Meisterwerk des Memminger Bildhauers Ivo Strigel.

D6. Von Boos nach Memmingen

15,4 km, 4 Std. 15 Min., ↑ 111 m, ↓ 83 m, ⇧ 572-675 m

0,0 km	⇧ 573 m	Boos
1,9 km	⇧ 583 m	Niederrieden
15,4 km	⇧ 599 m	Memmingen

In **Boos** biegen Sie links in die Jahnstraße, spazieren an der Schule vorbei und wenden sich dann rechts in den Meisterweg und gleich wieder links in den Lerchenweg, auf dem Sie Boos Richtung Niederrieden auf einem Radweg verlassen. Der Weg führt Sie geradeaus bis nach **Niederrieden** ❶.

Niederrieden

1.391 Ew., ⇧ 583 m

Linie 963 Richtung Boos und Memmingen, von Memmingen Anschluss an das Bahnnetz

Niederrieden ist eine kleine Gemeinde, die ebenfalls zur Verwaltungsgemeinschaft Boos gehört.

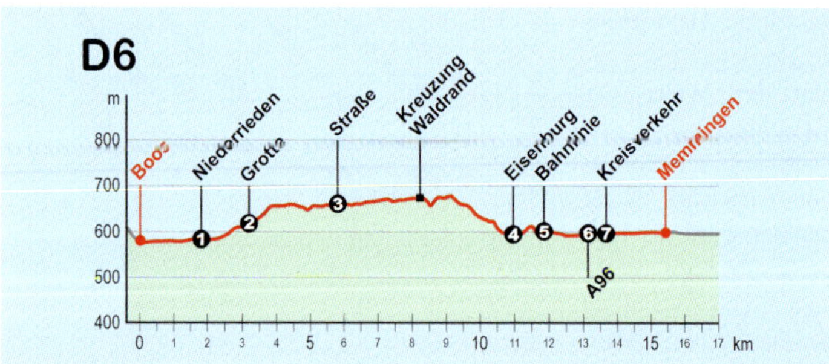

Von Niederrieden wandern Sie östlich durch den Ort und dann auf dem Grottenweg zur Grotte ❷. Sie bleiben auf dem Waldweg bis zu einer T-Kreuzung. Hier zweigen Sie nach links ab, erreichen eine Straße, gehen gleich wieder nach links (die Straße verlassend) und folgen dem Weg bis zum Wald. Kurz nach dem Beginn des Waldes biegen Sie nach rechts ab. Die Muschelmarkierungen führen Sie geradeaus weiter, bis Sie auf eine Straße ❸ treffen. Hier orientieren Sie sich nach links und gleich wieder nach rechts. An einer Kreuzung im Wald gehen Sie

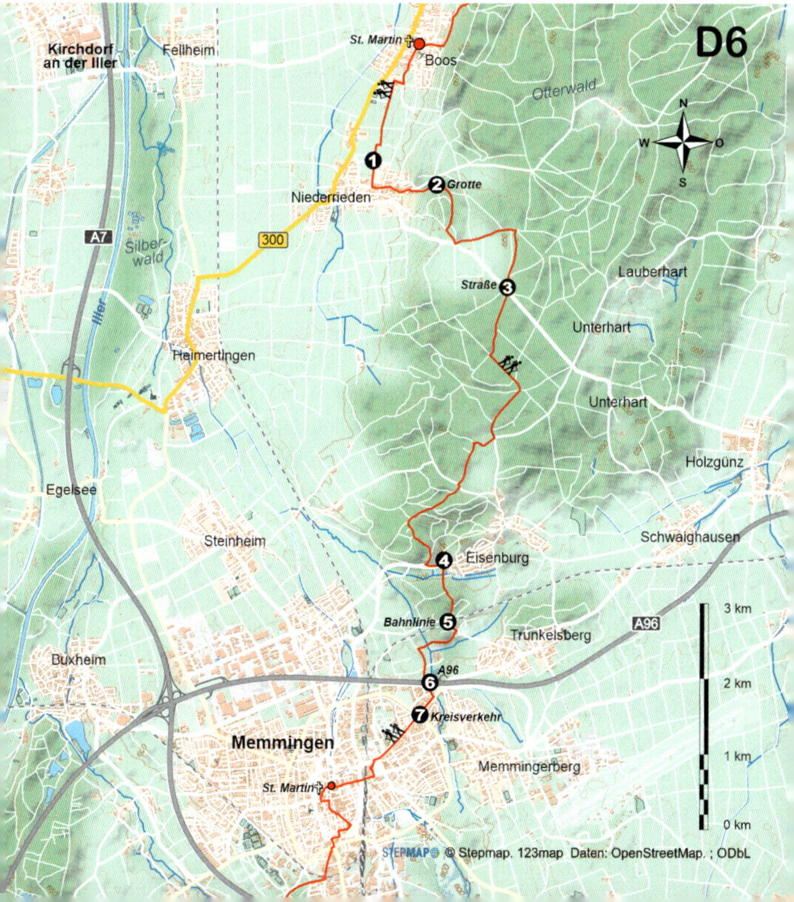

nach links und wenig später wieder nach rechts. Sie kommen zum Waldrand und erreichen eine weitere Kreuzung. Hier gehen Sie nach rechts. Es wechseln nun Abschnitte im Wald mit freiem Gelände.

Sie überqueren eine Straße, biegen kurz nach links ab, tauchen dann aber gleich wieder auf einem Forstweg nach rechts in den Wald ein. Im Wald ignorieren Sie die Abzweigungen nach rechts und folgen dem Weg nach links zur Straße nach Eisenburg ❹. Hier orientieren Sie sich kurz nach links, verlassen die Straße aber gleich wieder nach rechts auf einen Schotterweg. Dieser bringt Sie zum Wald, in dem der Weg steil aufwärtsführt. An der folgenden Kreuzung bleiben Sie auf dem Weg geradeaus. Der Weg führt abwärts zu einer Straße und einem Viadukt. Unter diesem gehen Sie unter der Bahnlinie ❺ hindurch. Gleich danach verlassen Sie die Straße nach rechts.

Der Weg führt in westlicher Richtung am Waldrand entlang bis zu einem einseitig mit Bäumen bewachsenen Weg. Hier wenden Sie sich nach links und unterqueren die A96 ❻. Sie treffen auf die Münchner Straße und wandern auf dieser in Richtung Stadtzentrum von Memmingen. An einem Kreisverkehr ❼ gehen Sie geradeaus bis zur Lindenbadstraße. Auf dieser spazieren Sie weiter zum Gasthof Lindenbad. Hier zweigt nach links ein Fußweg ab. Nach einem Parkplatz bringt der Jakobsweg Sie zu einer Unterführung. Hier gehen Sie unter den Gleisen hindurch und gelangen anschließend in die Kalchstraße. Auf ihr wandern Sie geradeaus bis zum Marktplatz von **Memmingen**.

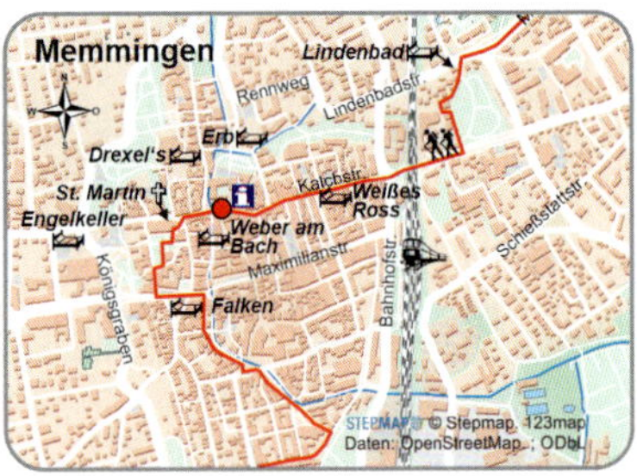

Memmingen, 44.712 Ew., ⇧ 599 m

Stadtinformation Memmingen, Marktplatz 3, 87700 Memmingen,
☏ 083 31/885 01 72, info@memmingen.de,
www.tourismus-memmingen.de, Mo-Fr 10:00-17:00, Sa 10:00-13:00

Drexel's Parkhotel/Kastanienhof, Ulmer Straße 7, 87700 Memmingen,
☏ 083 31/93 20, info@parkhotel-memmingen.de,
www.parkhotel-memmingen.de, Ü EZ ab € 68, DZ ab € 91,
pilgerfreundliche Unterkunft, tgl. 11:30-14:00 und 17:30-21:00

- ♦ Hotel Engelkeller, Königsgraben 9, 87700 Memmingen, ☏ 083 31/984 44 90, info@engelkeller.de, www.engelkeller.de, Ü EZ ab € 95, DZ ab € 130, Mo-Sa 11:30-13:30 und 17:30-21:00
- ♦ Hotel Restaurant Weber am Bach, Untere Bachgasse 2, 87700 Memmingen, ☏ 083 31/24 14, weinstube@weber-am-bach.de, www.weber-am-bach.de, Ü EZ ab € 75, DZ ab € 98, F € 12,50, Di-So 11:00-14:00 und 17:30-23:00, Mo 17:30-23:00
- ♦ Hotel Weißes Ross, Salzstraße 12, 87700 Memmingen, ☏ 083 31/93 60, info@hotelweissesross.de, www.hotelweissesross.de, Ü EZ ab € 80, DZ ab € 112, tgl. 12:00-14:00 und 18:00-22:00
- Hotel Falken Garni, Roßmarkt 3-5, 87700 Memmingen, ☏ 083 31/945 10, info@hotel-falken-memmingen.com, www.hotel-falken-memmingen.com, ÜF EZ ab € 96, DZ ab € 136
- ♦ Pension Erb, Zollergraben 5, 87700 Memmingen ☏ 083 31/848 68, www.pension-erb.de, ÜF EZ € 62, DZ ab € 96

Marktplatz in der Altstadt Memmingen © Alwin Zwibel, Stadt Memmingen

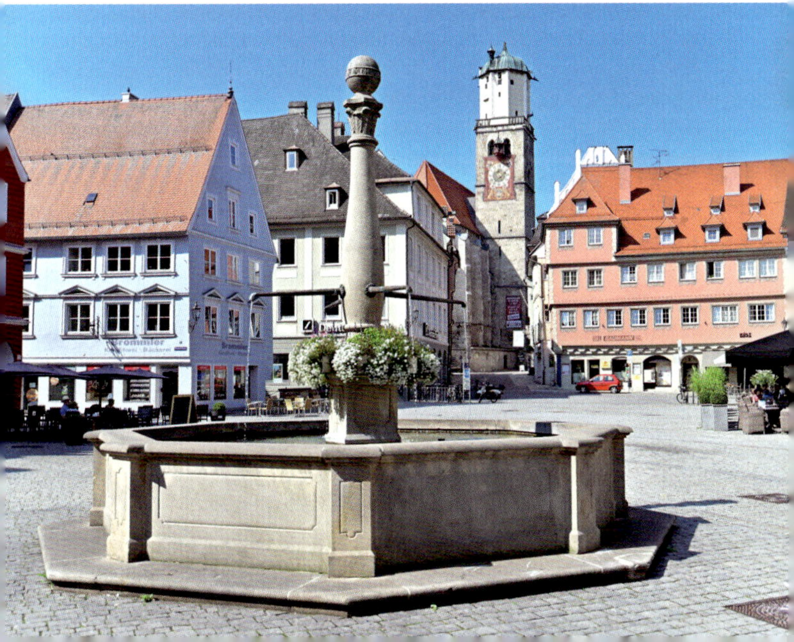

Die Stadtinformation vermittelt weitere Unterkünfte.
St.-Martins-Kirche
Linie 965 nach Bad Grönenbach
Zugverbindung nach München und Ulm

Memmingen entstand vermutlich in spätrömischer Zeit. Etwa im 5. Jahrhundert gründete der Alemanne Mammo, auf den der heutige Stadtname zurückgeht, an dieser Stelle eine Siedlung.

Durch die Salzstraßen aus Böhmen, Österreich und München nach Lindau und die Italienstraße aus Norddeutschland in die Schweiz und nach Italien erlangte der Handelsposten im Mittelalter zunehmend an Bedeutung. Erstmalig erwähnt wurde der Ort als Mammingin im Jahr 1128. Um das Jahr 1158 erhielt Memmingen durch Herzog Welf VI. das Stadtrecht. 1286 wurde die Stadt durch Rudolf I. von Habsburg zur freien Reichsstadt erklärt und damit direkt dem Kaiser unterstellt.

Im Bauernkrieg von 1525 proklamierten die aufständischen Bauersleute in Memmingen mit den sogenannten zwölf Artikeln die erste Menschenrechtserklärung der Welt. Anfang des 16. Jahrhunderts gehörte Memmingen zum Zentrum der Reformation. Die Stadt war im Jahr 1529 bei der protestantischen Minderheit am Reichstag zu Speyer vertreten. Ihre Bürgerschaft forderte die ungehinderte Ausbreitung des evangelischen Glaubens.

1630 rückte die Stadt wieder in den Blickpunkt der europäischen Politik, als Wallenstein im Dreißigjährigen Krieg in die Stadt einzog und dort für ein paar Wochen Ruhe in den Wirren der Zeit durchsetzte. In der Stadtchronik heißt es auch: „Es hat Glück und Heyl gewest!“ Allerdings wurde Wallenstein in Memmingen als Oberbefehlshaber der kaiserlichen Truppen abgesetzt.

Architektonische Meisterwerke bezeugen noch heute die wirtschaftliche und kulturelle Blüte der mittelalterlichen Handelsstadt. Ein sehr großer Teil der mittelalterlichen Altstadt hat die Weltkriege und die Nachkriegsjahre nahezu unbeschadet überstanden. Darunter sind auch noch acht Tore und Türme sowie ca. 2 km Stadtmauer.

Erhalten sind ebenfalls viele Bürgerhäuser (darunter auch mehrere barocke Palazzi) sowie die vielen pittoresken Straßenzüge, durch die der Stadtbach fließt. Vor allem der mittelalterliche Marktplatz mit dem Steuerhaus und dem Renaissancerathaus trägt zum Stadtbild bei. Memmingen ist auch als Station für Jakobspilgerinnen und Jakobspilger im Mittelalter belegt.

D7. Von Memmingen nach Bad Grönenbach

➲ *22,7 km, ⌛ 6 Std., ↑ 281 m, ↓ 184 m, ⇧ 595-735 m*

0,0 km	⇧ 599 m	Memmingen
12,5 km	⇧ 693 m	Kronburg
22,7 km	⇧ 718 m	Bad Grönenbach

In **Memmingen** folgen Sie dem Roten Weg, der Sie an den Sehenswürdigkeiten der Stadt, wie dem Steuerhaus, der St.-Martins-Kirche und dem Schrannenplatz, vorbeiführt. Am Frauenkirchplatz verlassen Sie den Roten Weg. Bleiben Sie auf der Steinbogenstraße bis zum Kemptner Tor. Auf der Kemptner Straße treten Sie aus der schönen Altstadt heraus. Sie gehen rechts in den Kaisergraben und gleich wieder links in die Zellerbachstraße. Sie überqueren die Pulvermühlstraße und spazieren auf der gegenüberliegenden Seite in den Dickenreiser Weg. Diesem folgen Sie bis zu den Gleisen ❶. Gleich danach biegen Sie nach rechts ab und wandern teilweise parallel zur Straße stadtauswärts. Sie gehen unter der Autobahn hindurch und lassen sich vom Jakobsweg weiter geradeaus bis nach Dickenreishausen ❷ bringen.

Der Jakobsweg leitet Sie östlich am Ort vorbei und weiter geradeaus. Er führt lange Zeit am Waldrand entlang, taucht nach einer Straße ❸ aber doch in den Wald ein. Kurz vor Oßlang ❹ gelangen Sie an eine Einmündung. Hier zweigen Sie scharf links ab und wandern nach Süden weiter. Sie verlassen den Wald und kommen an eine breite Straße ❺. Diese überqueren Sie und biegen scharf links ab. Sie folgen dem Feldweg und wenden sich an der zweiten Abzweigung nach

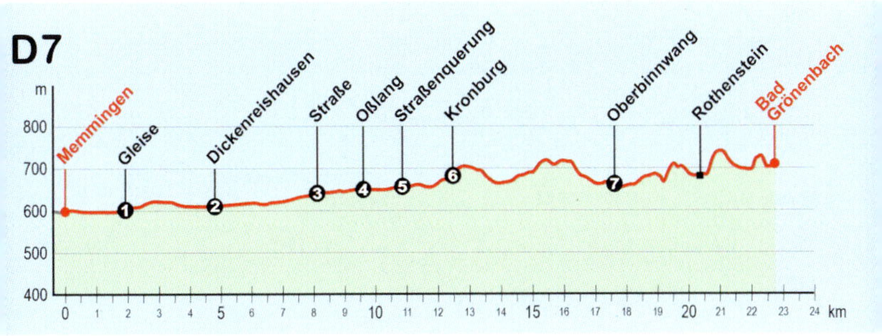

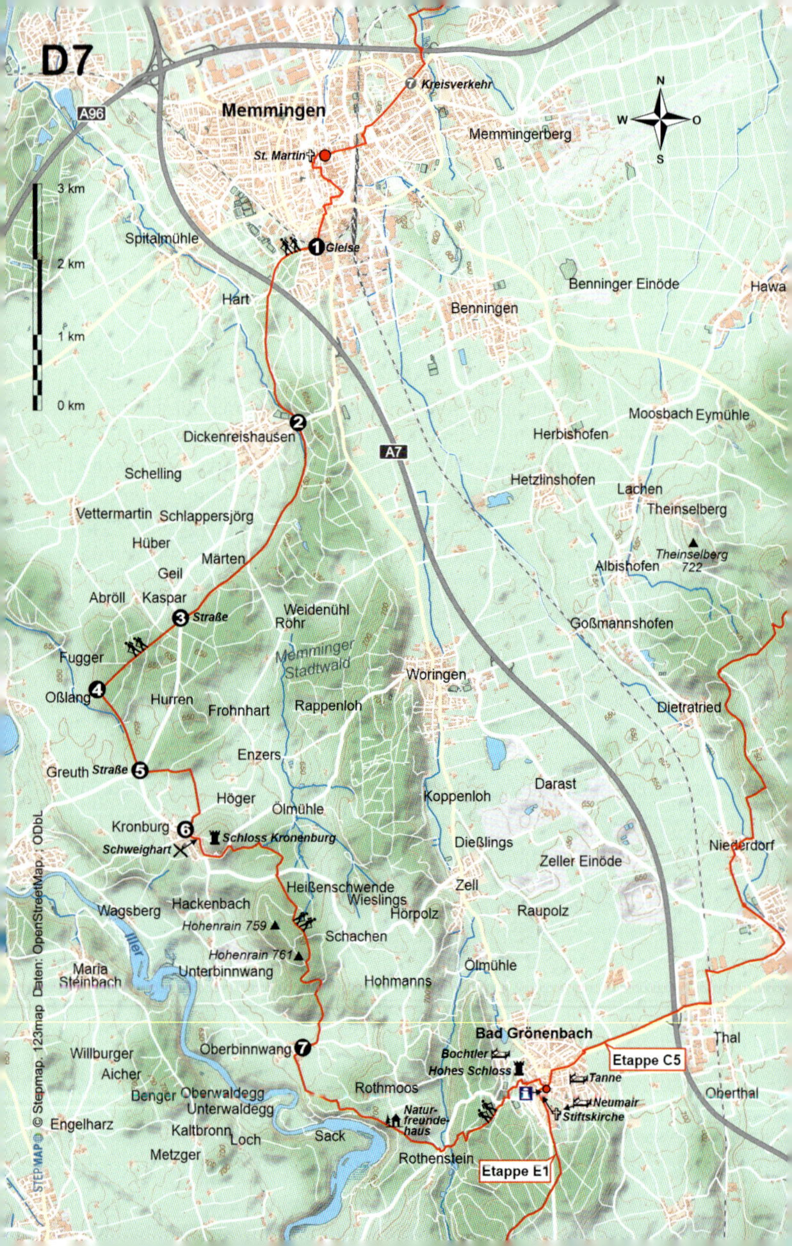
D7
Memmingen
Kreisverkehr
Memmingerberg
St. Martin
A96
Gleise
Spitalmühle
Hart
Benninger Einöde
Hawa
Benningen
3 km
2 km
1 km
0 km
Dickenreishausen
Moosbach Eymühle
Herbishofen
A7
Schelling
Hetzlinshofen
Lachen
Theinselberg
Vettermartin
Schlappersjörg
Hüber
Märten
Theinselberg 722
Albishofen
Geil
Abröll
Kaspar
Straße
Weidenühl
Rohr
Goßmannshofen
Fugger
Memminger Stadtwald
Woringen
Oßlang
Hurren
Frohnhart
Rappenloh
Dietratried
Enzers
Greuth
Straße
Darast
Höger
Koppenloh
Ölmühle
Kronburg
Schloss Kronenburg
Dießlings
Niederdorf
Schweighart
Zeller Einöde
Heißenschwende
Wieslings
Zell
Wagsberg
Hackenbach
Hörpolz
Raupolz
Hohenrain 759
Schachen
Iller
Hohenrain 761
Maria Steinbach
Unterbinnwang
Ölmühle
Hohmanns
Bad Grönenbach
Thal
Willburger
Oberbinnwang
Bochtler
Etappe C5
Aicher
Hohes Schloss
Tanne
Benger
Oberwaldegg
Rothmoos
Oberthal
Unterwaldegg
Natur-freunde-haus
Neumair
Stiftskirche
Engelharz
Kaltbronn
Loch
Sack
Metzger
Rothenstein
Etappe E1
© Stepmap. 123map Daten: OpenStreetMap, ODbL

rechts. Sie gehen auf dem Feldweg bis zur Weiherstraße, der Sie kurz nach rechts folgen, um dann nach links in einen Weg abzubiegen, der Sie zur Hauptstraße von **Kronburg ❻** bringt.

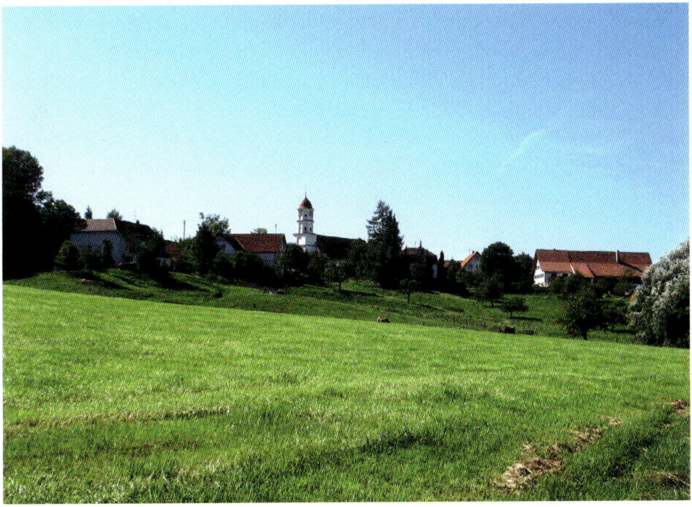

Ortsansicht von Kronburg (h)

Kronburg ✕ ♜, 1.802 Ew., ⇧ 693 m

✕ Brauerei und Gastwirtschaft Schweighart (Zur Krone), Hauptstraße 21, 87758 Kronburg, ☏ 083 94/237, ✉ info@brauerei-kronburg.de, 💻 www.brauerei-kronburg.de, 🚪 Do und Fr ab 16:30, Sa und So 11:00-22:00

♜ Schloss Kronburg, Burgstraße 1, 87758 Kronburg, ☏ 083 94/16 71, ✉ info@schloss-kronburg.de, 💻 www.schloss-kronburg.de, 🚪 Innenhof und Rundweg ums Schloss ganzjährig geöffnet, Führungen von Ende April bis Anfang Oktober nach telefonischer Voranmeldung für Gruppen ab 15 Personen möglich (☏ 083 94/271)

Um 1200 entstand die Kronburg als staufischer Ministerialsitz. Urkundlich wurde die Burg 1227 erstmals genannt. Nachdem die Linie der Herren von Kronburg ausgestorben war, fielen die Besitzungen an das Reich zurück. Im 14. Jahrhundert war Kronburg eine habsburgische Pfandschaft mit wechselnden Besitzern.

Das heutige Aussehen der Schlossanlage geht auf die Jahre 1490 bis 1536 zurück. 1619 übernahm Johann Eustachius von Westernach, der von 1625 bis 1627 Hochmeister des Deutschen Ordens war, die Anlage. Allerdings litt die Burg im Dreißigjährigen Krieg und durch Abbruch einiger Teile im Spanischen Erbfolgekrieg (1704). Erst der Augsburger Weihbischof Johann Eglof Freiherr von Westernach (1649-1707) machte sich um den Wiederaufbau der Kronburg verdient. 1841 verlor das Haus Westernach seinen letzten männlichen Erben, Anton Freiherr von Westernach. Seine Schwester Maria Theresia heiratete 1844 Maximilian Johann Theodor Freiherrn von Vequel. 1852 erfolgte die Namens- und Wappenvereinigung der Linien. Noch heute lebt die Familie von Vequel-Westernach in der Kronburg. Baron und Baronin führen persönlich durch die herrlichen Räume.

Auf der Hauptstraße gehen Sie an der Kronburg vorbei in Richtung Süden bis zum Ortsende. Dort zweigen Sie nach links ab auf die Straße in Richtung Woringen. Vor dem Waldrand orientieren Sie sich nach rechts und spazieren kurz am Waldrand entlang. Nach 50 m tauchen Sie nach links in den Wald ein. Sie wandern durch den Wald bis zu einer T-Kreuzung. Hier wenden Sie sich nach rechts. Sie verlassen den Wald wieder und gelangen zu einer Straße, die Sie überqueren. Der Jakobsweg bringt Sie wieder in den Wald und schließlich zu einer Wegverzweigung. Hier nehmen Sie den rechten Weg und folgen nun immer den Markierungen bis nach Oberbinnwang ❼.

Südlich von Oberbinnwang gehen Sie am Waldrand links bis zum Waldeck am Illersteilufer hinauf. Dort geht es weiter nach links am Rechberghaus (Naturfreundehaus) vorbei. Jetzt schickt Sie ein Wegweiser nach links bis Rothenstein. In Rothenstein folgen Sie der Teerstraße kurz nach links und biegen dann nach rechts ab. Steil bergauf wandern Sie weiter durch den Grönenbacher Wald. Vorbei an einer Sportanlage erreichen Sie den Kurort **Bad Grönenbach**.

Bad Grönenbach

BANK, 5.725 Ew., ⇑ 718 m

☞ In Bad Grönenbach treffen die West- und die Ostroute wieder zusammen. Informationen zu Bad Grönenbach finden Sie bei Etappe C5, S. 108.

E. Der Jakobsweg zwischen Bad Grönenbach und Nonnenhorn

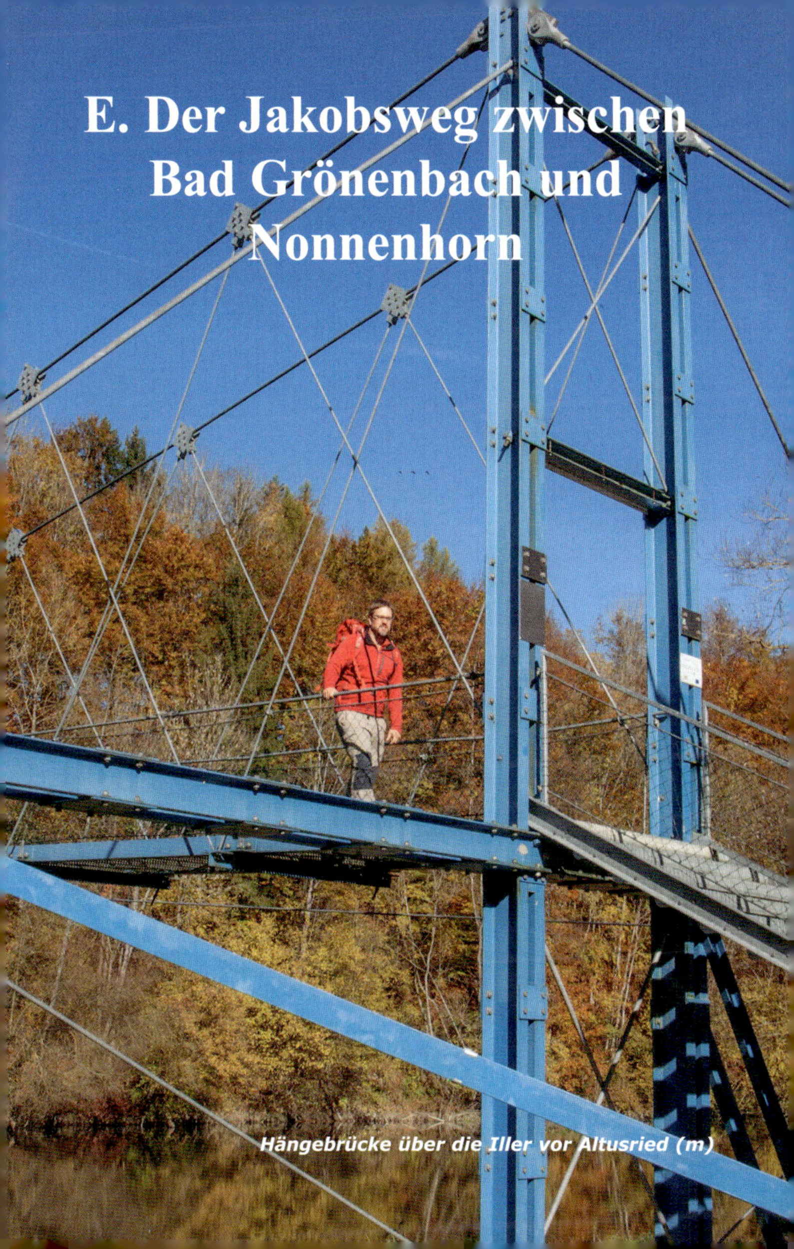

Hängebrücke über die Iller vor Altusried (m)

Der letzte Abschnitt führt durch das Allgäu zum Bodensee. Zuerst wandern Sie nach Altusried und weiter zum schönen Ort Weitnau. Über mehrere kleine Orte gehen Sie nach Lindenberg und anschließend weiter nach Lindau, direkt am See. Den Abschluss bildet die letzte Etappe nach Nonnenhorn.

E1. Von Bad Grönenbach nach Wiggensbach

20,9 km, 5 Std., ↑ 500 m, ↓ 360 m, ⇧ 634-857 m

0,0 km	⇧ 718 m	Bad Grönenbach
12,1 km	⇧ 723 m	Altusried
20,9 km	⇧ 857 m	Wiggensbach

Um **Bad Grönenbach** zu verlassen, steigen Sie die Stufen zur katholischen Pfarrkirche St. Philippus und Jakobus hinauf, wandern in südlicher Richtung über den Friedhof und folgen dann der Sebastian-Kneipp-Allee an den Kurkliniken vorbei zum Wald. An der nächsten Kreuzung nimmt Sie der Jakobsweg geradeaus in den Wald mit. An einer Kreuzung nehmen Sie den rechten Weg, dem Sie bis zur Straße folgen. Sie überqueren die Straße und wandern in gleicher Richtung weiter.

Sie gehen immer geradeaus weiter, bis Sie nach ca. 1,5 km den Wald in einer Kurve nach links verlassen. Der Jakobsweg führt Sie kurz am Waldrand entlang, taucht aber gleich wieder in den Wald ein. Der Weg bringt Sie hinunter in ein Tälchen, durch das Sie entlang eines Baches nach links gehen. Am Ende des Tälchens zweigen Sie nach rechts auf die Teerstraße ab, auf der Sie über Greit bis Manneberg ❶ wandern. Hier biegt der Jakobsweg nach Süden ab und führt weiter in Richtung

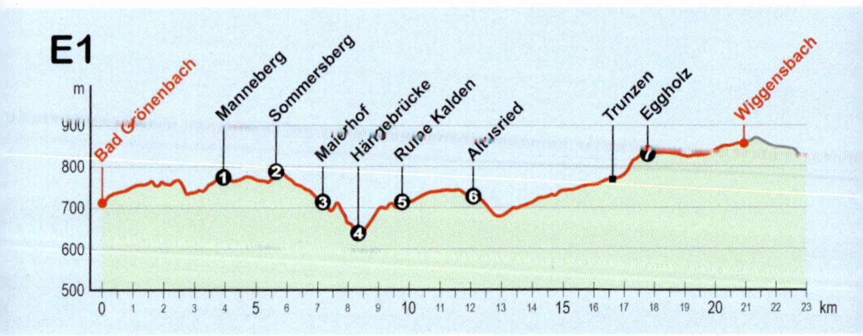

Sommersberg ❷. Sie gehen durch den Weiler und wenden sich dann nach der zweiten Abzweigung nach rechts zum Maierhof ❸. Dort steigen Sie steil nach Südosten zum Wald hinunter. Im Wald überqueren Sie einen kleinen Bach und orientieren sich nach rechts bis zu einem von links einmündenden Weg. Über freies Gelände gehen Sie wieder zum Wald und über die Treppe steil hinunter zur Hängebrücke ❹ über die Iller. Die Brücke wurde 2007 erbaut und erlaubt seitdem wieder eine direktere Verbindung zwischen Bad Grönenbach und Altusried. Sie überqueren die Brücke und wandern auf der Teerstraße nach Fischers. Dort, wo die Straße nach links abknickt, bleiben Sie auf dem Weg geradeaus. Sie gehen über die Wiese in den Wald hinein. Der Weg führt im Wald aufwärts zu einer Wiese. Sie spazieren noch kurz am Waldrand entlang und stehen anschließend an einem schönen Aussichtspunkt. Von hier genießen Sie einen wunderbaren Ausblick auf die Illerschleife. Sie folgen dem Steig am Waldrand entlang zu einer Weggabelung.

Wenn Sie hier kurz nach rechts gehen, stehen Sie vor der Burgruine Kalden ❺. Hinter der Ruine befindet sich eine Wiese, die Sie überqueren. Hier bewundern Sie einen weiteren grandiosen Blick auf die Iller.

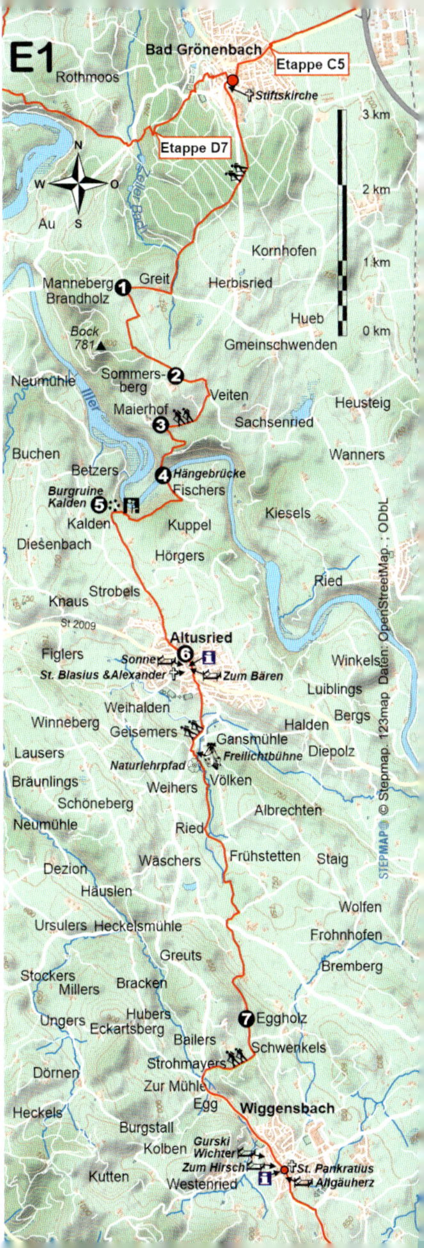

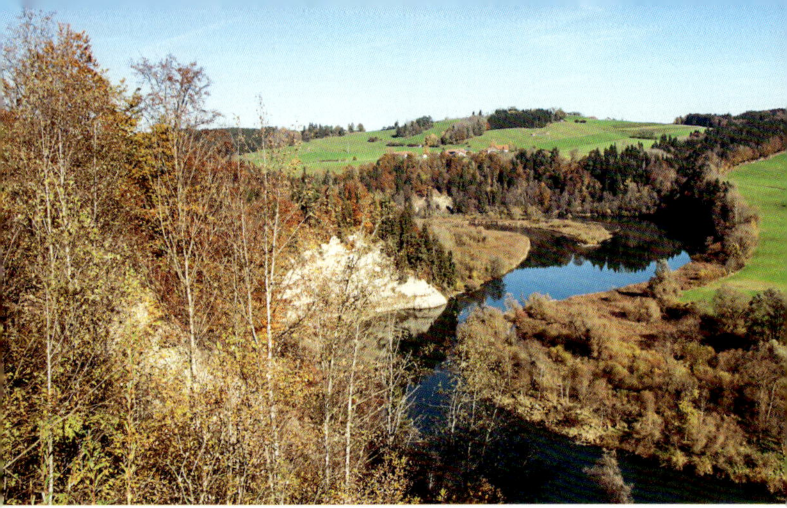

Illerschleife bei Kalden (m)

Ihr Pilgerweg führt allerdings von der Burgruine nach links. Sie gelangen zu einem Parkplatz und zu einer kleinen Straße. Auf dieser gehen Sie nach links bis zu einer Wegkreuzung. Sie bleiben auf dem Weg geradeaus und wandern auf der Kaldener Straße in die Ortsmitte von **Altusried ❻**.

Altusried , 10.361 Ew., ⇧ 723 m

- Verkehrsamt Altusried, Hauptstraße 18, 87452 Altusried, ☎ 083 73/70 51, gaesteinformation@altusried.de www.altusried.de, Mo-Fr 10:00-12:00, Mo, Mi, Fr zusätzlich 16:00-18:00
- Gasthaus Sonne, Kirchstraße 7, 87452 Altusried, ☎ 083 73/587, www.sonne-altusried.de, ÜF EZ ab € 70, DZ ab € 120, Mo, Di, Fr, Sa 17:00-23:00, So 11:00-22:00
- ♦ Gasthof Zum Bären, Hauptstraße 20, 87452 Altusried, ☎ 083 73/333, info@zumbären-altusried.de, www.zumbären-altusried.de, ÜF EZ € 45, DZ € 90, Mi-Sa 11.00-20:00, So 11:00-21:00
- ✕ Ristorante Pizzeria Roma, Kirchstraße 14, 87452 Altusried, ☎ 083 73/92 21 41, Mo-Sa 17:00-22:00, So 12:00-22:00
- ♠ Restaurant Rosinante, Im Tal 7b, 87452 Altusried, ☎ 083 73/98 77 63, Fr, Sa 18:00-23:00, So 17:00-23:00
- Cafe-Bistro Andreas Hofer, Rathausplatz, 87452 Altusried, ☎ 083 73/15 86, Mo-Sa ab 16:00, So ab 14:30

✝ Pfarrkirche St. Blasius und Alexander
⊙ Pfarrkirche St. Blasius und Alexander
Freilichtbühne Altusried, 87452 Altusried, ☏ 083 73/922 00, kb@altusried.de,
www.allgaeuer-freilichtbuehne.de
Linie 66 nach Kempten, von dort Zuganschluss nach Ulm und München

Die Besiedlungsgeschichte von Altusried reicht sehr lang zurück. Aus der Zeit um 1000 v. Chr. fanden Archäologen Waffen, Gerätschaften und Schmuck aus der Bronzezeit. 1180 wurde „Bertholdus de Altungisried" erstmals urkundlich erwähnt. Im Pestjahr 1353 wurde die Bevölkerung fast um die Hälfte reduziert. Auch mehrere Feuersbrünste vernichteten Teile der Ortschaft.

1877 wurde die Freilichtbühne errichtet und mit dem Stück „Der bayerische Hiasl" eröffnet. Inzwischen finden alle drei Jahre die Allgäuer Festspiele statt, die sicher das bekannteste Aushängeschild von Altusried sind. Allein im Sommer 2013 verfolgten rund 60.000 Besucherinne und Besucher Cervantes „Don Quijote". Danach folgten Robin Hood und Artus. Neben den Festspielen finden auch Konzerte, Musicals sowie das jährliche Sommermärchen statt.

Nachdem die Schiffspfeiler der Pfarrkirche St. Blasius und Alexander im Jahr 1670 zusammengestürzt waren, wurde eine neue Kirche gebaut. Hier grüßt Sie am Chorbogen der überlebensgroße, goldene heilige Jakobus.

In Altusried orientieren Sie sich an der Beschilderung der Freilichtbühne. Hinter der Bühne biegen Sie nach links in den Naturlehrpfad ein. Hier geht es bergauf und bergab durch den Wald am Riedbach entlang, bis Sie in Ried auf eine asphaltierte Straße stoßen. Dieser folgen Sie nach links und zweigen nach 400 m nach rechts ab. Der Weg bringt Sie in den Wald und beschreibt eine Kurve nach links. Sie gehen kurz am Waldrand entlang und biegen dann nach rechts ab zum gegenüberliegenden Wald. Weiter führt Sie der Jakobsweg am Waldrand entlang und erreicht eine Straße. In diese biegen Sie nach rechts ein und wandern bis zur nächsten Straßenkreuzung. Hier überqueren Sie die Straße und folgen dem Straßenschild „Trunzen". In diesem Weiler zweigen Sie nach rechts auf einen Feldweg ab und gehen bergauf. Bei der nächsten Weggabelung nach 200 m nehmen Sie die Abzweigung nach links. Am Wald entlang führt der Weg auf die geteerte Straße, die Sie nach links zu den Häusern von Eggholz ❼ bringt. Sie folgen der Straße noch weiter geradeaus bis zu einer Kreuzung auf einer Anhöhe. Hier biegen Sie nach rechts ab und gehen nach Strohmayers. Sie spazieren durch den Ort und wandern über die Weiler Zur Mühle und Egg nach **Wiggensbach**.

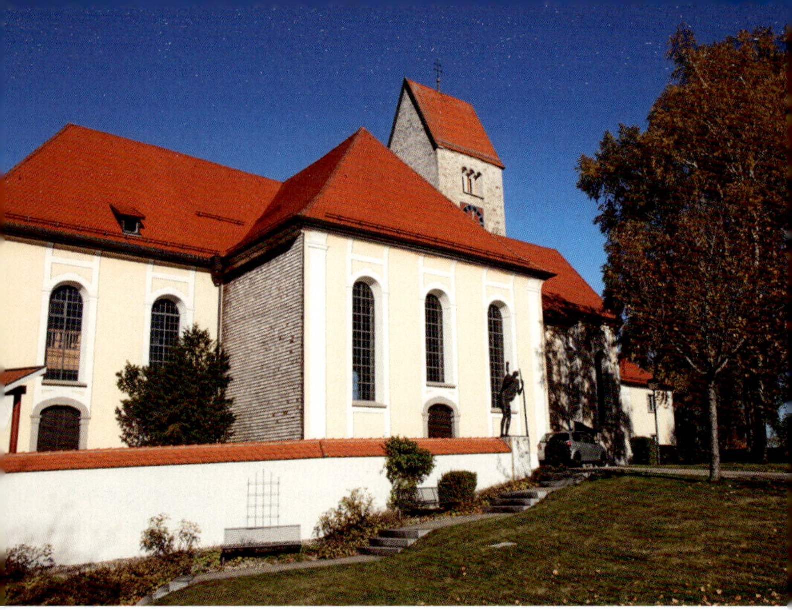

Wiggensbacher Kirche (m)

Wiggensbach

, 5.056 Ew., ⇧ 857 m

Markt Wiggensbach, Marktplatz 3, 87487 Wiggensbach, 083 70/920 00, info@wiggensbach.de, www.wiggensbach.de, Mo-Fr 8:00-12:00, Mo zusätzlich 14:00-18:00, Mi zusätzlich 14:00-16:00

Gasthof zum Hirsch, Rohrachstraße 7, 87487 Wiggensbach, 083 70/253, info@gasthof-hirsch-wiggensbach.de, www.bockwirt.net, ÜF EZ ab € 68, DZ ab € 35, Do-Sa ab 17:00, So ab 10:00

Mäsers Allgäuherz, Marktplatz 1, 87487 Wiggensbach, 083 70/206, info@maesers.de, www.allgaeuherz.de, ÜF EZ ab € 55, DZ ab € 71, nur für Hotelgäste (Mo-Sa)

♦ Privatzimmer Gurski, Im Steinrüssel 17, 87487 Wiggensbach, 083 70/87 12, Turbo-eri@t-online.de, www.gaestezimmer-erika.de, ÜF ab € 35

♦ Privatzimmer Wichter, Im Steinrüssel 15, 87487 Wiggensbach, 083 70/10 72, ts-wichter@t-online.de, ÜF ab € 30, EZ-Zuschlag € 7

Gasthof Zum Kapitel, Marktplatz 5, 87487 Wiggensbach, 083 70/922 64 04, Mo, Do-Sa 11:00-14:00 und 17:00-23:00, So 10:00-22:00

✝ St. Pankratius

⊙ Gasthof zum Hirsch

Linie 40 nach Kempten, dort Zuganschluss nach München und Ulm

Der Ort wurde 1182 erstmals als Witingisbach in der Isnyer Klosterchronik offiziell erwähnt. Die Herkunft des Ortsnamens ist letztendlich nicht geklärt. Eine Theorie besagt, dass der Name von einem Einsiedler namens Witigo oder Witgouvo stammt, der sich im Jahr 864 im Nibelgau niedergelassen haben soll. Die andere Theorie entstammt der Isnyer Klosterchronik, in der es heißt: „Bei der Erbauung des neuen Klosters zu Isny haben mit ihren Beiträgen geholfen: der Volkspriester Martin von Wittingisbach mit seiner Gemeinde ..."

Die Burg Suseck, abgebildet auf dem Gemeindewappen, wurde 1525 zerstört. 1634 wurde der Markt des Stiftes Kempten nach Wiggensbach verlegt, 1670 wurde der Wochenmarkt auch wieder in der Stadt abgehalten, bevor er drei Jahre später wieder endgültig nach Kempten abgegeben wurde. Wahrscheinlich wurde in Wiggensbach auch ein Jahrmarkt an Kirchweih abgehalten.

Von 1770 bis 1777 wurde die Kirche komplett renoviert – das umfasste unter anderem den Abriss und Neuaufbau des alten Kirchenschiffes sowie die Beschaffung einer komplett neuen Inneneinrichtung, inklusive der Altäre und der Orgel. Der Baumeister war Johann Georg Specht.

E2. Von Wiggensbach nach Weitnau

23,9 km, 6 Std. 15 Min., ↑ 375 m, ↓ 44646 m, ⇧ 788-1.105 m

0,0 km	⇧ 857 m	Wiggensbach
2,4 km	⇧ 825 m	Ermengerst
6,8 km	⇧ 876 m	Buchenberg
14,4 km	⇧ 969 m	Rechtis
23,9 km	⇧ 797 m	Weitnau

Wiggensbach verlassen Sie auf der Sonnenstraße, die aus dem Ort führt. Auf dem Rad- und Fußweg entlang der Straße wandern Sie über Wendelins und Unterried nach **Ermengerst ❶**. Sie gehen in den Ort zur Kirche St. Johannes der Täufer. Wenig später trifft der Bayerisch-Schwäbische Jakobsweg mit dem Jakobsweg aus München zusammen. Eine Jakobsinformationstafel unterhalb der Kirche weist darauf hin.

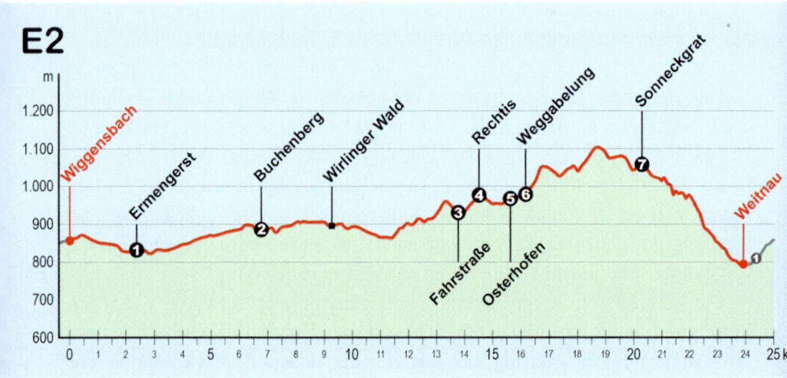

Ermengerst

🛏 ✕ ✝ ⊙ 🚌, 1.050 Ew., ⇧ 825 m

🛏 ✕ Landgasthof Alte Säge, Römerstraße 2, 87487 Ermengerst, Mi-Fr 10:30-14:00 und 17:00-24:00, Sa 15:00-24:00 und So 10:00-24:00, ☏ 083 70/92 99 90, ✉ info@alte-saege.de, 💻 www.alte-saege.de, ÜF ab € 47 p. P., Mo-Di Ruhetag

✝ Pfarrkirche St. Johannes der Täufer

⊙ Pfarrkirche St. Johannes der Täufer

🚌 Linie 40 nach Kempten, ab dort Zugverbindung nach München und Ulm

Ermengerst ist ein Ortsteil von Wiggensbach. In Ermengerst ist man stolz darauf, dass schon vor Wiggensbach im Jahr 1037 die „Ermengerster Burg" als Sitz eines stiftskemptischen Dienstmannengeschlechts erwähnt wurde.

Der Kirchenpatron von Ermengerst ist der heilige Johannes der Täufer. Daher wird vermutet, dass Ermengerst als früher Taufkirchort schon vor der Jahrtausendwende bestand.

In Ermengerst folgen Sie den Wegweisern zur Ortsmitte und stoßen dort unterhalb der Kirche auf den Radweg, der entlang der ehemaligen Bahntrasse hinein nach **Buchenberg** ❷ führt.

Buchenberg

ℹ 🛏 ✕ 🛒 BANK ✝ 🚌, 4.212 Ew., ⇧ 895 m

ℹ Tourist-Info Buchenberg, Rathaussteige 2, 87474 Buchenberg, ☏ 083 78/92 02 22, ✉ tourismus@buchenberg.de, 💻 www.buchenberg.de, Mo-Fr 8:00-12:00, Mo auch 13:00-17:30, Do auch 13:00-16:30

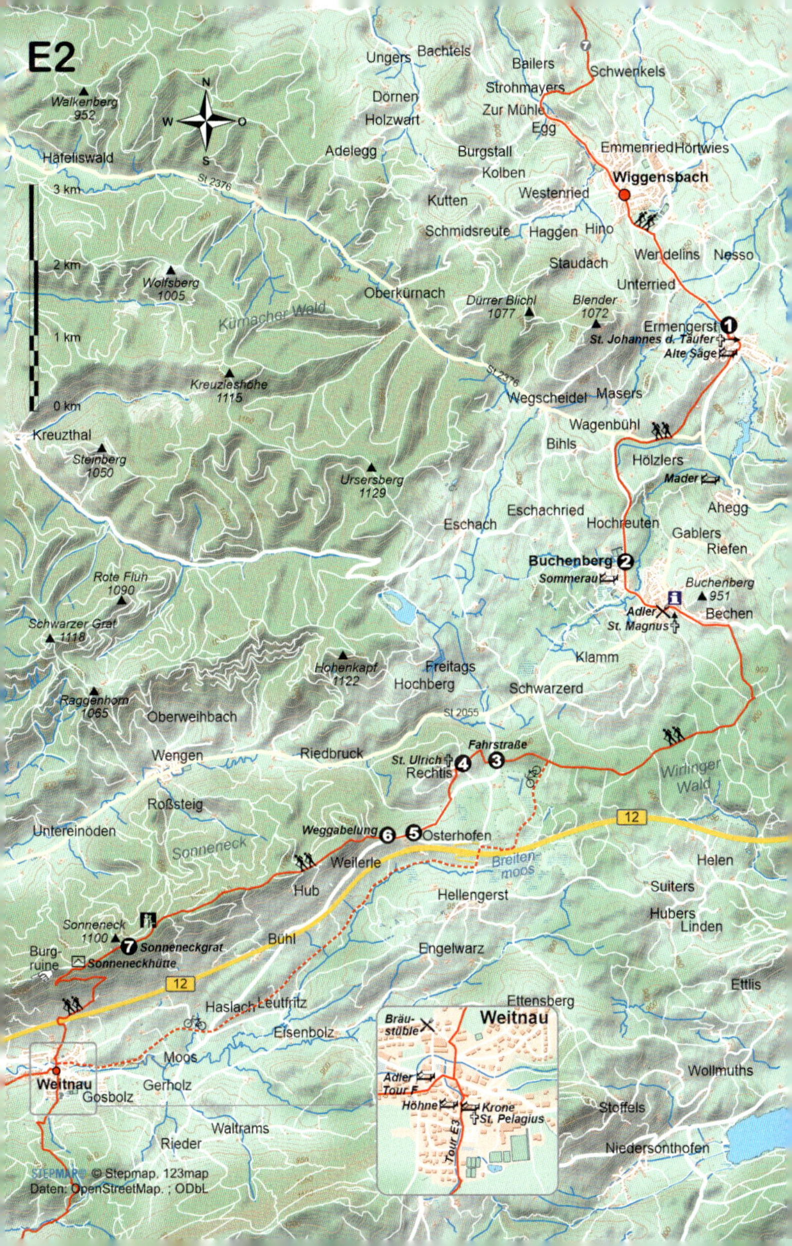
E2
N
W
O
S
3 km
2 km
1 km
0 km
Walkenberg 952
Häfeliswald
St 2376
Wolfsberg 1005
Kürnacher Wald
Kreuzleshöhe 1115
Kreuzthal
Steinberg 1050
Ursersberg 1129
Rote Fluh 1090
Schwarzer Grat 1118
Hohenkapf 1122
Raggenhorn 1065
Oberweihbach
Wengen
Riedbruck
Roßsteig
Untereinöden
Sonneneck
Sonneneck 1100
Sonneneckgrat
Burg-ruine
Sonneneckhütte
Ungers
Bachtels
Dörnen
Holzwart
Adelegg
Bailers
Strohmayers
Zur Mühle
Egg
Schwenkels
Burgstall
Kolben
Kutten
Westenried
Emmenried
Hortwies
Wiggensbach
Schmidsreute
Haggen
Hino
Staudach
Wendelins
Nesso
Unterried
Oberkürnach
Dürrer Bichl 1077
Blender 1072
Ermengerst
St. Johannes d. Täufer
Alte Säge
Wegscheidel
Masers
Wagenbühl
Bihls
Hölzlers
Mader
Eschachried
Ahegg
Eschach
Hochreuten
Gablers
Riefen
Buchenberg
Sommerau
Buchenberg 951
Adler
St. Magnus
Bechen
Klamm
Freitags
Hochberg
Schwarzerd
St 2055
Fahrstraße
St. Ulrich
Rechtis
Wirlinger Wald
12
Weggabelung
Osterhofen
Weilerle
Breitenmoos
Hub
Helen
Hellengerst
Suiters
Hubers
Linden
Bühl
Engelwarz
Ettlis
Haslach
Leutfritz
Ettensberg
Eisenbolz
Moos
Weitnau
Gosbolz
Gerholz
Wollmuths
Waltrams
Stoffels
Rieder
Niedersonthofen
Bräu-stüble
Adler
Tour F
Höhne
Krone
St. Pelagius
Tour E3
STEPMAP® © Stepmap, 123map
Daten: OpenStreetMap. ; ODbL

🛏 ✕ Landgasthof-Hotel Sommerau, Eschacher Straße 35, 87474 Buchenberg, ☏ 083 78/94 09 30, 💻 www.landhaus-sommerau.de, ÜF EZ ab € 90, DZ ab € 120, HP-Zuschlag € 32, 🚪 Mo-Sa 12:00-22:00 und So 12:00-20:00

♦ Gasthaus Pension Kreuz, Kreuzthal, Dorfstraße 1, 87474 Buchenberg, ☏ 075 69/93 00 47, ÜF EZ ab € 45, DZ ab € 70, 🚪 Mi-So 11:00-23:00

🛏 Monika Mader, Auf der Halde 175, 87474 Buchenberg-Ahegg, ☏ 083 78/75 32, ✉ info@ferienhof-mader.de, 💻 www.ferienhof-mader.de, Ü im beheizbaren Gartenhäuschen, Preise erfragen. Der Bauernhof liegt bei Ahegg auf einer Alternativroute des Jakobsweges vor Buchenberg. Diese führt von Ermengerst über den Herrenwieser Weiher und Ahegg nach Buchenberg.

✕ Wirtshaus Adler, Lindauer Straße 15, 87474 Buchenberg, ☏ 083 78/992 81 95, 💻 www.adler-wirtshaus.de, 🚪 Mi-Sa 11:30-14:00 und 17:00-22:00, So 11:30-22:00

✝ Pfarrkirche St. Magnus, Georgskapelle

🚌 Linie 50 nach Kempten, von dort Zugverbindung nach München und Ulm

Buchenberg wird auch als die Sonnenterrasse des Allgäus bezeichnet. 1460 kam es hier zur Schlacht am Buchenberg, die zwischen 334 Schweizer Söldnern und 1.300 Soldaten des Kemptener Fürstabtes entbrannte und mit dem Sieg der Schweizer endete. Die Georgskapelle, die ein Jahr später errichtet wurde, und das Wappen der Gemeinde, das eine Axt und ein Schwert zeigt, erinnern heute noch an das blutige Geschehen.

Die Pfarrkirche St. Magnus wurde 1792 neu gebaut. Neben der Eingangstür befindet sich eine Informationstafel zum Jakobsweg.

Sie folgen den Markierungen durch den Ort. Auf der Wirlinger Straße wandern Sie in östlicher Richtung aus Buchenberg heraus. Sie kommen an der Kirche St. Magnus vorbei und verlassen den Ort mit dem Ziel Wirlinger Wald. Kurz nach dem Ortsschild geht es rechter Hand über einen Parkplatz auf den Waldpfad, dem Sie weiter folgen.

☺ ↳ Sollten Sie nach dem anstrengenden Auf und Ab der Hügel im Allgäu müde Beine haben, können Sie kurz vor Rechtis an einer großen Waldkreuzung nach links auf einen großen Radweg abbiegen. Vor Hellengerst passieren Sie die Wasserscheide Donau-Rhein. Sie unterqueren die Schnellstraße und kommen auf diesem Weg relativ flach entlang des Allgäu-Radweges ebenfalls nach Weitnau. Damit sparen Sie sich ein paar Anstiege auf der Hauptroute.

Bleiben Sie auf dem beschilderten Jakobsweg, dann steigen Sie zunächst bergauf, verlassen aber nach 500 m den Wanderweg, der zurück nach Buchenberg führt, nach links. Nach wenigen Metern überqueren Sie die Fahrstraße nach Osterhofen ❸. Auf einem schmalen Pfad spazieren Sie zum Bach hinunter, passieren ein Viehgatter und wandern weiter auf dem Pfad, der Sie steil hinauf bis nach **Rechtis** ❹ bringt.

Rechtis

🛏 ✝ ⊙ 🚌, 606 Ew., ⇧ 969 m

✝ Pfarrkirche St. Ulrich

⊙ Pfarrkirche St. Ulrich

🚌 Linie 50 nach Weitnau und Buchenberg sowie nach Kempten, in Kempten Zuganschluss nach Ulm und München

Rechtis ist ein Ortsteil von Weitnau, der etwas oberhalb des Tales liegt. Im Dorf befindet sich die katholische Kirche St. Ulrich.

Gehen Sie in Rechtis an der Kirche vorbei in südwestlicher Richtung wieder ortsauswärts. Einer kleineren Straße folgen Sie nach rechts Richtung Weitnau.

Sie erreichen den Weiler Osterhofen ❺, an dessen Ende Sie eine Weggabelung ❻ erreichen, an der Sie sich nach rechts orientieren. Dieser Weg führt bergauf zum Sonneckgrat ❼. Fast 5 km nimmt Sie der Grat über Alpwiesen und Waldzonen mit, teilweise mit spektakulärem Blick auf die gegenüberliegenden Berge. Wandern Sie einfach geradeaus, bis Sie die Sonneckhütte (eine unbewirtschaftete Schutzhütte) erreichen und eine Forststraße in Kehren nach **Weitnau** hinabführt.

↳ Sollten Sie nach dem heutigen Wandertag noch Kondition und Lust haben, dann können Sie auf dem Sonneckgrat von der Sonneckhütte noch ein Stück weiter zu einer Wegteilung gehen. Von hier geht es nach rechts bis zur beeindruckenden Burgruine **Alt-Trauchburg**. Die Burggaststätte bietet die einzige Einkehrmöglichkeit auf der Etappe zwischen Buchenberg und Weitnau. Der Abstecher dauert 20 Minuten und ist gut markiert.

✕ Burggaststätte Alt-Trauchburg, ☏ 083 75/80 46,
✉ info@xn—burggaststtte-alttrauchburg-kkc.de,
💻 www.burggaststätte-alttrauchburg.de, 🚪 Ostern bis Anfang November Mi-So 11:00-20:00, im März/April und Oktober nur bis 18:00

Die Alt-Trauchburg ist eine der schönsten und besterhaltenen Burgruinen im Allgäu – ein Abstecher, der sich auf jeden Fall lohnt. In der Nähe der heutigen Burg wurde bereits 1041 eine Feste schriftlich erwähnt. Anfang des 13. Jahrhunderts verlegte Berthold von Trauchburg die Burg an ihren heutigen Standort. Sie beherbergte die Trauchburger und bereits 1258 die Truchsessen von Waldburg. Als die Familie Ende des 17. Jahrhunderts in das Schloss nach Kißlegg umsiedelte, wurde die Burg als Steinbruch für die Schlosserweiterung bzw. später für den Neubau benutzt.

Eine Allgäuer Sage erzählt, dass die Burg von einer Heidin erbaut wurde, die ihre Untertaninnen und Untertanen aus der Umgebung von Weitnau zu harten Fronarbeiten zwang. Sie war so geizig, dass sie ihre gesamte Barschaft in einem Säckchen Tag und Nacht um den Hals trug.

Später sollen in der Burg „Zwingherren" gewohnt haben, die das umliegende Volk genauso hart unterdrückten. Eines Tages erhoben sich die Bauersleute aus den angrenzenden Ortschaften, zerstörten die Burg und ließen alles in Flammen aufgehen.

Der Allgäuer Brauch, am Funkensonntag (dem ersten Sonntag der Fastenzeit) große Holzscheite mit einer Stoffhexe obenauf zu entzünden, erinnert bis heute an das Strafgericht durch die rebellischen Bauersleute.

Es gibt schon vor der Sonneckhütte Abzweigungen nach Weitnau. Diese sind allerdings allesamt Umwege. Bleiben Sie auf dem Gratweg, bis Sie die Hütte erreichen.

Weitnau , 5.360 Ew., ⇧ 797 m

Allgäuer Seenland, Rathausplatz 4, 87477 Sulzberg, ☏ 083 76/92 01 19, info@allgaeuerseenland.de, https://www.allgaeuerseenland.de/weitnau, Mo-Fr 8:00-12:00, Mo auch 14:00-17:00, Do auch 14:00-18:00

Gasthof Zum Goldenen Adler, Hoheneggstraße 25, 87480 Weitnau, ☏ 083 75/92 13 60, gasthofgoldeneradler@googlemail.com, www.gasthof-zum-goldenen-adler-weitnau.de, Ü EZ ab € 33, DZ ab € 60, F € 9,50, Di ab 17:00, Do, Fr ab 11:00, Sa, So 11:00-22:00

♦ Gasthaus Krone, Kirchstraße 33, 87480 Weitnau, ☏ 083 75/209, info@krone-weitnau.de, www.krone-weitnau.de, ÜF mit Pilgerausweis EZ € 49, DZ € 42 p. P., pilgerfreundliche Unterkunft, Öffnungszeiten erfragen

Landhaus Wolf, Im Gosbolz 19, 87480 Weitnau, ☏ 083 75/781, landhaus.wolf@online.de, etwas außerhalb des Ortskerns, Preise erfragen, pilgerfreundliche Unterkunft

♦ Familie Höhne, Braut- und Bahnweg 1, 87480 Weitnau, ☏ 083 75/84 89, eduard_und_rehan.hoehne@t-online.de, Preis erfragen

✕ Gasthof Bräustüble, Widmannweg 7, 87480 Weitnau, ☏ 083 75/349, info@braeustueble-weitnau.de, www.braeustueble-weitnau.de, Fr-Mi 9:00-13:30 und 17:30-20:00

✝ Pfarrkirche St. Pelagius

⊙ Pfarrkirche St. Pelagius

Linie 50 nach Kempten, von dort Zugverbindung nach Ulm und München

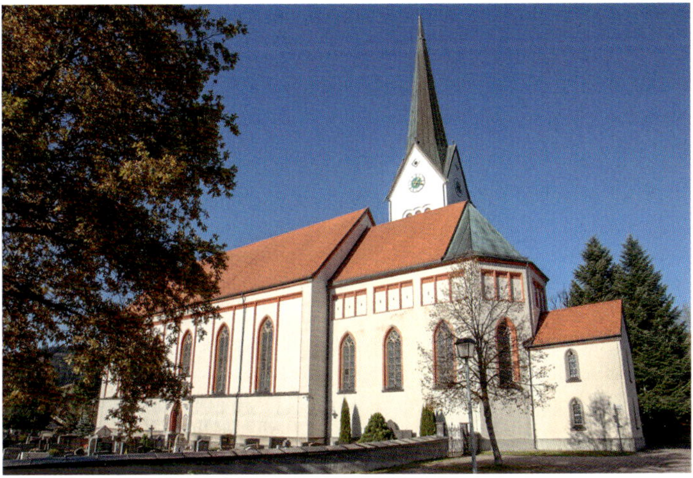

Pfarrkirche St. Pelagius (m)

Der Markt Weitnau gehört erst seit rund 200 Jahren zu Bayern. Bis 1805 war Weitnau ein Teil der österreichischen Herrschaft Bregenz-Hohenegg. Weitnau besaß seit dem Mittelalter das Marktrecht und war schon im 13. Jahrhundert Verwaltungssitz der Herrschaft Hohenegg. Erst nach Österreichs Niederlage gegen Napoleon in Austerlitz wurde Österreich im Frieden von Pressburg gezwungen, die Grafschaften Tirol und Vorarlberg an das Kurfürstentum Bayern abzutreten.

Die Pfarrkirche St. Pelagius wurde 1862 bis 1872 neu gebaut. Es wird angenommen, dass beim Neubau 1862 nur das Kirchenschiff erneuert, dagegen der 1739/40 erbaute Chor beibehalten wurde. Teile des Turmes sind aus dem 14. Jahrhundert. Der einheitlich neugotisch ausgestattete Sakralbau mit seiner farbenfrohen

Bemalung und der fantasievollen Schablonenmalerei ist beeindruckend. Die Figuren am Hochaltar entspringen der Multscherschule und sind um 1490 entstanden.

E3. Von Weitnau nach Genhofen

18,2 km, 5 Std. 30 Min., ↑ 491 m, ↓ 464 m, ⇧ 771-953 m

0,0 km	⇧ 797 m	Weitnau
4,4 km	⇧ 884 m	Wilhams
6,7 km	⇧ 911 m	Aigis
13,9 km	⇧ 831 m	Mutten
15,2 km	⇧ 799 m	Zell
18,2 km	⇧ 801 m	Genhofen

Auch von **Weitnau** gibt es für den Weiterweg zwei Varianten. Die beschilderte Hauptroute führt über Wilhams und Genhofen nach Simmerberg und ist für alle Liebhaberinnen und Liebhaber des Allgäuer Käses eine wahre Schlemmertour. Am Wegesrand finden Sie viele Informationen zur Käseherstellung und Sie passieren auch zwei kleine Sennereien, die mit Käsespezialitäten zu einer Brotzeit einladen. Auf der Alternativroute durch den Eistobel (☞ Etappe F1, S. 177) kommen Naturfans auf ihre Kosten, denn der Eistobel ist eine einmalige Natursehenswürdigkeit. Auf beiden Routen finden Sie kaum Gasthäuser zum Einkehren (einzige Möglichkeit in Zell). Brotzeit kann aber (außer am Wochenende) in den Sennereien besorgt werden!

Bei der Hauptvariante wandern Sie vom Ortszentrum aus bergauf bis zur Talstation des Skiliftes ❶. Hier biegen Sie nach rechts ab auf den Carl-Hirnbeinweg, der auf Informationstafeln in die Geheimnisse der Käseherstellung und in die Naturschönheiten des Allgäus einführt. Auf diesem gut beschilderten Weg (Sie folgen immer dem Zeichen des Hirnbeinweges) gelangen Sie bis kurz vor Wilhams. Am Holzplatz des Hirnbeinweges zweigen Sie nach rechts ab und erreichen den kleinen Weiler **Wilhams** ❷.

Wilhams

280 Ew., ⇧ 884 m

Tourismusbüro Missen-Wilhams, Hauptstraße 45, 87547 Missen-Wilhams, ☏ 083 20/456, tourismus@missen-wilhams.de, www.missen-wilhams.de, Mo-Fr 8:00-12:00, Pfingstferien, Juli und August zusätzlich Sa 10:00-12:00

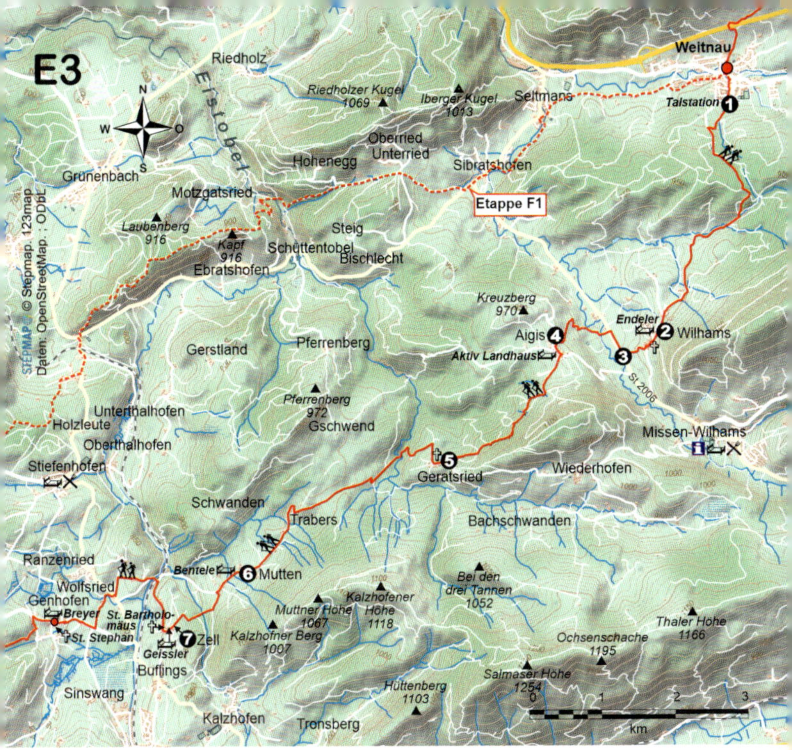

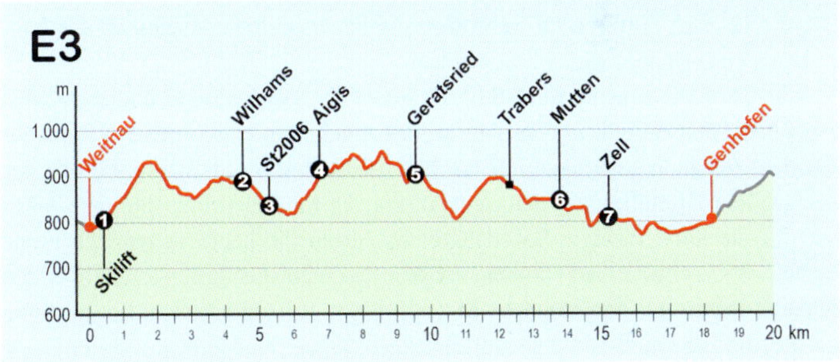

Gasthof-Pension Sonne, Wilhams 8, 87547 Missen-Wilhams, ☎ 083 20/226, gudermann@sonne-wilhams.de, www.sonne-wilhams.de, ÜF DZ ab € 100, Mi-So 11:30-20:30

🛏✕ Brauereigasthof Schäffler, Hauptstraße 15, 87547 Missen-Wilhams,
☎ 083 20/920 15, ✉ info@brauereigasthof-schaeffler.de,
💻 www.brauereigasthof-schaeffler.de, etwas abseits des Jakobsweges,
ÜF DZ ab € 118, 🚪 Fr-Di ab 11:30, Mi, Do ab 17:00

♦ Beim Endeler, Wilhams 11, 87547 Missen-Wilhams, ☎ 083 20/219,
✉ info@beim-endeler.de, 💻 www.beim-endeler.de, ÜF im DZ ab € 90,
🚪 Mo, Di, Do-Sa ab 17:00, So ab 11:30

⌘ Carl-Hirnbein-Museum, Hauptstraße 45, 87547 Missen-Wilhams, 🚪 Fr 15:00-17:00

🚌 Busverbindung nach Kempten und Immenstadt, von dort Zugverbindung nach Ulm und München

Der wohl berühmteste Sohn von Missen-Wilhams ist Carl Hirnbein, der 1807 in dem kleinen Dorf geboren wurde. Er galt als Patriarch des Allgäus, als „Notwender", „Zwingherr" und „Alpkönig", wie ihn der Heimatdichter Peter Dörfler (1878-1955) in seiner Romantrilogie nannte. Hirnbeins Vater schickte seinen Sohn als jungen Mann nach Italien in die Lehre und anschließend zur weiteren Ausbildung in die Schweiz. Hier lernte er das Käsen. In Hirnbeins Heimat stellte man zu dieser Zeit nur einen Frischkäse her, der nicht lang haltbar war und schnell verdarb. Somit war der Käse aus dem Allgäu kaum zu vermarkten.

Hirnbein kam 1830 zurück in seine bitterarme Heimat. Jahrhundertelang hatten die Bauersleute im Allgäu vom Flachsanbau gelebt, der einst für die Weberinnen und Weber des Mittelalters ein wertvoller Rohstoff war. Als allerdings die Baumwolle nach Europa kam, verarmten die Bauersleute im Allgäu, da das Interesse an Flachs nahezu zum Erliegen kam.

Carl Hirnbein brachte um 1840 als Erster die Weichkäserei und damit den wirtschaftlichen Aufschwung ins Allgäu. Er handelte mit Limburger und Romadur aus dem Allgäu in ganz Deutschland. Mit 1.000 Hektar Landbesitz war er einer der größten Grundbesitzer der Gegend. Für die Käsereien brauchte man Milch und für die Kühe Weiden. So erlangte das Allgäu die heute so typische grüne Farbe. 1852 erbaute Carl Hirnbein mit dem Grüntenhaus das erste Hotel in den Allgäuer Alpen und legte damit den Grundstein zur touristischen Erschließung der Region. So führte Hirnbein das damalige Allgäuer Hungerland von der längst nicht mehr rentablen Flachsbearbeitung und Hausweberei zur florierenden Milch- und Käsewirtschaft sowie zum Tourismus und sicherte den Bäuerinnen und Bauern damit ein wesentlich besseres Auskommen.

Kurz nach der Kapelle von Wilhams biegt der Jakobsweg am Haus Nr. 2 rechts von der Straße ab und führt bergab Richtung Aigis. Ein wenig später erreichen Sie die Staatsstraße 2006 zwischen Missen und Sibratshofen ❸, der Sie nach rechts knapp 400 m folgen. Bei der nächsten Abzweigung (an der Landbauschreinerei) biegen Sie links ab und wandern durch das Gelände rechts hindurch bergauf bis zum nächsten Anwesen. Hinter dem Haus schlängelt sich der Feldweg in Serpentinen rechts nach **Aigis** ❹ hinauf.

Aigis

🛏, 29 Ew., ⇧ 911 m

🛏 Aktiv Landhaus, Annemarie Preusch, Im Gern 2, 87547 Missen-Aigis, ☏ 083 20/92 98 83, 📱 01 73/840 17 00, 💻 www.aktiv-landhaus.de, Ferienwohnungen ab € 56 in der Nebensaison, in der Hauptsaison Preise erfragen

Sie durchqueren den Ort Aigis auf der Ortsstraße. Kurz vor dem Ortsende biegen Sie nach rechts in die Straße Im Gern ein und folgen dem Wegweiser nach Geratsried ❺. In Geratsried gehen Sie bis zur Kapelle und dann rechts bergab. Nach etwa 300 m biegt der Weg scharf links in den Wald ab. Bergauf und bergab erreichen Sie schließlich Trabers, das bereits zum Landkreis Lindau am Bodensee gehört.

Auf der Straße geht es weiter nach **Mutten** ❻.

Mutten

🛏, ⇧ 831 m

🛏 Feriennest Bentele, Mutten 19, 88167 Stiefenhofen, ☏ 083 86/40 78, ✉ mail@ferienhof-bentele.de, 💻 www.ferienhof-bentele.de, Ü € 31 p. P.

Nach dem letzten Gehöft von Mutten verlassen Sie die Straße nach links auf einem Feldweg Richtung Buflings/Kalzhofen/Oberstaufen. Der Jakobsweg leitet Sie über eine Weide bis zum Wald. Hier orientieren Sie sich an einer Wegkreuzung nach rechts Richtung Zell/Buflings. Nach dem Bach zweigen Sie links ab und wenden sich anschließend gleich wieder nach rechts. Auch an der folgenden Weggabelung halten Sie sich rechts, wandern linker Hand um die Weide herum und erreichen schließlich **Zell** ❼.

Zell

🛏 ✝ ⊙, 73 Ew., ⇧ 799 m

🛏 Kurheim-Bauernhof Geissler, Zell 11, 87534 Oberstaufen, ☏ 083 86/930 30, ✉ kurheim.geissler@t-online.de, 💻 www.kurheim-geissler.de, ÜF EZ ab € 50, DZ ab € 50 p. P., HP-Zuschlag € 11 p. P.

✞ Kirche St. Bartholomäus
⊙ St. Bartholomäus

Die Filialkirche St. Bartholomäus ist wegen ihrer umfangreichen Wandmalereien ein sehenswertes Kleinod. Die Bilder stammen wohl aus der Zeit von 1450. An der rechten Seite grüßt Sie neben anderen christlichen Märtyrern auch der heilige Jakobus.

Hier spazieren Sie an der Kirche vorbei und bleiben auf der Straße, die nach rechts abbiegt. Jetzt gehen Sie weiter geradeaus, bis Sie auf Bahngleise treffen. Diese überqueren Sie an der Eisenbahnüberführung und gehen nach der Brücke direkt geradeaus durch ein Kuhgatter. Ein Holzschild mit der Aufschrift „Genhofen-Hopfen" und die Jakobsmuschel weisen Ihnen den Weg.

Nach dem Kuhgatter steigt der Weg leicht bergan in Richtung des Einsiedlerhofs Kepplerhof. Dort mündet der Weg in ein Teersträßchen, das bergab zu einer T-Kreuzung führt. Hier biegen Sie nach links ab und erreichen nach einigen Minuten Wolfsried direkt am Käse- und Hoflädle.

Hier überqueren Sie die Ortsverbindungsstraße und gehen geradeaus durch den Reiterhof hindurch und dann nach dem Hof links in Richtung des Holzwegweisers „Genhofen und Hopfen" zum Waldrand. Dort führt der Jakobsweg weiter bis zur Ortsverbindungsstraße, auf der Sie nach rechts in Richtung **Genhofen** abbiegen.

Genhofen

🛏 ✞ ⊙, 114 Ew., ⇧ 801 m

🛏 Bachhof, Cäcilia Breyer, Genhofen 10, 88167 Stiefenhofen, ☏ 083 86/28 95, EZ € 62, DZ € 92
✞ Kirche St. Stephan
⊙ St. Stephan in Genhofen

Genhofen ist ein Ortsteil von Stiefenhofen. Im Ort sollten Sie der Filialkirche St. Stephan einen Besuch abstatten. Zwischen 1567 und 1605 wurde die Kirche mit prächtigen Wandmalereien ausgestattet. Auf dem spätgotischen Hochaltar finden Sie als Assistenzfigur der Muttergottes eine Figur des heiligen Jakobus. An der Sakristeitür sind Hufeisen und Andreaskreuze angebracht, alles Votivgaben von Hufschmieden und Fuhrleuten, die hier den heiligen Jakobus angerufen haben.

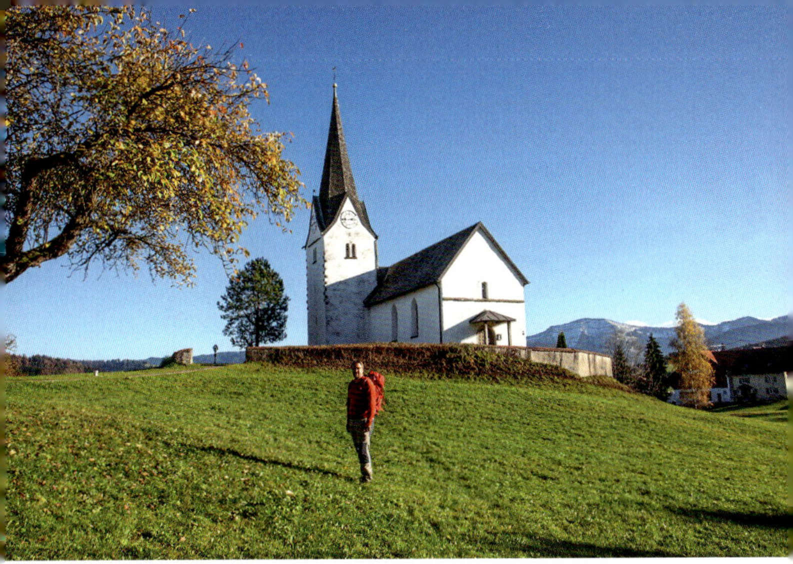

St. Stephan in Genhofen (m)

☺ ↳ In Genhofen gibt es nur eine Unterkunft. Daher muss man manchmal auf Stiefenhofen ausweichen. Hierfür folgen Sie dem ausgeschilderten Weg in nördlicher Richtung nach Ranzenried und weiter nach **Stiefenhofen**. Die Entfernung ist 2,8 km von Genhofen.

Stiefenhofen

1.899 Ew., ⇧ 806 m

Haus Nett, Auf der Breite 1, 88167 Stiefenhofen, ☏ 083 83/630, andreas-nett@t-online.de, Preise anfragen

Landgasthof Rössle, Hauptstraße 14, 88167 Stiefenhofen, ☏ 083 83/920 90, info@roessle.net, www.roessle.net, direkt in Stiefenhofen, etwa 2,5 km vom Jakobsweg entfernt, ÜF EZ ab € 84, DZ ab € 115, Do-So 17:00-23:00 und zusätzlich Sa 11:00-14:00 und So 10:00-14:30

Käse- und Hoflädle, Wolfsried 3, 88167 Stiefenhofen, Mo, Di, Do, Fr 9:00-18:00, Sa 9:00-14:00

Gästeamt Stiefenhofen (Hauptstraße 16, 88167 Stiefenhofen, ☏ 083 83/72 00, Mo, Di, Do 9:00-12:00)

Busverbindungen zum Bahnhof nach Oberstaufen (RBI Linie 733/VG Oberallgäu 9796)

E4. Von Genhofen nach Lindenberg

16,5 km, 4 Std. 30 Min., 270 m, 289 m, 616-905 m

0,0 km	801 m	Genhofen
2,5 km	841 m	Hopfen
6,5 km	776 m	Simmerberg BANK
9,8 km	656 m	Weiler im Allgäu BANK
13,7 km	739 m	Manzen
16,5 km	764 m	Lindenberg i. Allgäu BANK

In **Genhofen** folgen Sie weiter der Straße, gehen dann kurz nach Süden und biegen dann nach rechts ab. Der Jakobsweg bringt Sie nach Aich und weiter nach Iringshofen. Hier treffen Sie auf eine Straße, der Sie nach links folgen. Diese verlassen Sie bald nach schräg rechts und wandern über freie Wiesen hinüber nach **Hopfen ❶**.

Hopfen

⌘, 109 Ew., 838 m

Sennerei Hopfen, 88167 Stiefenhofen, 083 86/28 33,
hopfen@baldauf-kaese.de,
www.baldauf-kaese.de/standorte/sennerei-hopfen, 24/7-Käseautomat,
Mo, Di und Do-Sa 9:00-12:30 und 15:30-18:00, Mi 9:00-12:30, So 15:30-18:00

Kapelle St. Martin

Kapelle St. Martin

⌘ Kräutergarten Artemisia, Hopfen 29, 88167 Stiefenhofen, 083 86/96 05 10,
info@artemisia.de, www.artemisia.de, Teestube und Hofladen, Führungstermine werden telefonisch bekannt gegeben, Mi-Fr 12:00-18:00, Sa, So 10:00-18:00

Sobald Sie Hopfen erreichen, biegen Sie nach links und überqueren die Straße direkt am Käslädle und gehen weiter geradeaus. Nach wenigen Metern führt der Weg scharf nach links (nicht Richtung Kuhstall) und Sie erreichen auf dem anschließenden Feldweg den Waldrand. Nach dem Bach biegen Sie nach links ab. Hier folgen Sie nicht dem breiteren Weg direkt in den Wald, sondern gehen noch ca. 20 m weiter, bis ein kleiner Pfad in den Wald eintaucht. Auch hier weist die Muschel Ihnen den Weg. Über die Kuhweide leitet Sie der Jakobsweg geradeaus bis zum Bauernhof. Dort geht es rechts bis zur Fahrstraße, der Sie nach rechts folgen.

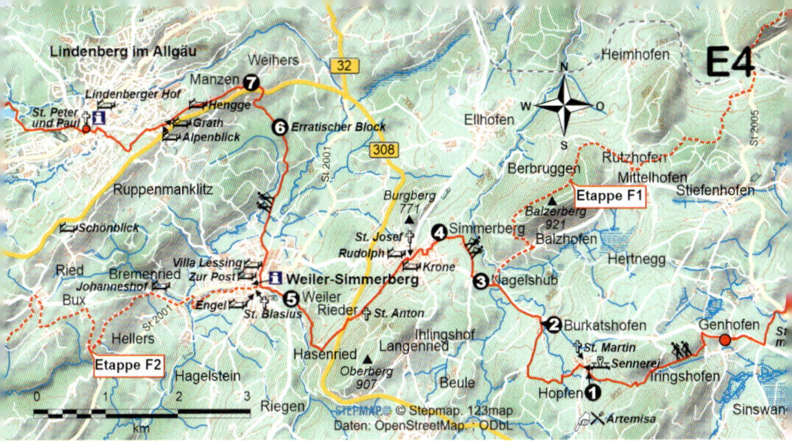

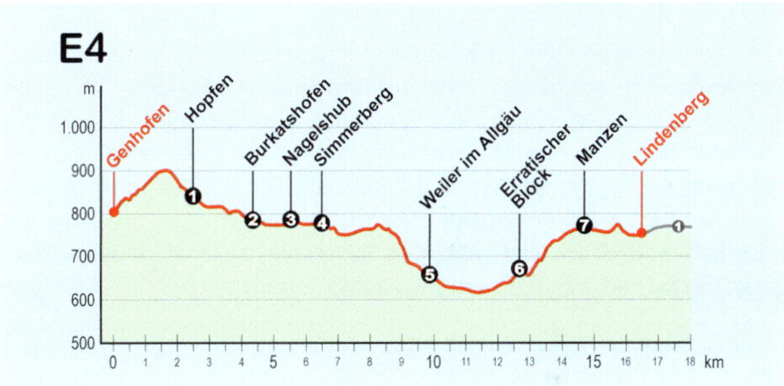

In Burkatshofen ❷ halten Sie sich an einer Weggabelung links (nicht geradeaus über den Bach!) und erreichen die Ortsverbindungsstraße Richtung Simmerberg. Auf dieser wandern Sie nach links bis Nagelshub ❸. Direkt in Nagelshub biegt der Weg nach rechts ab. Diesem Weg folgen Sie immer geradeaus, bis Sie auf einen einsam stehenden Baum mit einer roten Bank treffen. Hier wenden Sie sich nach links und erreichen **Simmerberg** ❹.

Simmerberg

, 6.361 Ew. (Simmerberg und Weiler zusammen), ⇧ 751 m

Gasthaus-Pension Krone, Alte Salzstraße 50, 88171 Weiler-Simmerberg, 083 87/10 46, info@krone-simmerberg.de, www.krone-simmerberg.de,

EZ für Übernachtung, Preise erfragen, Mi-Fr, So, Mo 11:00-14:00 und 17:00-22:00, Sa 17:00-22:00

Gästehaus Rudolph, Alte Salzstraße 42, 88171 Weiler-Simmerberg, ☏ 083 87/454, info@gaestehaus-rudolph.de, www.gaestehaus-rudolph.de, Preise erfragen, pilgerfreundliche Unterkunft

Bräustatt und Taferne, Ellhofer Straße 2, 88171 Weiler-Simmerberg, ☏ 083 87/38 06, info@braeustatt-taferne.de, www.braeustatt-taferne.de, Di-So 11:00-14:00 und 17:00-22:00

Bäckerei und Café Rieser, Alte Salzstraße 35, 88171 Weiler-Simmerberg, ☏ 083 87/992 80, info@rieser-simmerberg.de, rieser-simmerberg.de, Mo-Fr 6:30-18:00, Sa 6:30-12:30

✞ Pfarrkirche St. Joseph

⊙ Pfarrkirche St. Joseph, Gasthof Krone

Durch Simmerberg führte während der vergangenen Jahrhunderte die bedeutendste Verkehrs- und Handelsstraße des Allgäus, die „Salzstraße“. Bereits die Römer hatten die ersten Straßen im Allgäu gebaut, die auch im Mittelalter für den Salzhandel benutzt wurden. Der Verlauf der Hauptstraße Simmerbergs entspricht auch heute noch genau dem Verlauf der Salzstraße, die von Tirol kommend über den Gaichtpass nach Immenstadt, Simmerberg, Bregenz und weiter in die Schweiz bis nach Baden führte. Wie reich Simmerberg durch den Salzhandel war, daran erinnert noch das 1639 errichtete Salzfaktorhaus.

In Simmerberg spazieren Sie auf der „Alten Salzstraße“ bis zum Gasthaus Krone. Hier direkt am Gasthaus zweigt der Weg in die Riedererstraße nach links ab. In Rieder besuchen Sie die Kapelle. Danach gehen Sie weiter geradeaus Richtung Hasenried, Oberreute. Sobald Sie auf die Schnellstraße treffen, gehen Sie ein kurzes Stück nach links bis zum Bushäuschen und unterqueren die Straße. Anschließend biegen Sie nach rechts ab und erreichen das Örtchen Hasenried. Sie wandern weiter bis zum Ende des Sträßchens und biegen dort nach rechts in Richtung Weiler ab. Hier steigen Sie bergab, bis Sie wieder an eine Straße kommen. Von hier gehen Sie geradeaus bis in die Ortsmitte von **Weiler ❺**.

Weiler im Allgäu

6.361 Ew. (Simmerberg und Weiler), ⇧ 632 m

Tourist-Information, Hauptstraße 14, 88171 Weiler im Allgäu, ☏ 083 87/391 50, Mo-Fr 9:00-12:00, Mo und Do auch 13:30-16:30

🛏 ✗ Hotel & Gasthof Zur Post, Fridolin-Holzer-Straße 4, 88171 Weiler im Allgäu, ✉ reservierung@postinweiler.de, 💻 postinweiler.de, ÜF EZ € 71,10, DZ ab € 99,90, 🚪 Mo, Di, Do-Sa 17:00-22:00, So 12:00-14:00 und 17:00-22:00

🛏 Johanneshof, Nazenbergstraße 12, 88171 Weiler im Allgäu, ☎ 083 87/921 50, ✉ info@johanneshof-weiler.de, 💻 www.johanneshof-weiler.de, ÜF DZ ab € 32 p. P.

✗ Villa Lessing, Bahnhofstraße 14, 88171 Weiler im Allgäu, ☎ 083 87/463, ✉ info@pension-villa-lessing.de, 💻 www.pension-villa-lessing.de, 🚪 Do-So 9:00-18:00

♦ Gasthaus Engel, Kirchplatz 5, 88171 Weiler im Allgäu, ☎ 083 87/27 45, 🚪 Mo, Do-So 10:00-14:00 und 17:00-22:00, Mi 17:00-22:00

☕ Café Konditorei Mangold, Fridolin-Holzer-Straße 19, 88171 Weiler im Allgäu, ☎ 083 87/505, 🚪 Mi-Mo 9:00-18:00, Sa ab 6:30

✝ St. Blasius

⊙ Antoniuskapelle (Rieder), Pfarramt St. Blasius (Schulstraße 11, 88171 Weiler-Simmerberg), Tourist-Information, Gasthof Engel

🚌 nach Kempten, von dort regelmäßige Verbindung nach München

Der im Westallgäu gelegene Markt Weiler-Simmerberg grenzt an die Region Bregenzerwald, die bereits zum österreichischen Bundesland Vorarlberg gehört. Im 13. Jahrhundert wurde die Gegend um Simmerberg durch die Benediktiner von St. Gallen urbar gemacht. Simmerberg, 1570 noch zum Kloster St. Gallen gehörig, danach bis 1805 Teil des Kaiserreiches Österreich, kam 1806 nach dem Pressburger Frieden auf Befehl Napoleons zu Bayern.

Weiler ist eine Gründung des Klosters St. Gallen und gehört zu den ältesten Pfarrorten im Westallgäu. Die Pfarrkirche St. Blasius wurde im klassizistischen Stil von Johann Georg Specht geplant, jedoch geschah die Ausführung 1795/96 in vereinfachter Form. Die Deckenfresken sind zum größten Teil von Andreas Brugger aus Langenargen. Der Hochaltar mit seiner ungewöhnlichen plastischen Kreuzigungsgruppe (1935-38) setzt hier einen überraschenden Akzent. Er bildet für die ganze Kirche den Blickpunkt. Auch die Seitenaltäre entstanden erst 1926, sind jedoch mit Altarblättern der Erbauungszeit ausgestattet.

Das ehemalige Amtshaus aus den Jahren 1680/81 ist heute das Rathaus der Doppelgemeinde Weiler-Simmerberg. Es wurde erbaut, weil die Altenburg, das ehemalige Schloss hoch über der Straße nach Scheffau, baufällig geworden war. Bis zum Jahre 1748 blieb das Haus im Besitz der Gerichte Altenburg und Kellhöf, wurde nach dem Kauf durch die Familie Wagus ein Gasthaus und schließlich 1922 von der Gemeinde übernommen.

An der Nordostecke beweist ein Wirtsschild, dass dieser Bau einst das Gasthaus Zum Lamm war. Von einer Nutzung als Gerichtshaus (ab 1748) zeugen noch Stuckaturen in der ehemaligen Gaststube der Gerichtstaverne (1720/30). An die Schrecken der Pest und des Dreißigjährigen Krieges erinnert die Sebastianskapelle am südöstlichen Ortsausgang von Weiler. Als die Pest nach dem Dreißigjährigen Krieg ausbrach, gelobten die Weiler, eine Kapelle zu errichten. Die Kapelle war lange Zeit Wallfahrtsstätte, besonders für die Menschen aus Oberstaufen und Steibis. Vielfach brachten die Wallfahrenden Reisigbesen als Opfergabe für die Heilung von Geschwülsten und Furunkeln.

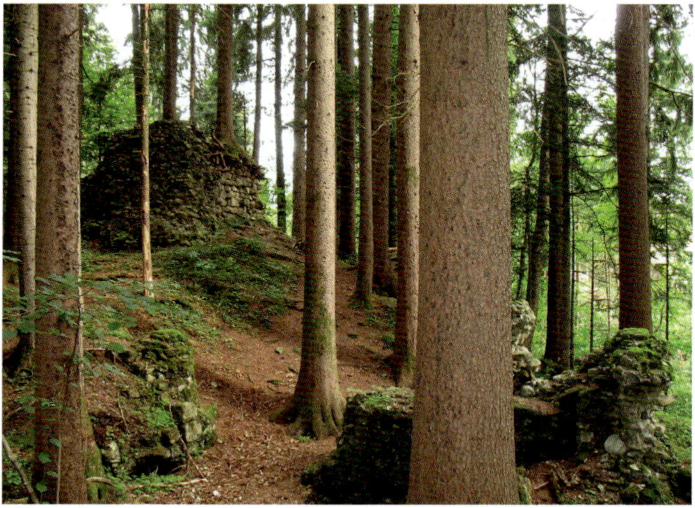

Burgruine Altenburg (h)

Die Burgruine Altenburg war einst die alte Burg von Weiler und damit ein Lehen des Gotteshauses St. Gallen. Wann die Burg gebaut wurde und wer sie errichten ließ, lässt sich nicht mehr nachvollziehen. Der große viereckige Turm soll aber schon zur Römerzeit gestanden haben. Schriftlich belegt ist dagegen, dass im Jahr 1212 der Edelknecht Burkart von Weiler die Burg bewohnte. Die Herren von Weiler dienten dem Kloster St. Gallen und später dem Grafen von

Montfort. Nach dem Aussterben des Weiler-Geschlechts ging das Schloss 1570 an Österreich. Dem Nachbarland diente es 111 Jahre lang als Gerichtshaus. Von 1681 bis 1784 war die Burg unbewohnt und so dem Verfall preisgegeben. Steine der verfallenen Burg wurden für den Bau des Scheidegger Kirchturms verwendet. Auch die Bauersleute holten sich von dem einst herrschaftlichen Besitz Steine zum Bau ihrer Stallungen. Für den Umbau eines Hauses in Lindenberg wurde gar der komplette Dachstuhl des großen Burgturmes verwendet.

Überlieferungen zufolge soll im Hof der Burg einst eine kleine Kapelle gestanden haben. Die heutige Kapelle nahe der Ruine wurde aber erst nach dem gänzlichen Abbruch des Schlosses erbaut. Das Altarbild darin stammt jedoch aus dem Jahr 1553. Es zeigt die heilige Helena mit dem Kreuz. Zweimal im Jahr wird in der Kapelle noch die Messe gelesen: am 4. Mai zur Kreuzauffindung und am 16. September zur Kreuzerhöhung.

☺ In Weiler zweigt eine Alternativroute ab, die über Scheidegg nach Bregenz oder nach Lindau führt (☞ Etappe F2, S. 179).

In Weiler gehen Sie an der Kirche nach rechts (also nicht weiter entlang des Baches) in Richtung Erratischer Block. Dann zweigen Sie am Gasthof Post in die Kristinusstraße ab und folgen den Wegweisern zum Erratischen Block. Am Baustoffwerk Steinwerk Weiler halten Sie sich links und wandern entlang der Eschweidstraße. Vor dem Bächlein biegen Sie rechts in einen Feldweg ab (Richtung Erratischer Block). An einer Bank gabelt sich der Weg. Dort wählen Sie den Weg weiter geradeaus. Der Weg führt in einer Linkskurve in den Wald. Im Wald weist ein Wegweiser nach rechts und bringt Sie in 5 Minuten zum Erratischen Block ❻, einem Findling aus der letzten Eiszeit. (↳ Sie können aber hier auch weiter geradeaus Richtung Manzen/Lindenberg gehen.) Am Findling vorbei nehmen Sie unterhalb des Bauernhofes den steilen Weg nach rechts und wandern unter der Bundesstraße 308 hindurch nach **Manzen** ❼.

Bei der Einmündung in die Ortsstraße biegen Sie am Wegkreuz nach links und beim Hotel Bavaria wieder nach rechts ab und wandern auf einem Höhensträßlein mit herrlichem Blick über das Rothachtal nach Kellershub. Zweigen Sie hier nach links ab und überqueren Sie die Staufner Straße. Südwestwärts kommen Sie auf einen breiten Weg zur Bergstraße. Auf dieser gehen Sie rechts nach **Lindenberg** hinab und erreichen die Aureliuskirche beim alten Friedhof. An der Kirche halten Sie sich rechts. Sie folgen nun dem Jakobsweg bis zur Stadtpfarrkirche St. Peter und Paul.

Lindenberg, 11.585 Ew., ⇧ 764 m

Tourist-Information, Stadtplatz 1, 88161 Lindenberg i. Allgäu, ☏ 083 81/803 28, touristinformation@lindenberg.de, www.lindenberg.de, Di-So 9:30-17:00

Hotel-Gasthof Lindenberger Hof, Hauptstraße 50, 88161 Lindenberg i. Allgäu, ☏ 083 81/30 40, mail@hotel-lindenberger-hof.de, www.lindenbergerhof.de, ÜF EZ ab € 72, DZ ab € 122, tgl. 8:00-23:00

♦ Hotel Waldsee, Austraße 41, 88161 Lindenberg i. Allgäu, ☏ 083 81/926 10, info@hotel-waldsee.de, www.hotel-waldsee.de, ÜF EZ ab € 89, DZ ab € 58 p. P., Mi-Fr 18:00-22:00, Sa 13:00-22:00, So 12:00-21:00, Mo Ruhetag, Dienstagabend nur für Hausgäste

Schönblick Hotel Garni, Ried 2a, 88161 Lindenberg i. Allgäu, ☏ 083 81/918 95 60, info@schoen-blick.de, www.schoen-blick.de, ÜF EZ ab € 50, DZ ab € 75

♦ Gästehaus Alpenblick, Auf der Hub 46, 88161 Lindenberg, ☏ 083 81/15 08, alpenblick-lindenberg@gmx.de, www.alpenblick-lindenberg.de, Ü EZ € 40, DZ € 30 p. P., F € 11

♦ Gästehaus Grath, Auf der Hub 23, 88161 Lindenberg i. Allgäu, ☏ 083 81/44 06, info@gaestehaus-grath.de, www.gaestehaus-grath.de, Ü EZ € 50, DZ € 30 p. P.

♦ Gästehaus Hengge, Kellershub 4, 88161 Lindenberg i. Allgäu, ☏ 083 81/78 35 10, info@gaestehaus-hengge.de, www.gaestehaus-hengge.de, Ü EZ ab € 35, DZ ab € 30 p. P.

Gasthaus Zum Löwen, Marktstraße 8, 88161 Lindenberg i. Allgäu, ☏ 083 81/10 07, http://www.loewen-lindenberg.de, tgl. 10:00-22:00

Stadtpfarrkirche St. Peter und Paul

⊙ Stadtpfarramt (Goethestraße 4, 88161 Lindenberg i. Allgäu), Tourist-Information

⌘ Deutsches Hutmuseum, Museumsplatz 1, 88161 Lindenberg i. Allgäu, ☏ 083 81/928 43 20, hutmuseum@lindenberg.de, www.deutsches-hutmuseum.de, Di-So 9:30-17:00

Buslinie 11 und 13 nach Hergatz bzw. Röthenbach zum Bahnhof, von dort Verbindungen nach Lindau bzw. Kempten/München

Der Ort Lindenberg ist vor allem durch seine Hutmacherkunst bekannt. Bereits 1656 wurden Lindenberger Strohhüte im Hausierhandel und auf Märkten verkauft.

Im Jahr 1755 wurden die Herstellung und später auch der Vertrieb von Strohhüten erstmals organisiert. Heute hat zwar die Hutindustrie kaum noch wirtschaftliche Bedeutung, doch der jährlich stattfindende „Huttag" sowie ein Hutmuseum erinnern an die große Zeit der Lindenberger Hutindustrie. Alle zwei Jahre wird auch eine Hutkönigin gewählt, die dann die Stadt Lindenberg repräsentiert.

E5. Von Lindenberg nach Lindau

23,8 km, 6 Std. 30 Min., ↑ 160 m, ↓ 526 m, ⇧ 395-820 m

0,0 km	⇧ 764 m	Lindenberg i. Allgäu
8,8 km	⇧ 552 m	Niederstaufen
14,0 km	⇧ 485 m	Sigmarszell
19,2 km	⇧ 475 m	Streitelsfingen
22,1 km	⇧ 401 m	Lindau
23,8 km	⇧ 401 m	Lindau-Insel

Von der Stadtpfarrkirche überqueren Sie sich leicht rechts haltend die breite Blumenstraße, wandern zum Gymnasium und folgen dann nach links dem Geh- und Radweg in westliche Richtung. Auf der Austraße steigen Sie rechts hinauf und an einem Parkplatz links Richtung Waldsee.

Am Waldsee ❶ wandern Sie am rechten Ufer weiter und bleiben auf dem Torflehrpfad. An der ersten Gabelung nach dem Torflehrpfad halten Sie sich rechts Richtung Allmannsried ❷. Sie gehen durch den Ort und folgen dem Wanderweg zu einem ehemaligen Feriendorf. Danach folgen Sie den Markierungen zum Dörflein Lötz ❸. Hier biegen Sie nach rechts auf einen Feldweg in Richtung der frei stehenden Wendelinskapelle ab und halten sich an der Weggabelung an der Kapelle links. Kurz darauf kommen Sie zur Landwirtschaft **Kinberg** ❹.

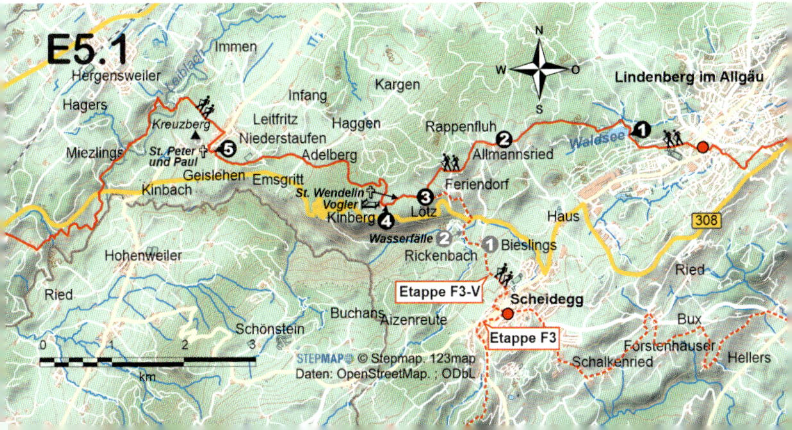

Kinberg

🛏, ⇧ 767 m

🛏 Wilhelm Vogler, Kinberg 5, 88138 Sigmarszell, ☏ 083 81/14 76, Preise erfragen

Hier gehen Sie scharf rechts über den Bauernhof bis zur Scheune und dann wieder rechts weiter auf dem Feldweg bis in den Wald. Nach ca. 50 m im Wald steigen Sie scharf links einen steilen Weg teils über Treppen bergab, bis Sie auf einen breiten Waldweg stoßen und gehen links. An der nächsten Weggabelung halten Sie sich rechts auf einem Schotterweg und wandern an der Wiese entlang. Weiter steil bergab geht es über Adelberg, einen kleinen Weiler, weiter in Richtung Niederstaufen.

Kurz bevor Sie in den Ort gelangen, zweigt der Jakobsweg links in ein Wäldchen ab und verläuft dann am Waldrand in Richtung **Niederstaufen ❺** und zu der Kirche.

Niederstaufen

✞, 516 Ew., ⇧ 552 m

✞ Pfarrkirche St. Peter und Paul

Sobald Sie die Allgäustraße erreicht haben, biegen Sie nach rechts ab und wandern weiter bis zu den Josef-Karg-Landmaschinen. Hier zweigen Sie nach links in die Pfarrer-Wolfgruber-Straße ab, die in einen Feldweg mündet. Dieser führt zum Flüsschen Leiblach und weiter auf den Leiblachwanderweg.

Folgen Sie der Leiblach flussabwärts und überqueren Sie den Fluss auf einer schmalen Stahlbrücke. Anschließend führt auf der anderen Uferseite ein geteerter Weg ca. 350 m bergauf, bis ein Weg in einem Waldstück nach links abbiegt. Dieser leitet Sie bis zu einer Brücke über einen Bach. Kurz darauf stoßen Sie auf einen breiteren Waldweg, den Sie am Flusslauf entlangwandern.

Überqueren Sie die B308 und bleiben Sie auf dem Weg geradeaus bis Dornach. Hier gehen Sie zunächst rechts. Nach 150 m biegen Sie wieder links auf den Leiblachwanderweg ab, auf dem Sie ein Waldstück mit etlichen Treppen durch einen Tobel durchqueren. Nach einer Brücke erreichen Sie schließlich **Sigmarszell ❻**.

Sigmarszell

🛏 ✞ ⊙, 2.926 Ew., ⇧ 485 m

🛏 Landhotel Adler, Hauptstraße 31, 88138 Sigmarszell, ☏ 083 89/922 94 20, ✉ info@adler-sigmarszell.de, 💻 www.adler-sigmarszell.de, ÜF EZ ab € 75, DZ ab € 99

♦ Gästezimmer Edgar Kern, Zellerstraße 11, 88138 Sigmarszell, ☏ 083 89/981 56, Preise erfragen

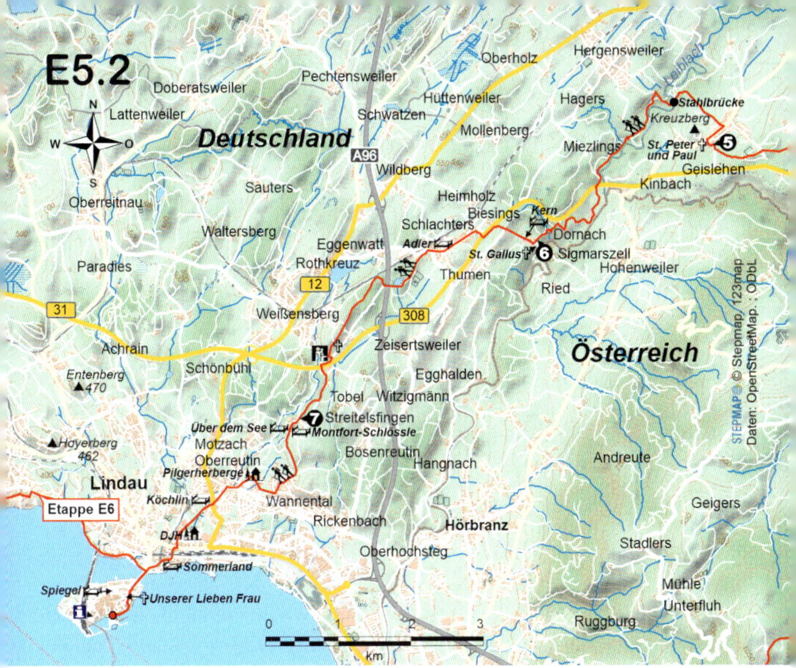

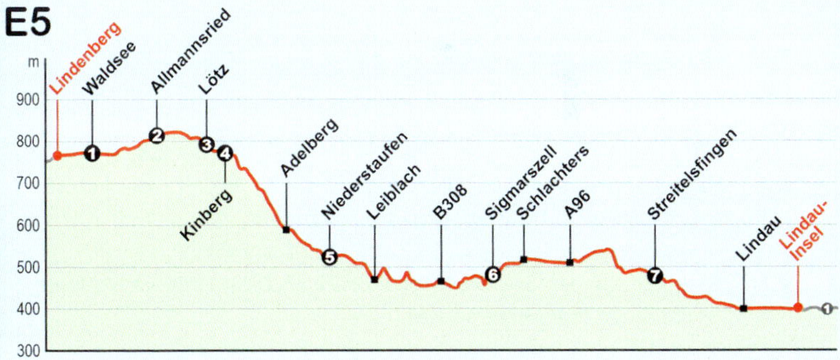

♰ Pfarrkirche St. Gallus

⊙ Rathaus Sigmarszell-Schlachters (Hauptstraße 28, 88138 Sigmarszell, bis Schlachters ca. 1,5 km, ☏ 083 89/920 30, 🚪 Mo-Fr 8:00-12:00, Mi 14:00-18:00)

Sigmarszell ist eine Gemeinde im Landkreis Lindau. Bereits 800 n. Chr. wurde der Ort Sigmarszell vom Kloster St. Gallen gegründet.

Durchqueren Sie Sigmarszell Richtung Biesings/Schlachters. Sie folgen der Zeller Straße bis kurz vor die B308. Hier weist die Muschel Sie nach links auf den Radweg Richtung Lindau/Schlachters. Diesem folgen Sie ein kurzes Stück, bis Sie rechts durch eine Unterführung nach Schlachters kommen. Auf der Hauptstraße durchqueren Sie den Ort, bis die Weiherstraße nach links abzweigt. Diese Straße führt Sie am Sportplatz und am Schlachterner Weiher vorbei. Nach der Brücke über die A96 wählen Sie den Weg scharf rechts weiter Richtung Weißensberger Halde. Im Wald gabelt sich der Weg nach einer Linkskurve erneut. Halten Sie sich links (der Weg rechts führt nach Weißensberg hinein) und durchwandern Sie das folgende Waldstück.

Wenn Sie aus dem Wald treten, haben Sie einen überwältigenden Blick auf den Bodensee. Gehen Sie in Richtung der Kapelle und genießen Sie die schöne Aussicht. Sie steigen auf dem schmalen Pfad hinab zu einem schmalen, geteerten Fußweg, dem Sie nach links folgen. Er mündet in die Verbindungsstraße.

Sie gehen nach rechts bergab bis zur nächsten Einmündung, in die Sie nach links einbiegen. Sie unterqueren die B31 erneut und wandern am Gewerbegebiet vorbei. An der nächsten Straßengabelung nach rechts folgen Sie den Sträßchen in Richtung **Streitelsfingen ❼**.

☝ Der Jakobsweg geht dann kurz vor Streitelsfingen scharf rechts ab in den Wald.

Streitelsfingen 🛏, ⇧ 475 m

🛏 Landhotel Montfort-Schlössle, Streitelsfinger Straße 38, 88131 Lindau-Streitelsfingen, ☎ 083 82/728 11, ✉ info@montfort-schloessle.de, 💻 www.montfort-schloessle.de, ÜF EZ ab € 109, DZ ab € 164

♦ Gästehaus über dem See, Streitelsfinger Straße 43, 88131 Lindau-Streitelsfingen, ☎ 083 82/304 45 44, Preise erfragen

Streitelsfingen gehört zum Lindauer Stadtteil Reutin, ist also schon Lindauer Stadtgebiet.

Von dort geht es auf der Straße am Montfort-Schlössle vorbei bergab Richtung Lindau. Auch hier biegt der Jakobsweg etwas unvermittelt links in die Apfelplantagen ein. Bleiben Sie auf diesem Wegchen, das Sie schließlich auf die Röntgenstraße führt. Kurz nach der Kreuzung mit der Otto-Hahn-Straße biegt erneut ein Fußweg ab, auf dem Sie weiter bergab steigen (↬ alternativ kann man aber auch kurz nach dem Montfort-Schlösschen direkt bei der Abzweigung in die Apfelplantagen einem bergabwärts führenden Gehweg nach rechts folgen; am Friedhof stoßen beide Wege wieder zusammen). Auf dem Jakobsweg wandern Sie zur Kirche St. Verena und dort über den Friedhof und steigen dann über Stufen weiter bergab. Sie erreichen die Köchinstraße, in die Sie nach rechts einbiegen.

Von hier aus ist der Weg zur Insel Lindau hervorragend ausgeschildert. Folgen Sie diesem Wegverlauf stadteinwärts. Über die Seebrücke erreichen Sie schließlich die **Lindau-Insel**.

Lindau BANK , 25.547 Ew., ⇧ 401 m

Tourist-Information Lindau, Alfred-Nobel-Platz 1, 88131 Lindau, ☏ 083 82/26 00 30, info@lindau-tourismus.de, www.lindau-tourismus.de, Mo-Sa 9:00-12:30, Mo, Di, Do, Fr auch 13:30-17:30 und Sa 13:30-17:00

Hotel Landgasthof Köchlin, Kemptener Straße 41, 88131 Lindau, OT Reutin, ☏ 083 82/966 00, info@hotel-koechlin.de, www.hotel-koechlin.de, ÜF EZ ab € 62, DZ ab € 112, März bis Oktober Di-So 11:30-14:00 und 17:00-22:00

Der Hafen in Lindau (h)

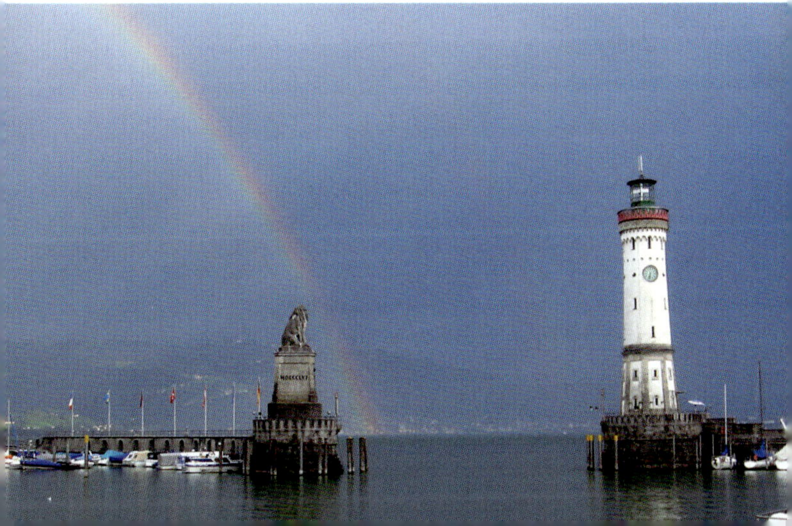

Pension Sommerland, Bregenzer Straße 16, 88131 Lindau, OT Reutin, 083 82/37 36, info@sommerland.li, www.sommerland.li, ÜF EZ ab € 40, DZ ab € 35 p. P.

♦ Hotel Spiegel Garni, In der Grub 1, 88131 Lindau (Insel), 083 82/949 30, hotel-spiegel-garni@t-online.de, www.hotel-spiegel-garni.de, ÜF EZ ab € 70, DZ ab € 60 p. P., pilgerfreundliche Unterkunft

Jugendherberge Lindau, Herbergsweg 11, 88131 Lindau, 083 82/967 10, jhlindau@djh-bayern.de, www.lindau.jugendherberge.de, Ü ab € 25 mit Jugendherbergsausweis

♦ Jakobus Pilgerherberge Lindau, Oberreutiner Weg 21, 88131 Lindau, OT Reutin, 01 51/25 69 71 08, direkt am Weg an der Kirche St. Verena, April bis Oktober Ü € 10, Küche für Selbstversorger steht zur Verfügung. Übernachtung ist nur bei Voranmeldung und gegen die Vorlage des Pilgerausweises möglich

Restaurant Valentin, In der Grub 28a, 88131 Lindau (Insel), info@valentin-lindau.de, www.valentin-lindau.de, 083 82/504 37 40, Di-Sa 17:30-21:00

Peterskirche, Münster Unserer Lieben Frau, Kirche St. Stephan, Kirche St. Verena

Tourist-Information Lindau, Münster Unserer Lieben Frau

Der Bahnhof in Lindau befindet sich seit 2020 im Ortsteil Reutlin.

Vom Hafen aus fährt der Schifffahrtslinienverkehr von Mai bis Mitte September fünfmal pro Tag nach Rorschach in die Schweiz, wo der Jakobsweg auf dem sogenannten St. Galler Weg weiterverläuft (Verbindungen Hauptsaison Mai bis September 9:25, 11:45, 13:15, 15:15, 18:20, außerdem gibt es mehrmals am Tag Schiffsverbindung nach Konstanz zum Weiterwandern auf dem Schwabenweg. Weitere Informationen: Bodensee Schiffsbetriebe GmbH, 083 82/27 58 40, www.bodenseeschifffahrt.de. Passkontrolle zur Grenze in die Schweiz

Lindau wurde bereits 882 erstmals urkundlich erwähnt. Am Hafen stand bis zur Säkularisation 1811 eine Jakobskapelle. Sie war sicher ein wichtiger Sammelplatz für die bayerischen Pilgerinnen und Pilger auf dem Weg nach Santiago. Von hier aus setzten sie mit Fähren über den Bodensee. Lindau war daher für den historischen Jakobsweg von großer Bedeutung. Heute erinnert nur noch eine Tafel an die Kapelle.

Die Peterskirche am Schrannenplatz war bis 1180 Pfarrkirche von Lindau und ist die größte Kirche der Stadt. Auf der Insel befindet sich das katholische Münster Unserer Lieben Frau und die evangelische Kirche St. Stephan. Am Münster befindet sich die Informationstafel zum Bayerisch-Schwäbischen Jakobsweg. Das

Wahrzeichen von Lindau ist die Hafeneinfahrt mit dem Löwen und dem Leuchtturm.

E6. Von Lindau nach Nonnenhorn

10,3 km, 3 Std., ↑ 16 m, ↓ 9 m, ⇧ 394-415 m

0,0 km	⇧ 401 m	Lindau-Insel
1,0 km	⇧ 401 m	Lindau
7,1 km	⇧ 400 m	Wasserburg
10,3 km	⇧ 405 m	Nonnenhorn

Die Schlussetappe führt von Lindau zur Jakobskapelle in Nonnenhorn. Hierfür wandern Sie von der **Insel Lindau** wieder zurück zum Festland ❶ und gehen dann am See entlang bis zu den Bahngleisen, die Sie überqueren. Auf dem Geh- und Radweg wandern Sie am Ufer nach Westen. Sie folgen der Giebelbachstraße und Schachener Straße in den Oeschländerweg. Nach dem Strandbad

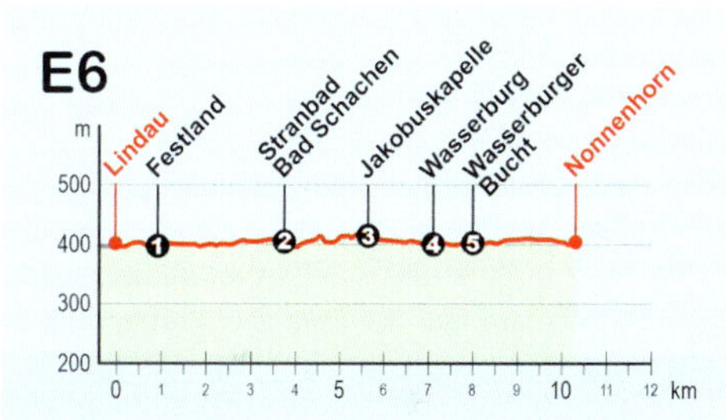

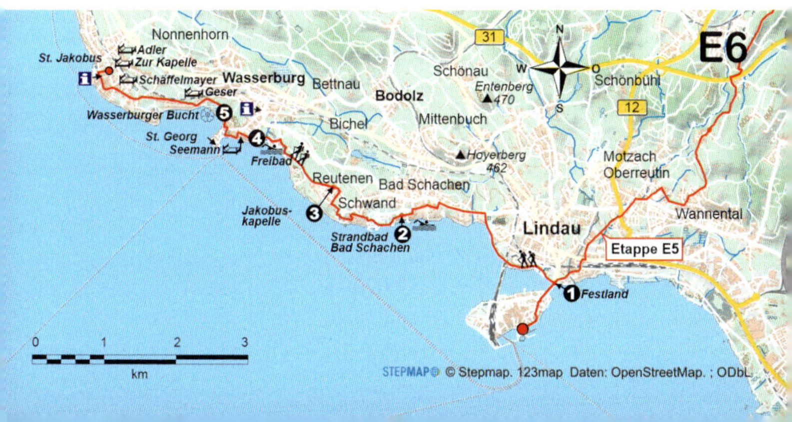

Bad Schachen ❷ gelangen Sie in den Lindenhofpark und weiter in den Lindenhofweg. Sie gehen wieder kurz zum See, biegen dann aber in die Uli-Wieland-Straße ein. Sie zweigen nach rechts ab und gelangen zur Reutener Straße. Auf dieser spazieren Sie nach links an der Jakobuskapelle ❸ vorbei. Sie verlassen kurz die Reutener Straße und wandern über Wiesen weiter, bis Sie nach rechts wieder zur Straße kommen. Der Weg bringt Sie am Freibad vorbei nach links zur **Wasserburger Halbinsel ❹**.

Wasserburg , 3.880 Ew., ⇧ 400 m

Tourist-Information Wasserburg, Lindenplatz 1, 88142 Wasserburg, ☏ 083 82/88 74 74, tourist-info@wasserburg-bodensee.de, www.wasserburg-bodensee.de, Mo-Fr 8:00-12:30 und 14:00-17:30, Sa 9:00-12:00

Gästehaus Seemann, Uferstraße 6+8, 88142 Wasserburg, ☏ 083 82/897 55, info@haus-seemann.de, www.haus-seemann.de, ÜF EZ ab € 48, DZ ab € 48 p. P.

✝ Pfarrkirche St. Georg

⊙ Pfarramt St. Georg

⌘ Museum im Malhaus, Halbinselstraße 77, 88142 Wasserburg, ☏ 083 82/75 04 57, April bis Oktober Mi-Fr 10:30-12:30, So 10:30-12.30 und 14:00-16:00

Sonnenuntergang auf der Halbinsel Wasserburg (m)

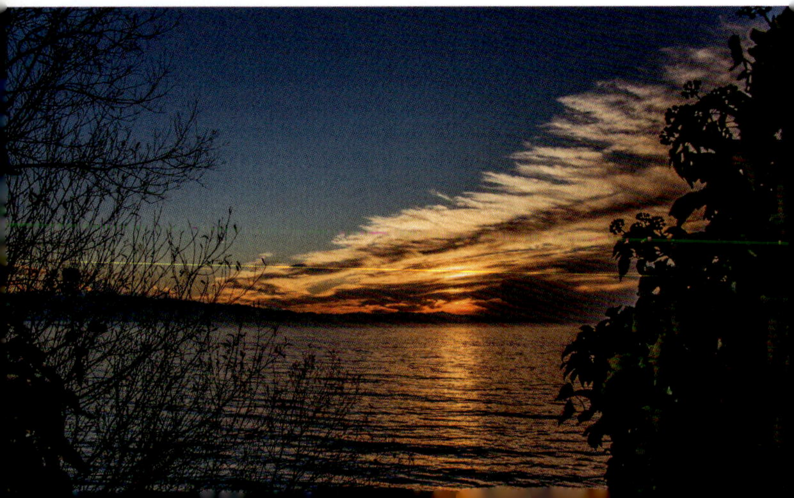

⛴ Schiffsanlegestelle mit Fahrt nach Rohrschach bzw. Konstanz, Infos ☞ Lindau, S. 172

Wasserburg liegt direkt am Bodensee. Auf der malerischen Halbinsel steht die barocke Pfarrkirche St. Georg. Benachbart ist das Schloss, ein Renaissancebau aus der Zeit um 1550, und das Museum im Malhaus.

Sie wandern von der Halbinsel zum Naturschutzgebiet der Wasserburger Bucht ❺ und erreichen bald das Ortsschild von **Nonnenhorn**. Sie wandern auf der Wasserburger Straße ortseinwärts, biegen nach links in die Seestraße ab und wandern zur Tourismusinformation, Schiffsanlegestelle und dem Strandbad. Hier biegen Sie nach rechts ab und gehen bis zur St.-Jakobus-Kapelle in Nonnenhorn.

Nonnenhorn i 🛏 ✕ ✞ ⊙ ⛴, 1.791 Ew., ⇧ 405 m

i Verkehrsamt Nonnenhorn, Seehalde 2, 88149 Nonnenhorn, ☏ 083 82/82 50, ✉ tourist-info@ti-nonnenhorn.de, 💻 www.nonnenhorn.de, 🚪 Mo-Fr 9:00-12:00 und 14:00-17:00, Karsamstag und ab Anfang Mai Sa 9:00-12:00

🛏 ✕ Hotel Gasthof Zur Kapelle, Kapellenplatz 3, 88149 Nonnenhorn, ☏ 083 82/82 74, ✉ info@witzigmann-kapelle.de, 💻 www.witzigmann-kapelle.de, ÜF DZ ab € 122, 🚪 Fr-Di 11:30-14:00 und 17:00-22:00

🛏 Haus Geser, Baumgartenstraße 1, 88149 Nonnenhorn, ☏ 083 82/88 81 15, Preise erfragen, pilgerfreundliche Unterkunft

♦ Gästehaus Schäffelmayer, Schneckenwinkel 12, 88149 Nonnenhorn, ☏ 083 82/86 06, ✉ gaestehaus-schaeffelmayer@gmx.de, 💻 www.gaestehaus-schaeffelmayer.com, Preise erfragen, pilgerfreundliche Unterkunft

♦ Gasthof und Hotel Adler, Sonnenbichlstraße 25, 88149 Nonnenhorn, ☏ 083 82/82 34, ✉ infot@hotel-adler.de, 💻 www.hotel-adler.de, ÜF EZ ab € 75, DZ ab € 105, 🚪 tgl. 11:30-14:00 und 17:30-21:00

✞ St.-Jakobus-Kapelle

⊙ Gasthaus Zur Kapelle, Verkehrsamt Nonnenhorn, St.-Jakobus-Kapelle

⛴ Schiffsanlegestelle mit Fahrt nach Lindau bzw. Konstanz

Nonnenhorn ist ein idyllisches Weindorf am Bodensee. Besonders sehenswert ist die 400 Jahre alte Torkel (Weinpresse) sowie die spätgotische St.-Jakobus-Kapelle aus dem 13. Jahrhundert, an der der Bayerisch-Schwäbische Jakobsweg endet.

F. Varianten nach Bregenz und Lindau

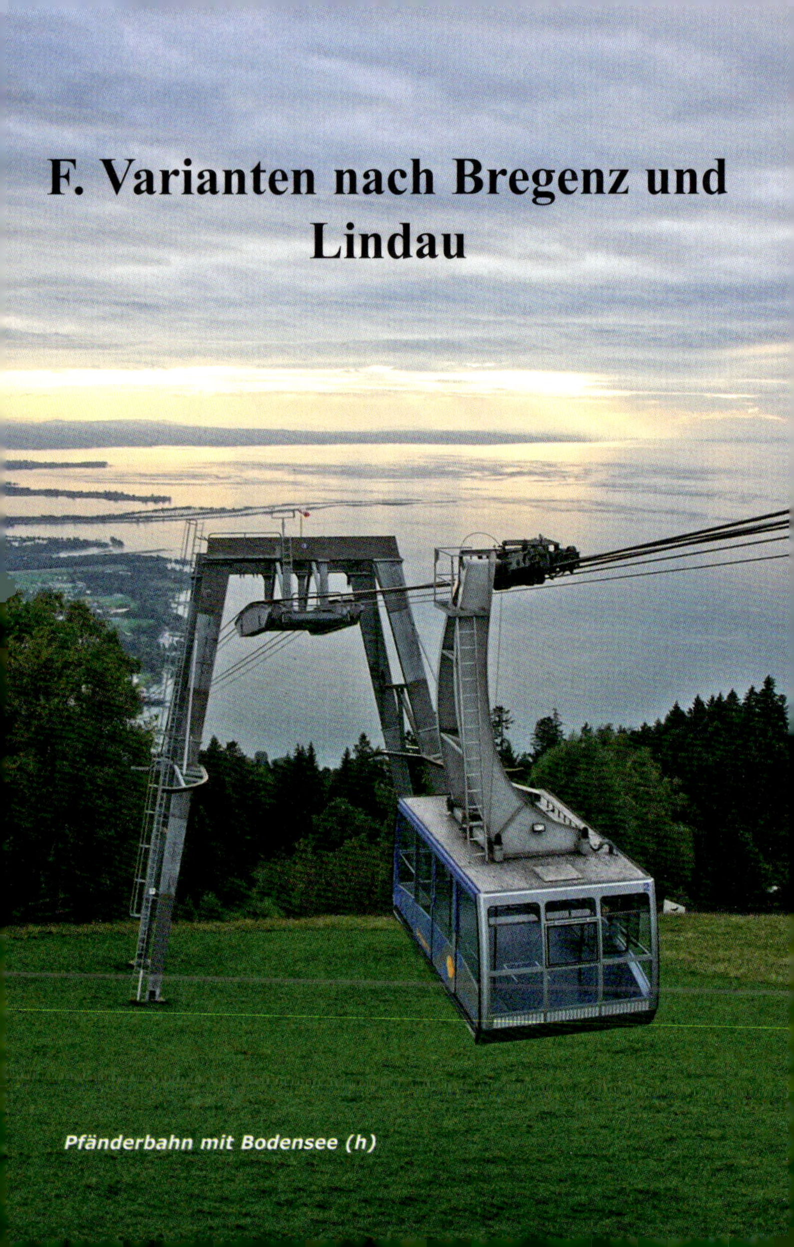

Pfänderbahn mit Bodensee (h)

Hier sind mehrere Varianten zusammengestellt. Einerseits eine Alternativroute von Weitnau nach Simmerberg, dann noch eine Route von Simmerberg nach Scheidegg. Hier haben Sie zwei Möglichkeiten den Weg fortzusetzen: nach Lindau in Bayern und Bregenz in Vorarlberg.

F1. Alternativroute: Von Weitnau über den Eistobel nach Simmerberg

20,5 km, 6 Std., ↑ 464 m, ↓ 471 m, ⇧ 715-908 m

0,0 km	⇧ 797 m	Weitnau
11,8 km	⇧ 760 m	Harbatshofen
20,5 km	⇧ 751 m	Weiler-Simmerberg

☺ Auf der Alternativroute sind Sie schneller in Weiler-Simmerberg. Zudem ist der Eistobel ein lohnenswerter Abstecher für Naturliebhaberinnen und Naturliebhaber.

Sie verlassen **Weitnau** in Richtung Seltmans vorbei am Gasthof Zum Goldenen Adler und wandern entlang des Radweges vorbei an der Wertstoffsammelstelle über Ritzenschatten und Seltmans ❶ nach Sibratshofen ❷. Von dort führt ein Sträßchen bergan nach Unterried. Ab Unterried folgen Sie den Schildern Richtung Eistobel. Laufen Sie ein Stück entlang der kleinen Ortsverbindungsstraße Richtung Hohenegg, bis die Straße eine scharfe Rechtskurve ❸

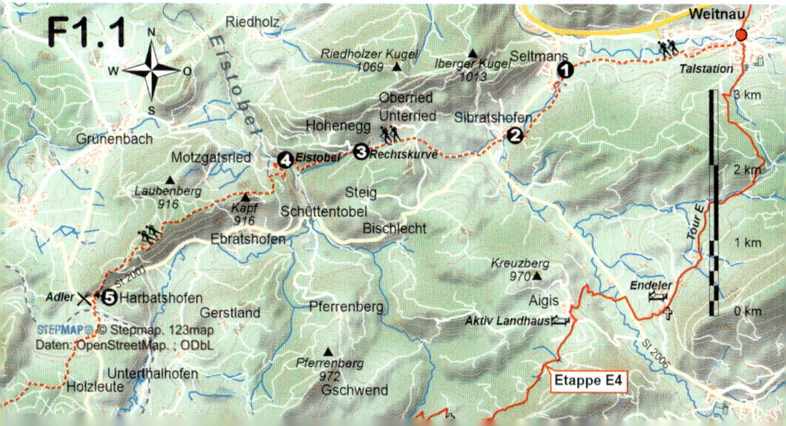

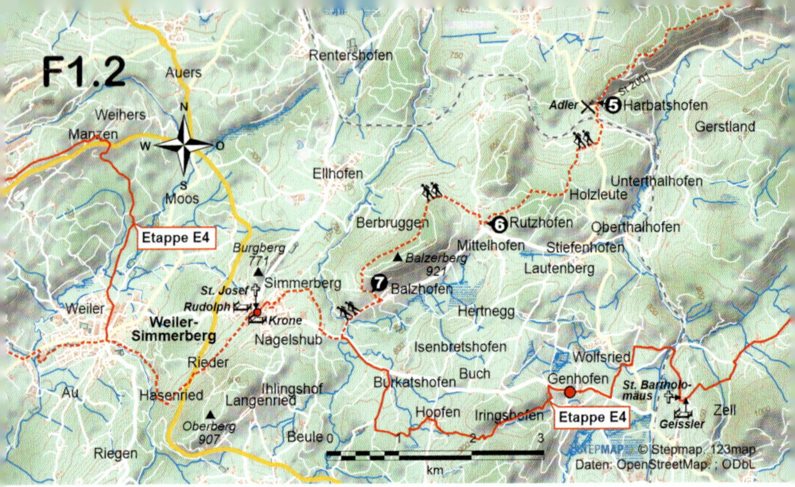

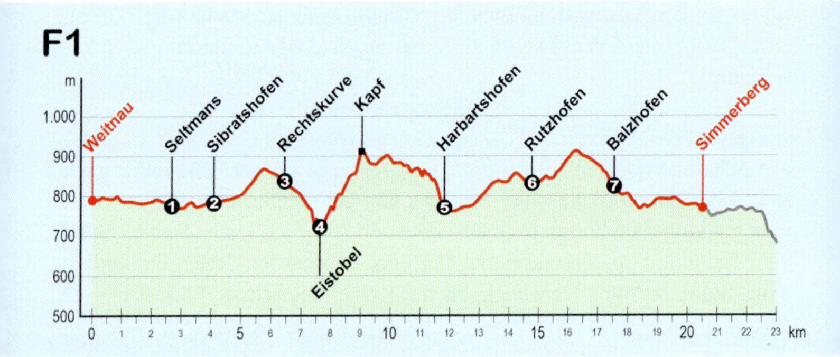

macht. Dort wandern Sie auf einem Waldweg geradeaus weiter. Dieser führt schließlich steil bergab zu einem Holzwerk, das am Rande des Eistobels ❹ steht.

Wer Lust und Kondition hat, sollte sich einen Besuch des Naturdenkmals Eistobel gönnen (Eintritt € 1,50): eine beeindruckende Schlucht zwischen meterhohen Nagelfluhwänden. Sie wandern an Wasserfällen und türkisblauen Gumpen entlang. Ganz durchschreiten sollten Sie die Schlucht allerdings nicht, denn Sie müssen den Eistobel am selben Eingang verlassen, an dem Sie hineingekommen sind.

Anschließend steigen Sie auf dem markierten Wanderweg zum 916 m hohen Kapf hinauf und wandern entlang des Grates – auf der Laubenberger Höhe – in Richtung **Harbatshofen ❺**.

Harbatshofen ✕, 130 Ew., ⇧ 760 m

✕ Gasthof Adler, Harbatshofen 62, 88167 Stiefenhofen, ☏ 083 83/333, Sa-Mi 11:00-15:00

Im Ort Harbatshofen überqueren Sie die Straße am Gasthof Adler und biegen nach 1 km nach rechts in die Seitenstraße Richtung Rutzhofen ab. In Rutzhofen ❻, ca. 300 m nach der Sennerei, wandern Sie nach links und orientieren sich dann am Rundwanderweg zum Balzenberg, dem Sie nach Balzhofen ❼ folgen. Sie folgen der Straße nach rechts bis zu einer T-Kreuzung. Hier treffen Sie mit dem Weg der Hauptroute (☞ Etappe E4, S. 161) zusammen und können mithilfe der dortigen Beschreibung weiter bis Simmerberg wandern.

Simmerberg ✕ ✝ ⊙, 6.361 Ew., ⇧ 751 m

☞ Infos zum Ort finden Sie bei Etappe E4, S. 161.

F2. Alternativroute: Von Simmerberg nach Scheidegg

11,5 km, 3 Std., ↑ 233 m, ↓ 202 m, ⇧ 599-828 m

0,0 km	⇧ 751 m	Weiler-Simmerberg ✕ ✝ ⊙
3,0 km	⇧ 632 m	Weiler im Allgäu ✕ BANK ✝ ⊙
8,3 km	⇧ 750 m	Böserscheidegg
11,5 km	⇧ 803 m	Scheidegg ✕ BANK ✝ ⊙

Wandern Sie wie bei ☞ Etappe E4 (S. 162) beschrieben von Simmerberg nach **Weiler im Allgäu ❶**.

Weiler im Allgäu ✕ BANK ✝ ⊙, 6.361 Ew., ⇧ 632 m

☞ Übernachtungsmöglichkeiten siehe Hauptetappe E4, S.162

Den hübschen Ort Weiler durchqueren Sie entlang des Dorfbaches in Richtung Kirche. Der Dorfbach begleitet Sie, bis Sie nach ca. 1 km auf eine Holzbrücke treffen, die aus Weiler herausführt. Hier überqueren Sie den Bach und wandern weiter Richtung Straße. Sie befinden sich bereits im Ortsteil Bremenried. Der Straße folgen Sie nach links in den Ort ❷, gehen bis zur Käserei und biegen dort nach rechts ab. Am Ende des Ortsteils Bremenried biegen Sie nach links Richtung Altenburg ab. Sie wandern auf dem Sträßchen bergauf, bis Sie Altenburg ❸ und seine verwunschene Burgruine erreichen. Diese finden Sie direkt an der Kapelle links hinter dem Bauernhof im Wald.

Der Jakobsweg führt weiter die Straße entlang auf einen Privatweg, der Sie bis kurz vor die Ortsverbindungsstraße bringt. Etwa 100 m vor der Straße biegen Sie in den Weg nach links Richtung Forsthäuser/Böserscheidegg/Schalkenried ein ❹. Nachdem Sie den Weiler Forsthäuser passiert haben, geht es rechts bergauf nach **Böserscheidegg** ❺.

Böserscheidegg — 112 Ew., ⇧ 750 m

Dorfsennerei Böserscheidegg, Böserscheidegg 12, 88175 Scheidegg,
☏ 08 381/834 56, info@kaeserei-boeserscheidegg.de,
www.kaeserei-boeserscheidegg.de,
Mo-Fr 7:30-18:30, Sa, So 7:30-12:00 und 16:00-18:30

Sie folgen der Hauptstraße bis zum Dorfende, wo der Jakobsweg nach links abbiegt. An der Weggabelung gehen Sie nach links in Richtung Haus Nr. 6. Sobald Sie den Waldrand erreichen, biegen Sie wieder nach links ab, durchqueren das kurze Waldstück und überqueren die Wiese bergab, bis Sie die ersten Häuser von Schalkenried erreichen. Den Ort durchwandern Sie immer geradeaus bis zum Haus Nr. 119 ½ und biegen hier in Richtung des landschaftlichen Kurparks/Scheidegg ab.

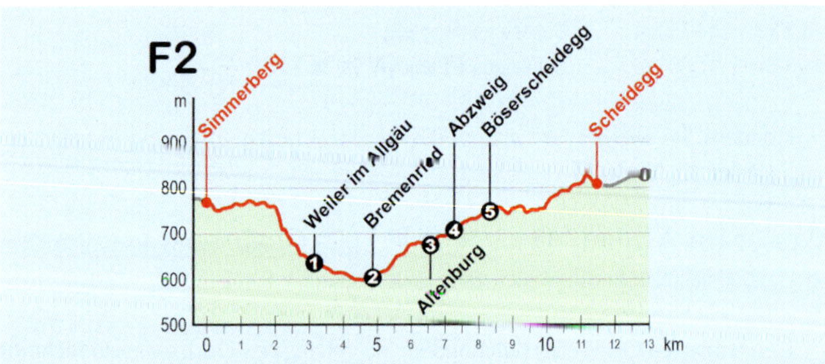

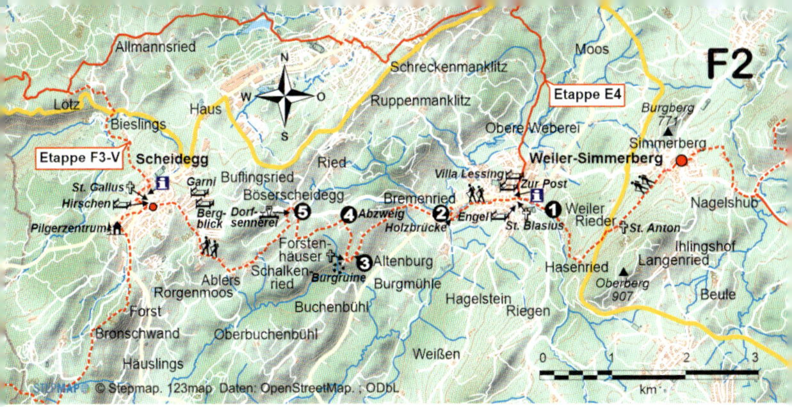

Auf der Straße gelangen Sie zur Kurklinik und folgen dem Weg weiter geradeaus nach **Scheidegg**.

Scheidegg

4.303 Ew., ⇧ 803 m

Kurverwaltung Scheidegg, Rathausplatz 4, 88175 Scheidegg, ☏ 083 81/895 55, info@scheidegg.de, www.scheidegg.de, Mo-Fr 9:00-17:00, Juni bis September zusätzlich Sa 10:00-12:00

Zum Hirschen, Kirchstraße 1, 88175 Scheidegg, info@zumhirschenscheidegg.de, zumhirschenscheidegg.de, ÜF EZ ab € 101, DZ ab € 150, Fr-Di 11:00-14:00 und 17:30-23:00, Do 17:30-23:00

Hotel Allgäu Garni, Am Brunnenbühl 11, 88175 Scheidegg, ☏ 083 81/92 56 20, info@hotel-allgaeu-garni.de, www.hotel-allgaeu-garni.de, ÜF EZ ab € 52, DZ ab € 82

♦ Gästehaus Bergblick, Am Brunnenbühl 12, 88175 Scheidegg, ☏ 083 81/72 91, www.gaestehaus-bergblick.de, ÜF EZ ab € 68, DZ ab € 65 p. P.

Pilgerzentrum Scheidegg, Am Hammerbach 14, 88175 Scheidegg, 01 51/54 87 57 91, pfarramt@scheidegg-evangelisch.de, www.scheidegg-evangelisch.de, ÜF € 26, pilgerfreundliche Unterkunft, das Zentrum befindet sich neben der evangelischen Auferstehungskirche und steht unter evangelischer Trägerschaft. Übernachten kann jede Pilgerin und jeder Pilger unabhängig der Konfession.
Ostermontag bis Oktober tgl. ab 16:30, im Winter auf Anfrage

✞ St. Gallus

⊙ Scheidegg-Tourismus, Rathausplatz 8, 88175 Scheidegg, ☏ 083 81/895 55, Mo-Fr 9:00-17:00, Sa 10:00-12:00

Buslinie 11 zum Bahnhof Röthenbach, von dort Verbindung nach Kempten, Linie 793 nach Lindau am Bodensee, Landbus Unterland 14b nach Bregenz (Abfahrt vor dem Hotel Rössle, Zollstraße 2)

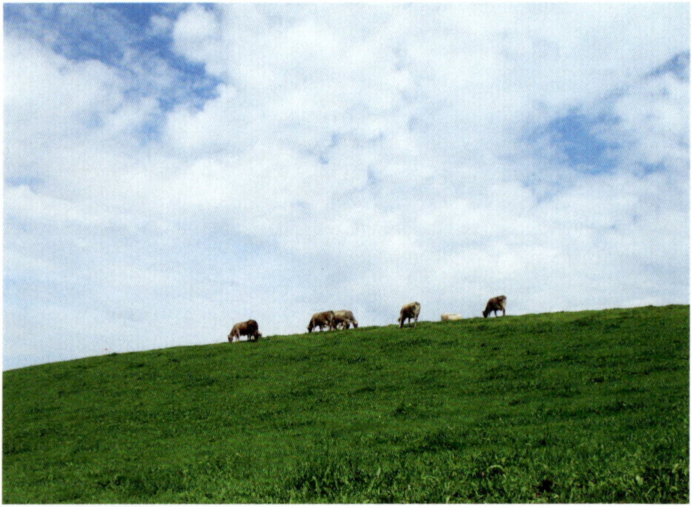

Das grüne Allgäu (h)

Scheidegg wurde vermutlich bereits im 6. und 7. Jahrhundert von Alemanninnen und Alemannen besiedelt. Bis 1481 gehörte der Markt zu Weiler und wurde infolge eines Urkundenverlustes 1255 erstmals schriftlich in St. Gallen erwähnt. 1296 versetzte Abt Wilhelm die Ortschaft Scheidegg an Graf Hugo von Bregenz (Montfort). Das Gebiet, das 1571 vom Haus Habsburg erworben wurde, blieb bis zum Pressburger Frieden im Jahr 1805 ein Besitztum der Österreicher, ging aber dann unter Napoleon an Bayern.

Die Pfarrkirche St. Gallus wurde nach dem Kloster St. Gallen bzw. dem heiligen Gallus benannt, der in dieser Gegend gepredigt haben soll. Nach einem Brand wurde die Kirche 1548 neu gebaut, musste aber 1789 wegen großer Bauschäden wiederaufgebaut werden. In den Jahren 1886 bis 1889 wurde die Kirche im Rokokostil restauriert. Besonders sehenswert sind die Kirchenmalereien von Ludwig Glötzle aus München. Von ihm stammen u. a. das Hochaltargemälde und die drei Deckengemälde.

Die evangelische Auferstehungskirche bietet mit ihrem begehbaren Labyrinth mit sieben Umgängen von rund 6 m Durchmesser und rund 130 m Weg eine besondere Attraktion für Pilgerinnen und Pilger, sozusagen den Pilgerweg in nuce. Sollten Sie neben dem Jakobsweg noch Muße und Ausdauer für ein Extrawegstück haben, dann ist der ökumenische Kapellenweg in Scheidegg sehenswert.

Die Tradition als Kur- und Erholungsort reicht bis zur vorletzten Jahrhundertwende zurück. Als durch den Bau der Eisenbahnlinie von Röthenbach nach Scheidegg die ersten Sommerfrischlerinnen und Sommerfrischler nach Scheidegg kamen, wurde bereits 1902 mit der Gründung des Verkehrs- und Verschönerungsvereins der erste Versuch unternommen, den Fremdenverkehr zu organisieren. Heute besitzt Scheidegg das Prädikat Heilklimatischer Kurort, seit 2002 mit dem Zusatz Premium-Class und Kneippkurort. Das Kurspektrum reicht von ambulanter Badekur bis zur Rehabilitationsklinik oder zum Sanatorium.

Von Scheidegg können Sie der Variante F3 über den Pfänder nach Bregenz folgen. Alternativ gehen Sie über die Variante F4 nach Lindau.

F3. Alternativroute: Von Scheidegg über den Pfänder nach Bregenz

20,7 km, 5 Std. 30 Min., ↑ 390 m, ↓ 800 m, ⇧ 398-1.062 m

0,0 km	⇧ 803 m	Scheidegg
3,8 km	⇧ 879 m	Oberstein
5,2 km	⇧ 948 m	Möggers
12,7 km	⇧ 1.062 m	Pfänder
20,7 km	⇧ 400 m	Bregenz

Von der Ortsmitte orientieren Sie sich Richtung Kurhaus. Wandern Sie am Kurhaus vorbei und rechter Hand über den Wohnmobilstellplatz ❶. Der Jakobsweg führt dort links durch ein Kuhgatter und dann über eine Wiese in einer lang gezogenen Linkskurve Richtung Wald. Kurz hinter der roten Bank am Waldrand taucht der Wanderweg in den Wald ein und führt dann nach rechts weiter bergauf Richtung Oberstein. Der Straße, die Sie kurz darauf erreichen, folgen Sie ein Stück nach links und gehen dann, sobald Sie an ein Bauernhaus kommen, links vorbei nach **Oberstein** ❷.

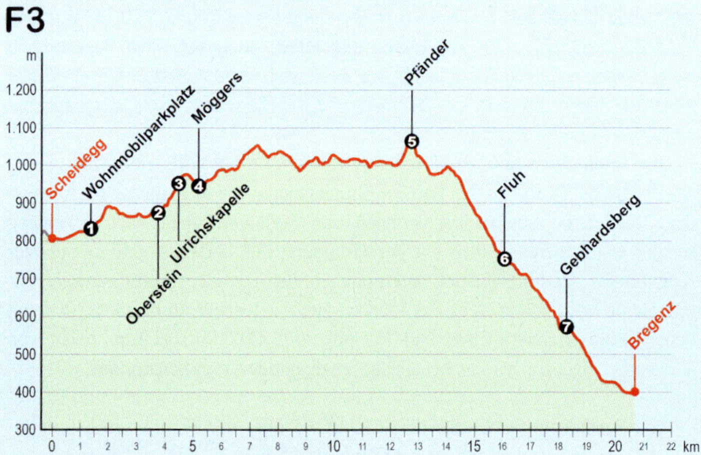

In Oberstein biegen Sie direkt am Haus Matthias nach rechts und dann gleich wieder rechts in den Wald ab, bis Sie an der Ulrichskapelle ❸ die Grenze nach Österreich passieren.

✞ Kurz vor Möggers führt der Jakobsweg direkt an der St-Ulrichs-Kapelle vorbei. Diese wurde 1005 errichtet und ist wohl die älteste Kapelle der Umgebung. Einer Legende nach soll der heilige Ulrich von Augsburg (890-973) hier Rast gemacht haben. Er studierte von 900 bis 908 in der Abtei St. Gallen. Auf seinem Heimweg über den Pfänder soll er sich erschöpft und durstig an dieser Stelle niedergesetzt und Gott um einen Schluck Wasser angefleht haben. Da entsprang an einem Fels eine Quelle. Sie sprudelt bis heute und dem Wasser daraus wird nachgesagt, dass es bei jeder Form von Augenleiden helfen soll.

Im Sommer (15. Mai bis 30. September) finden sonntags um 15:00 Gottesdienste in der kleinen Kapelle statt. Hier befindet sich auch ein Pilgerstempel.

Der Jakobsweg geht hinter der Kapelle weiter bergauf, bis Sie den Ortsrand von **Möggers**, das erste Dorf auf österreichischem Boden, erreichen.

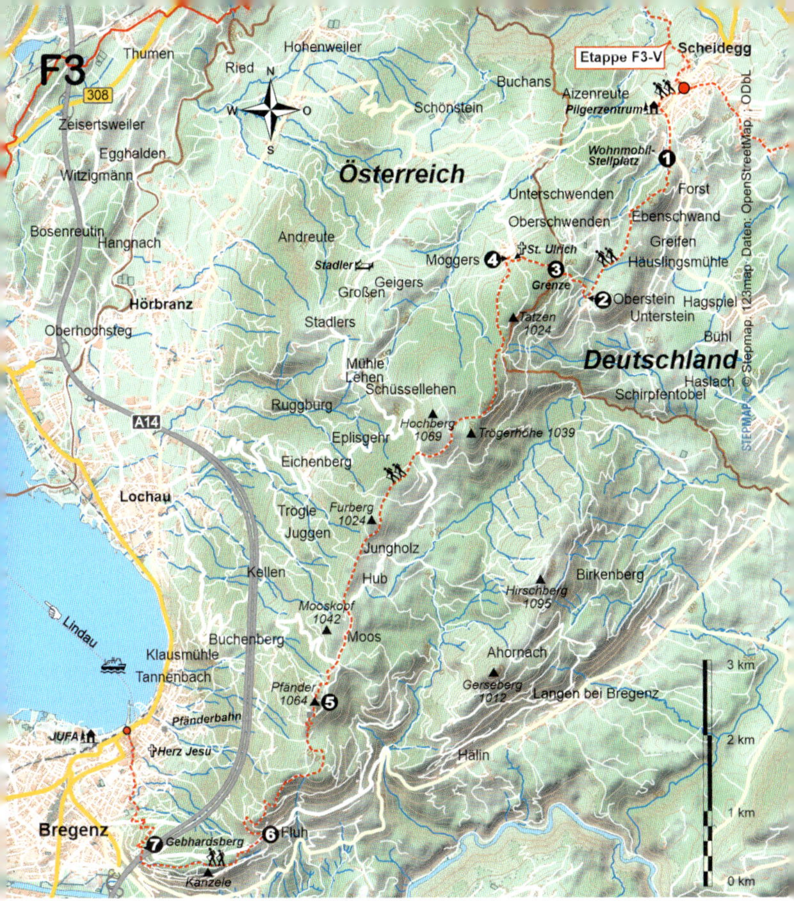

Möggers

✝ ⊙, 496 Ew., ⇧ 948 m

Berggasthof Stadler, Höflings 25, A-6900 Möggers, 00 43/(0)55 73/825 72, info@der-berggasthof.com, www.der-berggasthof.com, ÜF DZ ab € 56 p. P., EZ-Zuschlag € 15, HP-Zuschlag € 20, Mi ab 11:00, Do, Fr ab 15:00, Sa, So ab 10:00

✝ Ulrichskapelle, Kirche St. Ulrich

⊙ Ulrichskapelle

Möggers ist die erste Gemeinde nach dem Grenzübergang nach Österreich. Der Ort wurde 1591 erstmals urkundlich als Besitztum der Herren von Weiler erwähnt. Die Kirche St. Ulrich wurde von 1738 bis 1743 auf den Überresten eines Jagdschlosses erbaut. Der heutige Kirchturm stammt vermutlich aus dem 12. oder 13. Jahrhundert und war wohl der Wachturm der ehemaligen Burg.

Wandern Sie links an der Kirche vorbei, dann rechts zum Ort ❹ und folgen Sie von nun an dem sehr gut beschilderten Pfänder-Höhenwanderweg, der auch als Jakobsweg ausgezeichnet ist.

Der Höhenwanderweg von dort bis zum **Pfänder** ❺ ist wirklich eine einzige Genusstour. Es ist beeindruckend, wenn Sie schließlich auf den Bodensee blicken können und wissen, dass Sie so weit zu Fuß gekommen sind.

Pfänderbahn, tgl. 8:30-19:00 zur vollen und halben Stunde, zur Viertelstunde bei 10 Personen. Die Talstation ist 5 Gehminuten vom Schiffshafen und 15 Minuten vom Bahnhof von Bregenz entfernt, office@pfaenderbahn.at, www.pfaenderbahn.at

Der Pfänder ist mit seiner einzigartigen Aussicht auf den Bodensee und auf 240 Alpengipfel der berühmteste Aussichtspunkt der Region. Bei klarem Wet-

Auf dem Pfänder (h)

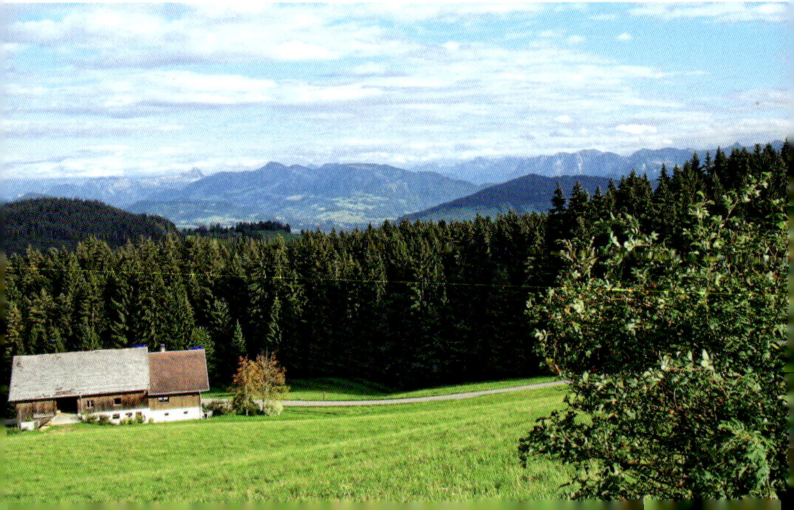

ter reicht der Blick von den Allgäuer und Lechtaler Alpen im Osten über den Bregenzerwald und die Arlberg-Gipfel bis in die Schweizer Alpen hinein. 1980 wurde der Pfänder untertunnelt und verbindet so Deutschland mit Österreich.

Mit Blick auf Lindau und den Bodensee können Sie hier Ihre Wanderung beenden und nun mit der Bergbahn nach Bregenz schweben oder in etwas mehr als 1 Stunde entlang der Markierungen des Jakobsweges in den Ort hinabsteigen.

Für die Wanderung orientieren Sie sich in südliche Richtung und steigen abwärts zu der Ortschaft Fluh ❻. Über den Gebhardsberg ❼ mit seiner Burg und der Pfarrkirche St. Gallus geht es hinab nach **Bregenz**.

Bregenz, 29.306 Ew., ⇧ 427 m

Bregenz Tourismus & Stadtmarketing GmbH, Informations- und Buchungszentrale, Postfach 14, A-6901 Bregenz, ☏ 00 43/(0)55 74/495 90, tourismus@bregenz.at, www.bregenz.at, Mo-Fr 9:00-18:00, Sa 9:00-12:00, Juli und August Mo-Sa bis 19:00 und So zusätzlich 9:00-13:00

zahlreiche Hotels und Pensionen in allen Preisklassen

JUFA Bregenz, Jugend- und Familiengästehäuser West, Mehrerauer Straße 5, A-6900 Bregenz, ☏ 00 43/(0)5/70 83 bookingcenter@jufa.eu, www.jufa.eu/bregenz, ÜF EZ ab € 68, DZ ab € 91

✞ Pfarrkirche zum Heiligsten Herzen Jesu

⊙ Martinsturm, Martinsgasse 3b, A-6901 Bregenz, Mai bis Oktober Di-So 10:00-18:00

Zugverbindung nach München

F3-V. Verbindungsroute: Von Scheidegg nach Lindau

22,1 km, 6 Std., ↑ 162 m, ↓ 572 m, ⇧ 395-810 m,
Karte ☞ Etappe E5, S. 167

0,0 km	⇧ 803 m	Scheidegg
6,7 km	⇧ 552 m	Niederstaufen ✞
12,0 km	⇧ 485 m	Sigmarszell ✞ ⊙
17,3 km	⇧ 475 m	Streitelsfingen
20,0 km	⇧ 401 m	Lindau ✞ ⊙
22,1 km	⇧ 401 m	Lindau-Insel ✞ ⊙

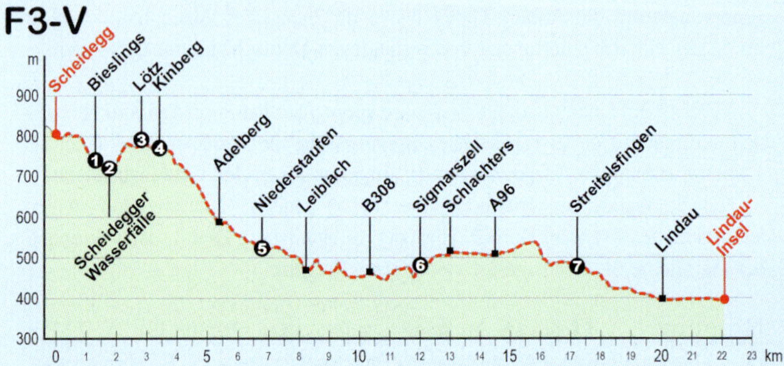

Von Scheidegg gehen Sie nach Norden zur Hauptstraße und folgen dann dem Alemannenweg zur Jakobskapelle. Dann gehen Sie nach rechts in die Bräuhausstraße, die Sie aus dem Ort hinausbringt.

Bergab führt der Jakobsweg einen kleinen Teerweg hinunter nach Bieslings ❶ (rechts finden Sie die Gallus-und-Magnus-Kapelle). Sie wandern aber nach links weiter bergab an einem Bach entlang. An der nächsten Gabelung halten Sie sich rechts und erreichen die Zufahrt zu den Scheidegger Wasserfällen ❷. Diese lassen Sie allerdings linker Hand liegen und steigen die Teerstraße hinauf, überqueren die B308 und wandern weiter bergauf nach Ostkinberg. An der roten Bank gehen Sie links den Trampelpfad weiter bergauf und oben angekommen links den Pfad weiter in den Wald (sehr schöner Ausblick auf Scheidegg). Überqueren Sie die Straße nach Ostkienberg und folgen Sie dem Wegweiser nach Lötz ❸. Von hier aus orientieren Sie sich an der Beschreibung der ☞ Etappe E5 (S. 167) nach **Lindau**.

So geht es weiter

Wenn Sie Ihren Camino weiter in die Schweiz fortsetzen wollen, haben Sie die Möglichkeit, von Nonnenhorn mit dem Schiff nach Konstanz überzusetzen. In Konstanz setzen Sie die Route dann auf dem sogenannten Schwabenweg fort. Außerdem können Sie direkt von Lindau oder Wasserburg aus nach Rorschach hinüberfahren und von dort über St. Gallen nach Einsiedeln weiterwandern.

Von Bregenz aus gibt es drei verschiedene Möglichkeiten: Sie können mit dem Schiff ebenfalls nach Rorschach in die Schweiz oder nach Konstanz fahren und dort auf dem St. Galler bzw. Schwabenweg weiter in Richtung Santiago wandern. Oder Sie folgen der Beschilderung des Jakobsweges von Bregenz zu Fuß nach Rorschach zum Anschluss an den St. Galler Weg. Dieser führt von Rorschach über St. Gallen nach St. Peterzell und von dort nach Einsiedeln.

Schiffsfahrplan unter www.bsb.de

Weitere Informationen:

www.jakobsweg.ch

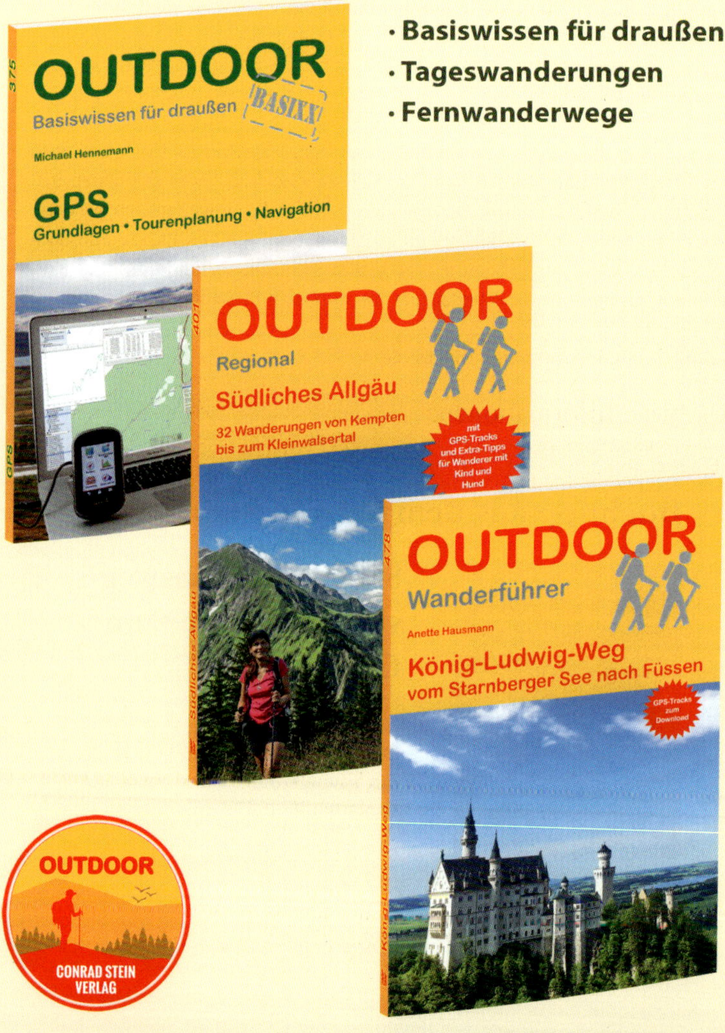
OUTDOOR
Basiswissen für draußen
BASIXX
Michael Hennemann
GPS
Grundlagen • Tourenplanung • Navigation
OUTDOOR
Regional
Südliches Allgäu
32 Wanderungen von Kempten bis zum Kleinwalsertal
mit GPS-Tracks und Extra-Tipps für Wanderer mit Kind und Hund
OUTDOOR
Wanderführer
Anette Hausmann
König-Ludwig-Weg
vom Starnberger See nach Füssen
GPS-Tracks zum Download

Index

A

Alt-Trauchburg 151
Altusried 144
Augsburg 64, 78, 80, 111

B

Babenhausen 128
Bad Grönenbach 108, 140, 142
Bad Wörishofen 96
Biberbach 59
Blankenburg 57
Boos 130
Böserscheidegg 180
Bregenz 187
Buchenberg 148

D

Dirlewang 98
Donauwörth 50
Druisheim 54

E

Ermengerst 147
Ettringen 92

F

Fischach 116
Friedberg 77

G

Gablingen 61
Genhofen 158
Gersthofen 62
Göggingen 81, 111
Gosheim 44

H/I/J

Harbatshofen 179
Harburg 42, 46
Haselbach 122
Haunswies 75
Hopfen 160
Inchenhofen 72
Justina 85

K

Kinberg 167
Kirch-Siebnach 89
Kirchhaslach 127
Kirchheim 123
Klimmach 86
Kloster Holzen 56
Köngetried 100
Konradshofen 88
Kronburg 139

L

Lindau 171, 188
Lindau-Insel 171
Lindenberg 165
Loppenhausen 126

M

Maria Brünnlein 37
Maria Schnee 103
Maria Vesperbild 117
Markt 58
Markt Rettenbach 102
Megesheim 34
Memmenhausen 122
Memmingen 134

Mertingen 53
Möggers 184
Mussenhausen 101
Mutten 157

N

Niederrieden 132
Niederstaufen 168, 187
Nördlingen 39

O

Oberschönenfeld 112
Oettingen 31
Ottobeuren 104

P

Pfänder 186
Polsingen 35

R

Rechtis 151
Reinhartshofen 84

S/T

Scheidegg 181
Schrobenhausen 69
Schweiz: Jakobsweg 189
Siebnach 90
Sigmarszell 168, 187
Simmerberg 161
Stiefenhofen 159
Straßberg 84
Streitelsfingen 170, 187
Türkheim 93

W

Wasserburg 174
Weiherhof 114
Weiler im Allgäu 162, 179
Weiler-Simmerberg 179
Weitnau 151, 177
Wellenburg 111
Wemding 38
Wiggensbach 145
Wilhams 154
Winterrieden 130
Wollmetshofen 116

Z

Zell 157
Ziemetshausen 119